Leben LERNEN
Klett-Cotta

Zu diesem Buch

Focusing, von dem aus Wien stammenden Philosophen und Psychologen Eugene Gendlin an der Universität von Chicago entwickelt, beginnt sich in vielen Ländern der Welt zu verbreiten und wird zunehmend in den verschiedensten persönlichen und beruflichen Gebieten angewendet.
Dieses Buch gibt erstmals eine Einführung in fast das gesamte Spektrum von Eugene Gendlins Denken und praktischer Arbeit: in Focusing als einen grundlegenden Prozess der Persönlichkeitsveränderung, als eine schulenunabhängige Methode der Problemlösung und des Selbstmanagements und als eine neue Form zwischenmenschlicher Beziehung, ferner in die focusing-orientierte Psychotherapie, in die Arbeit mit Träumen sowie in das philosophische Denken, mit dem die Focusing-Praxis in Wechselwirkung steht.

Prof. Dr. Eugene Gendlin, geb. 1926 in Wien, lehrte an den Departments der Universität Chicago Verhaltenswissenschaften und Philosophie. Er ist der Begründer von Focusing, Präsident des International Focusing Institute New York und hat über 200 Arbeiten über Philosophie, Psychotherapie und Focusing veröffentlicht, die zum Teil in mehrere Sprachen übersetzt wurden. Zuletzt ist von ihm erschienen: »Ein Prozess-Modell. Körper, Sprache, Erleben«. Freiburg/München 2015.
Dr. Johannes Wiltschko, geb. 1950 in Wien, ist Gründer und – zusammen mit Klaus Renn – Leiter des Deutschen Ausbildungsinstitutes für Focusing und Focusing-Therapie (DAF) und der Internationalen Focusing-Sommerschule. Seit 1980 ist er Koordinator und Ausbilder am International Focusing Institute New York. Er lebt in der Nähe von Salzburg, arbeitet als Psychotherapeut, Supervisor und Ausbilder in Deutschland und Österreich und ist Autor zahlreicher Artikel über Focusing und Focusing-Therapie in Fachzeitschriften und Fachbüchern.

Alle Bücher aus der Reihe »Leben Lernen« finden sich unter
www.klett-cotta.de/lebenlernen

Eugene T. Gendlin
Johannes Wiltschko

Focusing in der Praxis

Eine schulenübergreifende Methode für Psychotherapie und Alltag

Klett-Cotta

Leben Lernen 131

Kapitel 9 wurde von Teresa Junek
aus dem Amerikanischen übersetzt.

MIX
Papier aus verantwortungsvollen Quellen
FSC® C083411
FSC
www.fsc.org

Klett-Cotta
www.klett-cotta.de

Printed in Germany
Umschlag: Hemm & Mader, Stuttgart
Titelbild: Wassily Kandinsky, »Gelber Kreis«
Satz: Kösel Media GmbH, Krugzell
Gedruckt und gebunden von CPI books GmbH, Leck
ISBN 978-3-608-89062-4

Sechste Auflage, 2016

Bibliographische Information der Deutschen Nationalbibliothek
Die Deutsche Nationalbibliothek verzeichnet diese Publikation in der Deutschen Nationalbibliographie; detaillierte bibliographische Daten sind im Internet über <http://dnb.d-nb.de> abrufbar

Inhalt

Über Eugene Gendlin und dieses Buch

I.

Dieses Buch bietet erstmals eine *Einführung* in fast das gesamte Spektrum von Eugene Gendlins Denken und praktischer Arbeit.

Gendlin ist in erster Linie Philosoph und dazu auch noch Psychologe und Psychotherapeut. Neben seiner philosophischen und psychologischen Lehrtätigkeit an der Universität von Chicago arbeitet er seit mehr als vierzig Jahren als psychotherapeutischer Praktiker. Philosophieren und therapeutisches Arbeiten entspringen bei ihm derselben Quelle: dem Sich-Einlassen auf das, was schon gespürt, aber noch nicht gewusst wird, dem, was über die Sprache, über Konzepte und Methoden hinausgeht und aus dem neue Schritte kommen: Veränderungsschritte, die Denk- und Heilungsschritte zugleich sind.

Schon als Philosophiestudent, Anfang der 50er-Jahre, hielt Gendlin Ausschau nach einem empirischen Feld, in dem er seine neuartigen Konzepte in der Praxis studieren und überprüfen könnte. Er vermutete dieses Feld in der Psychotherapie zu finden und »schlich« sich deshalb, wie er einmal sagte, in das *Counseling Center* seiner Universität ein, indem er vorgab Klient zu sein. Diese Beratungsstelle der Universität von Chicago wurde damals von Carl Rogers geleitet, dem Mitbegründer der Humanistischen Psychologie und Urheber des personzentrierten Ansatzes und der Klientenzentrierten Psychotherapie. Nach anfänglicher Skepsis gegenüber dem »jungen Philosophen« erkannte Rogers schnell die theoretische Begabung Gendlins, betraute ihn bald mit verschiedenen, sich später als bahnbrechend herausstellenden Forschungsaufgaben und übertrug ihm die Leitung eines berühmt gewordenen Forschungsprojektes, der Erprobung und Untersuchung der Klientenzentrierten Psychotherapie mit psychotischen und hospitalisierten Patienten, am Mendota Hospital in Wisconsin (siehe Kapitel 7). Umgekehrt begann sich Gendlin auch für die praktische Arbeit als Psychotherapeut zu interessieren, wurde selbst Klient in einer Psychotherapie und studierte bei Carl Rogers Psychologie.

Früh haben sich also in Gendlins Person und Leben philosophisches *Denken* und therapeutische *Praxis* gegenseitig gesucht und durchdrungen. Um diesen Prozess des *Kreuzens* von Denk- und Sprachformen mit der unmittelbaren Praxis geht es im *Focusing:* Wie lässt sich die Praxis in die Philosophie hereinbringen? Welcher Art ist die Wechselwirkung zwischen dem körperlichen Erleben der immer beziehungshaften Situation und den Formen des Denkens, Sprechens und Handelns? Oder, populär ausgedrückt: Wie vollzieht sich die Verbindung zwischen »Kopf« und »Bauch« (oder »Herz«)? An dieser Schnittstelle, an der sich Denken und Fühlen kreuzen, ist Focusing zu Hause.

Aus diesem Kreuzen ergeben sich das Philosophieren als Praxis und ein neues theoretisches Fundament der Psychotherapie. Beides übersteigt die bisher üblichen Denk- und Handlungsgewohnheiten, sowohl der Psychotherapeuten als auch der Philosophen. Im und mit Focusing wird die Frage nach dem Verhältnis von therapeutischen Konzepten und Techniken einerseits und der tatsächlich und konkret vor sich gehenden Beziehung zwischen Therapeut und Klient andererseits ebenso beantwortet wie die philosophische Frage nach dem Verhältnis von Gegebenem (Natur, Mensch, Leben, ...) und Sagbarem (Begriffe, Konzepte, ...). Gendlins Philosophie beansprucht nichts weniger, als den *postmodernen* Relativismus zu überwinden und die Phänomenologie neu zu begründen.

Er würde sich mit diesen fundamentalen Fragen nicht ein ganzes Leben lang beschäftigen, wenn sie die Lebenswirklichkeit und die Lebenspraxis jedes Einzelnen nicht ganz unmittelbar berühren, ja grundlegend gestalten würden – *und verändern*, sofern man sich auf sie einlässt. Deshalb ist es schon immer Gendlins wichtigstes Anliegen, sein Denken so darzustellen, dass es von jedem *praktiziert* werden kann: in professionellen Situationen wie z. B. der Psychotherapie, vor allem aber im ganz gewöhnlichen, persönlichen Alltag. Focusing beschreibt diese praktische Anwendung auf so einfache Weise, dass sie von jedem nachvollzogen und *getan* werden kann.

II.

Dieses Buch stammt aus dem Mund von Eugene Gendlin. Ich habe bloß seine gesprochenen Worte in druckbaren Text verwandelt. Für die Auswahl und Zusammenstellung der Texte sowie für die Kapitelüberschriften und Fußnoten bin ich allein verantwortlich.

Die hier versammelten Texte sind Transkripte von Seminaren und

Vorträgen, die Gendlin in den letzten Jahren in Deutschland und Österreich in deutscher Sprache – *ohne Manuskript* – gehalten hat. Deutsch, genauer genommen eine altmodische Art des Wienerischen, ist Gendlins Muttersprache. Mit zwölf Jahren musste er mit seinen Eltern, von den Nazis vertrieben, Wien verlassen, und seit damals, 1939, spricht er die Sprache seiner neuen Heimat Amerika. Es bedarf daher großer Vertrautheit mit Gendlins hinter den Worten liegenden Erlebens- und Gedankenwelten, um seine Rede in schriftlicher Form wiederzugeben, ohne dabei seine ihm eigentümliche Sprache allzu sehr einzuebnen.

Da ich seit nunmehr zwanzig Jahren sein Schüler und Freund und auch noch selbst Wiener bin, wage ich zu hoffen, dass mir die Umwandlung von Gesprochenem zu Geschriebenem einigermaßen gelungen ist. Die spontane, freie Rede bringt es mit sich, dass die hier dargestellten Themen nicht immer in der geboten erscheinenden Ausführlichkeit und Abgewogenheit behandelt werden. Dafür wird der Leser durch einen lebendigen und anregenden Text entschädigt, der Gegenden tiefen menschlichen Fühlens berührt und in Wechselwirkung treten lässt mit einem freien und frischen Denken, das viele lieb gewonnene Konzepte in Frage stellt. Hinweise auf sorgfältig und überlegt geschriebene Arbeiten zu den einzelnen Themenbereichen finden sich am Ende jedes Kapitels und in der anhängenden Literaturliste. Sie sollen den philosophisch interessierten Lesern und den erfahrenen Therapeuten helfen, tiefer in eine Art und Weise des Denkens einzudringen, die unmittelbare und weitreichende Konsequenzen für die Lebens- und Therapiepraxis hat.

Die Grundlage für dieses Buch bilden die Video- und Tonbandaufzeichnungen von Seminaren, die Gendlin von 1992 bis 1997 auf den *Internationalen Focusing-Sommerschulen* des Deutschen Ausbildungsinstitutes für Focusing und Focusing-Therapie gehalten hat (Kapitel 1, 2, 5, 7, 8), ferner von zwei Workshops im Rahmen des Kongresses »Evolution of Psychotherapy«, zu dem Gendlin 1994 nach Hamburg eingeladen war (Kapitel 1 und 5), sowie ein Vortrag und zwei eintägige Seminare, die im Sommer 1996 auf Einladung der Österreichischen Gesellschaft für klientenzentrierte Psychotherapie und der Österreichischen Gesellschaft für Phänomenologie in Wien stattgefunden haben (Kapitel 3, 4, 10). Als Vorlage für das 6. und für den zweiten Teil des 8. Kapitels diente der Festvortrag, den Gendlin

auf dem Kongress der Gesellschaft für wissenschaftliche Gesprächspsychotherapie 1989 in Köln gehalten hat, das Kapitel 9 wurde aus seinem unveröffentlichten Manuskript *Focusing Partnerships* übersetzt.
Im Zentrum von Gendlins Seminaren stehen immer Live-Sitzungen mit TeilnehmerInnen, in denen er seine praktische Arbeit – sei es mit Focusing, mit Psychotherapie oder mit Träumen – demonstriert. Die Kommentare und Fragen der Zuhörer und Zuschauer veranlassen dann häufig längere Ausführungen, in denen Gendlin die Hintergründe seiner praktischen Arbeit darlegt. Diese Ausführungen machen den größten Teil dieses Buches aus; die Live-Demonstrationen selbst, der eigentliche Kern der Seminare also, sind zum Teil auf Video-Cassetten dokumentiert und können im DAF bestellt werden*.

III.
Nachdem ich im Rahmen der *Focusing-Bibliothek* des DAF bereits zwei Bücher und ein Studienheft mit Transkripten Gendlinscher Seminare publiziert habe, freut es mich sehr, dass nun durch dieses Buch weitere verschriftlichte Gendlin-Originale einem noch größeren Kreis von Lesern zugänglich gemacht werden können.
Christine Treml, der Lektorin des Pfeiffer Verlages, danke ich für die Initiative zu diesem Buch und für ihre wertvolle Beratung bei der Bearbeitung der Transkripte.
Ohne die Tonband- und Video-Cassetten, auf denen Gendlins Seminare und Vorträge mitgeschnitten wurden, hätte dieses Buch nicht entstehen können. Für die Freigabe dieser Dokumente möchte ich mich daher bei der Österreichischen Gesellschaft für wissenschaftliche, klientenzentrierte Psychotherapie und personorientierte Gesprächsführung (ÖGwG) bedanken, besonders bei meiner Kollegin Lore Korbei, die sich persönlich sehr für das Zustandekommen der Veranstaltungen mit Gendlin 1996 in Wien engagiert hat. Vielen Dank auch an Bernhard Trenkle, dem Organisator des großen, internationalen Kongresses »Evolution of Psychotherapy« in Hamburg 1994, für die selbstverständliche Überlassung der Videoaufnahmen.

* Deutsches Ausbildungsinstitut für Focusing und Focusing-Therapie, Bronnbachergasse 18a, D-97070 Würzburg, Tel.: 0931 416283, Fax: 411371, e-mail: daf-focusing@t-online.de, Website: www.focusing-daf.net

Und zum Schluss: Lieber Gene, für deine Bereitschaft, mir die Bearbeitung deiner Seminare anzuvertrauen, danke ich dir in alter Verbundenheit. Dein Schreiben ist englisch und spröde, dein Sprechen wienerisch und lebendig – und so glaube ich, dass in diesem »gesprochenen« Buch deine wegweisenden Gedanken, deine menschliche Haltung und dein unkonventionelles Tun besonders gut zum Ausdruck kommen. Es wird dazu beitragen, unser Denken und Handeln zu befreien aus tradierten Formen und scheinbar selbstverständlichen Annahmen. Denn das, was du sagst, weist auf etwas hin, das über die Formen des Sprechens, Denkens und Handelns hinausgeht. Was das ist, oder besser, *wie* das ist – davon handelt dieses Buch.

Johannes Wiltschko

1. Eine Einführung in die Praxis des Focusing

Focusing ist eine kleine Zeit

Was ist Focusing? Meine einfachste und kürzeste Antwort lautet: Focusing nenne ich die Zeit, in der man mit etwas ist, das man körperlich spürt, ohne schon zu wissen, was es ist.

Was man aber weiß ist, dass dieses körperliche Gefühl mit irgendetwas im Leben zu tun hat. Es kommt nicht nur daher, dass der Gürtel zu eng ist oder dass man zu viel gegessen hat. Vielleicht kann es sich sogar so anfühlen, aber man weiß *von innen*, dass es sich auf eine Situation oder einen Lebensaspekt bezieht. Oft weiß man nicht genau auf welchen, aber selbst wenn man das weiß, trägt dieses körperliche Gefühl immer auch noch viele Bedeutungen in sich, die man noch nicht kennt.

Auf dieses Gefühl, das ich im Körper spüre ohne zu wissen, was es genau ist, lenke ich meine Aufmerksamkeit und bleibe eine Minute oder eine Sekunde oder zehn Minuten dabei. Diese Zeit nenne ich Focusing.

So ein körperliches Gefühl kann man *zu jeder* Sache bekommen: zu einer kleinen oder großen, zu einer unangenehmen oder angenehmen, zu einer aus der Vergangenheit, aus der Gegenwart oder der Zukunft. Bei dieser »Sache« kann es sich um eine Idee handeln oder um eine Situation oder um einen anderen Menschen oder um ein Problem. Die »Sache« kann alles sein. Über so eine Sache kann man alles Mögliche denken, immer aber hat man gleichzeitig auch noch ein körperliches Gefühl zu dieser ganzen Sache. Dieses körperliche Gefühl ist ein guter Führer. Ich nenne es *Felt Sense**.

Diese kleine Zeit, die man darauf gibt, mit etwas zu verweilen, *das nicht klar ist, aber konkret im Körper zu spüren ist und sicher mit etwas zu tun hat,* die nenne ich Focusing. Und das Focusing *öffnet* dann eine ganze Menge verschiedener Dinge. Es kommen kleine *Schritte der Änderung*, und man findet eine Menge heraus, aber das

* *Felt Sense:* wörtlich »gefühlter Sinn« oder »gespürte Bedeutung«; auch im Englischen ein Kunstwort, das wir deshalb unübersetzt ins Deutsche übernommen haben.

nenne ich nicht mehr Focusing. Das ist schon das, *was durch Focusing kommt.*

Es ist etwas Neues, die Aufmerksamkeit auf dieses unklare körperliche Gefühl zu richten. Focusing ist ein Weg, den die meisten Menschen nicht kennen. Es ist daher nicht etwas, das man in zwei Stunden lernen kann. Aber man kann es lernen – sagen wir vielleicht an drei oder vier Wochenenden. Hier werde ich Ihnen aber wenigstens einen kleinen Geschmack davon geben können. Zuerst will ich versuchen, die Essenz von Focusing kurz darzustellen, und dann wollen wir innen, in uns selber drinnen, mit Focusing arbeiten.

Die Essenz von Focusing

Der Körper »weiß« mehr, als wir wissen

Die Essenz von Focusing ist, dass *der Körper unsere Situationen und unser Leben lebt.* Und so weiß unser Körper über das, was vorgeht, immer mehr, als wir wissen. Wir können nur ein oder zwei oder drei Faktoren auf einmal denken, gewöhnlich nur einen, aber es sind immer fünftausend Faktoren an jeder Sache beteiligt. Alle diese fünftausend Faktoren zusammen kann man nicht gleichzeitig mit Worten denken. Dass das mit Worten und Gedanken nicht geht, ist nichts Neues, nicht?

Aber jetzt kommt etwas Neues – vielleicht: Es geht auch mit den Gefühlen nicht. Wir alle haben in den letzten zwanzig Jahren die Erfahrung gemacht, dass das Denken alleine nicht genug ist. Wir leben jetzt in einer Zeit, in der sich alle mit den Gefühlen beschäftigen. Mit Gefühlen meine ich: Man ärgert sich oder hat Angst, man schämt sich oder hat Schuldgefühle, man freut sich usw. Aber diese Gefühle allein sind auch nicht genug.

Ich will Sie von den Gefühlen nicht abbringen, gar nicht. Nur, mit Focusing gehen wir zu einer tieferen Schicht in uns, einer Schicht, die tiefer ist als die Gefühle. Diese Schicht findet man zwar in derselben Richtung, in der man auch die Gefühle findet, aber man muss noch weiter und tiefer hinein. Dann findet man unter den Gefühlen noch etwas, und das ist *körperlich*, körperlicher als die Gefühle. Die Gefühle haben natürlich auch etwas Körperliches: Es klopft einem vor

Freude das Herz, und wenn man Angst hat, schrumpft der Körper zusammen. Aber das ist noch nicht die Art von »körperlich«, die ich meine.

Die Eingangstür ist das körperliche Behagen oder Unbehagen

Ich muss nun genau erklären, *wo* man da hineingehen muss, um diese körperliche Schicht zu finden. Der Eingang ist nämlich eine ganz schlichte Tür. Sie schaut ganz gewöhnlich und nicht sehr besonders aus. Diese Tür ist das *körperliche Behagen* oder *Unbehagen*.
Focusing beginnt also ganz gewöhnlich. Wir sind nur alle trainiert, auf diese Tür nicht zu achten. Wir müssen nämlich den ganzen Tag funktionieren, und an dem, was uns Unbehagen macht, gehen wir schnell vorbei. Wir wollen alles, was wir Tag für Tag tun müssen, ordentlich erledigen, und wir sind daran gewöhnt, dass wir uns oft unbehaglich fühlen. Wenn dieses Unbehagen nicht zu schrecklich ist, gehen wir daran vorbei. Und das ist ja auch gut so, denn würden wir in jedem Unbehagen stecken bleiben, könnten wir nicht arbeiten.
Wenn man aber fokussieren will, sucht man genau dieses kleine Unbehagen, das im Körper wohnt.

Das körperliche Unbehagen beinhaltet mehr als Gefühle

Dieses kleine, körperliche Unbehagen ist etwas anderes als die großen Gefühle. Wenn ich schreckliche Angst habe oder mich furchtbar ärgere, gibt es darunter *noch etwas, das breiter ist*. Die Angst oder der Ärger sind da, und darunter ist etwas Breiteres. Das ist das *Unbehagen an der ganzen Sache*, die mich ängstigt oder ärgert. Mein Körper ist also so eine Art Unterlage – unterhalb der Angst, unterhalb des Ärgers – und diese körperliche Unterlage *beinhaltet mehr* als nur die Angst oder nur den Ärger.
Wenn man von den Gefühlen allein ausgeht, ist man dümmer als gewöhnlich. Wenn man im Sprechen und Handeln z. B. nur vom Ärger ausgeht, kommt gewöhnlich etwas Dummes heraus, denn man lässt vieles aus, was auch da ist. Wenn man aber die *Aufmerksamkeit erweitert* und spürt, was körperlich konkret da ist, während man ein Gefühl hat, ist man gescheiter. Denn dann berücksichtigt man alles Mögliche, das man vom Fühlen des Ärgers allein ausgehend nicht bemerken würde. Die körperliche Unterlage des Ärgers ist viel breiter.

Der Körper hat immer »das Ganze«

Der Körper »verganzheitlicht« eine ganze Sache, er kann eine ganze Sache *als Ganzes* haben. Der Körper bringt das Ganze. Ich möchte betonen: Ein Problem, *körperlich genommen*, ist ein Ganzes, egal ob es klein oder groß ist. Es ist ein Ganzes. Das heißt: Der Körper weiß, was alles dazugehört und was nicht. Und wir wissen das nicht.

Wenn man auf das Behagen oder Unbehagen im Körper aufmerksam wird, bekommt man das, was wir einen *Felt Sense* nennen: eine körperliche Bedeutsamkeit, etwas Konkretes, das man im Körper unmittelbar spürt.

Übrigens, wenn ich »Körper« sage, meine ich auch wirklich den Körper. In der deutschen Philosophie sagt man gewöhnlich »Leib«. Natürlich würde »Leib« schöner klingen. Ich aber sage »Körper«, denn ich meine den *gewöhnlichen, konkreten Körper*, der da im Sessel sitzt.

Das ist – kurz gesagt – die Essenz des Focusing, und die fehlt bei so ziemlich allen anderen Psychotherapeuten. Man arbeitet jetzt zwar viel mit dem Körper, aber man kommt mit der Körperarbeit selten zu *dem* Körper, der alles über das Leben und über die einzelnen Situationen weiß.

Kennen Sie ein körperliches Gefühl, das von der Situation mehr weiß, als Sie im Kopf haben? Kennen Sie diesen Platz im Körper?

Focusing ist nicht alles

Ich will all die anderen Dinge, die wir kennen, keineswegs abwerten. Ich konzentriere mich hier nur auf dasjenige, was den meisten anderen fehlt. Ich will nicht, dass es so aussieht, als müsse man alles andere vergessen, um das, was ich hier vortrage, zu lernen. Na, Sie sind ja nicht so dumm, dass Sie das glauben würden, aber man könnte vielleicht glauben, dass ich so dumm wäre. Das möchte ich nicht. Ich weiß genau, dass man nicht nur in sich hineingehen soll. Man muss ebenso auch herauswollen, aktiv sein, vorwärts kommen, spontan sein; wir müssen mit anderen Menschen zu tun haben und nicht nur in uns drinnen mit uns selbst allein sein; wir brauchen Verhalten und nicht nur Fühlen, wir müssen mit dem Körper und mit den Muskeln arbeiten usw. Ich bin für alle diese Dinge. Ich möchte, dass Sie verstehen, dass ich mich hier auf das konzentriere, was *ich* Ihnen bringen will. Andere mögen vielleicht sagen »meine Sache ist die einzige«, aber ich will das nicht. Wir wollen alles, was wir lernen können, zusammensetzen.

Eine erste Focusing-Erfahrung

Jetzt möchte ich, dass Sie sich im Lauf der nächsten Minute etwas auswählen, das Ihnen nicht ganz angenehm ist. Es soll aber etwas Kleines sein, etwas, das Sie vielleicht am Montag oder Dienstag tun müssen. Irgendetwas, das Sie schon arrangiert haben und das auf Sie zukommen wird; irgendetwas Kleines, an dem Sie gewöhnlich nicht sehr viel arbeiten würden. Jeder von uns hat so etwas am Montag oder Dienstag. Ich muss mir jetzt auch so etwas aussuchen.
... (10 Sekunden Stille) ...
Mhm, ich hab's schon. – Haben Sie auch schon etwas? Es dauert nicht lange, so etwas zu finden, nicht? Jetzt arbeiten Sie bitte nicht daran, das kommt später.
Zuerst muss ich Ihnen noch sagen: Sie müssen jetzt die Aufmerksamkeit in die Mitte des Körpers geben, denn dort wird etwas Neues kommen. Es muss zwar nicht immer in der Mitte kommen, aber gewöhnlich finden wir es dort. Die Mitte heißt: in der Brust oder im Bauch oder noch weiter unten.
Ich möchte jetzt, dass Sie in diese Mitte des Körpers gehen. Sich inmitten des Körpers zu fühlen ist für viele Leute ganz leicht und für viele sehr schwer. Ob es für dich leicht ist oder schwierig, ist ganz gleich. Für das Focusing macht das gar keinen Unterschied. Es ist gar nicht wichtig, ob du ein Mensch bist, der fünf Minuten Ruhe braucht, um in den Körper hineinzukommen, oder ob du sofort hineinkommst. Du musst nur wissen, wie das bei dir ist. Ich weiß eine sehr schnelle Art und Weise, wie ich euch in die Mitte des Körpers bringen kann. Aber wenn du es alleine probierst, ist es gut zu wissen, ob du es gleich kannst oder ob du zuerst ein paar Minuten Ruhe dafür brauchst.
Ich möchte euch jetzt bitten, die Aufmerksamkeit in die rechte Zehe zu geben. Schau bitte, ob du die rechte Zehe von innen findest. Und wenn du sie gleich findest, dann bleib bitte in der rechten Zehe. Und wenn du sie nicht gleich findest, dann bewege sie ein kleines bisschen

und dann höre auf, sie zu bewegen. … Also seien wir jetzt alle eine Minute in der rechten Zehe.
… *(10 Sekunden Stille)* …
So siehst du: Man kann in der rechten Zehe wohnen, nicht? Wohne in der rechten Zehe! Man kann dort wohnen.
… *(10 Sekunden Stille)* …
Und nun schau, ob du jetzt das rechte Knie findest. Und sei eine Weile im rechten Knie.
… *(20 Sekunden Stille)* …
Und komm jetzt mit deiner Aufmerksamkeit weiter hinauf zum Sessel, dort wo du auf dem Sessel sitzt und wo du spürst, dass der Sessel drückt.
… *(10 Sekunden Stille)* …
Und komm dann von dort hinauf in die Mitte des Körpers … Und schau dich dort um. Wie ist dir dort?
… *(20 Sekunden Stille)* …
Und wenn du dort große Probleme findest, dann mach bitte nichts, als sie zu begrüßen. Geh nicht in sie hinein. Sag nur: »Ah ja, ich weiß schon, das ist da. Es drückt mich da wegen diesem und jenem, ja, ja, ja …« Und was immer da ist, begrüße es einfach nur … Jetzt nicht daran arbeiten … Mach dir dort nur Platz, wenn du kannst. Schau, ob dir behaglich sein kann oder ob Unbehagen da ist, ob es da spannt oder ob es da locker ist … Es brauchen keine Worte dafür da zu sein, nur spüren, wie es da ist.
… *(20 Sekunden Stille)* …
Und jetzt erinnere dich bitte an das, was du vorher ausgewählt hast, an diese kleine unangenehme Sache, die am Montag oder Dienstag auf dich zukommen wird … und schau, was dazu in der Mitte des Körpers kommt. Was macht es dir da für Gefühle?
… *(20 Sekunden Stille)* …
Und denke nicht gleich: »Ja klar, das bedeutet doch das und das.« Wir wissen natürlich alle viel über uns selber. Stattdessen gib dem Gefühl einen Namen … Finde für die Qualität des Gefühls einen Namen … Ist es »eng« oder »schwer« oder »so als würde es stocken« oder wie? … Was für eine Qualität hat dieses körperliche Gefühl?
Und jetzt müsst ihr vielleicht wieder von vorn anfangen, weil ich euch durch mein Sprechen unterbrochen habe. Vielleicht musst du zuerst wieder in die rechte Zehe … dann ins rechte Knie … dann zum

Sessel ... und dann in die Körpermitte ... Dann stellst du dir wieder dein Problem vom Montag oder Dienstag vor ... und wartest, welches körperliche Gefühl in der Mitte deines Körpers kommt ... Welche Qualität hat dieses Gefühl? ... Welches Wort passt dazu?
... *(30 Sekunden Stille)* ...
Und wenn du dieser Qualität einen Namen gegeben hast, dann überprüfe bitte diesen Namen ... Du fragst so auf eine höfliche, klientenzentrierte Art und Weise deinen Körper: »Hm, passt der Name?« ... Und manchmal kommt dann noch ein genaueres, ein besseres Wort dafür ... Und wenn du kein Wort findest, macht es nichts ... Aber wenn du ein Wort hast oder ein Bild hast, frage deinen Körper: »Hm. Passt das Bild? Passt das Wort? Ist es so?« ... Dann kommt vielleicht in dir so ein Nicken, das sagt: ja, ja ...
Wie viele von euch haben so ein Nicken? Gut, ungefähr ein Drittel. Es geht nicht so schnell, wenn das Focusing neu ist für dich ...
Jetzt kommt das Wichtigste: Das körperliche Gefühl soll sich ein bisschen verbreiten. Dazu fragst du das Gefühl: »Was ist eigentlich das Zentrale an der ganzen Sache? Was ist das Wichtigste an dieser ganzen Sache?« ...
Jetzt müsst ihr vielleicht wieder von vorne anfangen, weil ich euch wieder unterbrochen habe durch mein Sprechen. Also, wieder von unten in deinen Körper hineinkommen ... sich wieder an diese Montag-Dienstag-Sache erinnern ... und wenn das körperliche Gefühl wieder da ist, sagen: »Ah ja, da ist es wieder.« ... Und jetzt kommt die Frage: »Was ist denn das eigentlich? ... Was ist das Zentrale daran? ... Was ist das, das diesen Namen hat?« ...
Wir haben eine Menge Ideen, was die Antwort auf diese Fragen sein könnte, ja, ja, sicher, aber wir müssen diese Antwort *von diesem Gefühl selber* hören ... Das ist so, als wäre dieses körperliche Gefühl eine andere Person. Deshalb fragen wir das Gefühl: »Was bist du eigentlich?« ... oder »Was ist es an der Situation, das *dieses* Gefühl bringt?« ... Und dieses Gefühl soll antworten ...
Also, fangt wieder unten an ... kommt hinein ... denkt an Montag oder Dienstag ... ah ja, da ist es wieder. Das ist der Felt Sense. Da bleiben wir dabei ... Wir bleiben bei dem Felt Sense und fragen ihn ... Und es dauert gewöhnlich eine Minute, bis er antwortet ... Und vielleicht antwortet er auch nicht. Das macht nichts, aber wir wollen ihn fragen.

... (60 Sekunden Stille) ...
Jetzt müsst ihr die *kleinen Schritte* gut erkennen. Ein kleiner Schritt ist etwas Neues, von dem du noch nicht weißt, was es ist. Es ist aber ganz konkret da, spürbar in deinem Körper. Und wahrscheinlich wird so ein kleiner Schritt in deinem Körper schon gekommen sein. Du musst diesen kleinen Schritt nur erkennen. In Gedanken geht man immer große Schritte. Solche großen Gedankenschritte hast du in den letzten paar Sekunden sicherlich auch gehabt. Aber war da nicht auch ein kleiner Schritt, der wirklich und konkret gekommen ist?
Bei mir ist einer gekommen, der hat mir so einen Atem gegeben. »Ah ja«, hab ich gesagt, »ja, ja, ja«. Das hat natürlich das ganze Problem, das ich mir ausgewählt habe, nicht gleich gelöst, und deshalb war ich nicht zufrieden und bin daher in Gedanken gleich weiter und weiter gegangen. Das habt ihr wahrscheinlich auch so gemacht. Das macht nichts. Aber jetzt hier, im Focusing, ist es wichtig, einen *kleinen Schritt*, der wirklich konkret gekommen ist, zu erkennen und ein bisschen bei ihm zu bleiben. So habe ich mich wieder zurückgeholt und zu mir gesagt: »Bleib doch ein bisschen dabei; das war ja doch gerade ganz richtig, was da gekommen ist. Das hat dir einen frischen Atemzug gegeben. Bleib einen Moment dabei.«
Ich gebe denjenigen, die einen kleinen Schritt bemerkt haben oder jetzt bemerken, eine Minute, um bei diesem Schritt zu verweilen ... Und wenn kein Schritt gekommen ist, gut, dann wird es noch eine Übung geben.
Gehen wir also noch einmal hinein ... schau, ob du den kleinen konkreten Schritt, der da gleich kommt, erkennst ... und dann ein bisschen dabei bleiben: »Ja, das ist wirklich etwas Echtes, das da gekommen ist.«
... (60 Sekunden Stille) ...
Jetzt gebe ich euch noch eine Minute, weil ihr innen drinnen seid und es Zeit braucht, langsam wieder herauszukommen, und dann hören wir auf.
... (60 Sekunden Stille) ...
O.k.

Die sechs Schritte des Focusing-Prozesses

Ich möchte jetzt diese kleine Übung benützen, um die *sechs Schritte des Focusing* zu erklären.* Wir haben nämlich für das Focusing einen Leitfaden gemacht, der aus sechs Schritten besteht. Aus diesen sechs Schritten kann man eine Religion machen, aber das wäre ganz falsch. Sie sind nur ein *Leitfaden*, um Focusing überhaupt erst einmal zu finden; und wenn man sich verliert, kann man immer wieder zu den sechs Schritten zurückkommen. Aber sie vereinfachen natürlich alles, und man soll nicht glauben, dass irgendetwas Menschliches auf sechs Schritte zu reduzieren sei. Das wäre niemals wahr, denn in der Wirklichkeit ist es immer wieder anders. Aber die sechs Schritte sind gut geeignet, um Focusing zu erklären.

Die Schritte 1 bis 5

Der *erste Schritt* ist: in den Körper hineinkommen und dort begrüßen, was immer da ist, statt in es hineinzufallen und darin verloren zu gehen. Man sagt sich: »Ah ja, das ist da, und das ist da.« Wir nennen das »Platz machen«. Man macht sich da drinnen im Körper einen Platz. »Raum schaffen« kann man auch dazu sagen. Man schafft sich im Körper Raum.

Der *zweite Schritt* ist: die körperliche Qualität eines bestimmten Problems spüren. Man sucht sich ein bestimmtes Problem aus. Das kann ein Lebensthema sein oder auch etwas ganz Kleines. Jedes Problem bringt im Körper eine ganz bestimmte Qualität, die man spüren kann. Diese Qualität nennen wir Felt Sense.

Der *dritte Schritt* ist: dieser körperlich gespürten Qualität, dem Felt Sense, einen Namen geben. Oder einen »Griff«, wie wir auch sagen. Dieser Name oder Griff muss nicht unbedingt ein Wort sein. Er kann auch ein inneres Bild oder eine Bewegung, eine Geste sein.

Der *vierte Schritt* ist: den Griff überprüfen. Da frage ich den Felt Sense: »Na, passt dieser ... (Griff)?« Und wenn er passt, bekommt man so ein innerliches Nicken, so einen Atemzug: »Ja, so ist es, mhm.«

* Eine ausführliche Erklärung der sechs Focusing-Schritte findet sich in Kapitel 3.

Der *fünfte Schritt* ist: den Felt Sense befragen, z. B.: »Was ist das denn an meinem Problem X, das mir dieses körperliche Gefühl (Felt Sense) gebracht hat?« Ich befrage den Felt Sense, das körperliche Gefühl zu diesem Problem X.

Der Kopf soll ruhig seine Arbeit weiter machen

Wenn ich mir diese Art von Fragen stelle, kommen fast immer zuerst eine Menge Antworten aus dem Kopf. Im Kopf habe ich nämlich so einen dicken Ordner, in dem alle möglichen Sachen über mich abgeheftet sind. Denn ich weiß natürlich schon sehr viel über mich, weil ich mich doch schon so viele Jahre kenne. Wenn ich also eine solche Frage an den Felt Sense richte, weiß der Kopf immer sofort alle möglichen Antworten. Die muss man sich halt anhören, und dann kann man wieder zurückkommen zum körperlichen Gefühl, zum Felt Sense, und sagen: »Ja, aber wir wollen doch *dich* fragen.«

Als ich vor vielen Jahren im Krankenhaus gearbeitet habe, wurde durch die eine Tür der Patient hereingebracht, und aus der anderen Tür kam die Sekretärin und brachte mir einen dicken Ordner mit den ganzen Berichten und all den Tests und Befunden herein, die den Patienten *miss*verstanden haben (denn er ist ja noch immer im Krankenhaus). Und das soll ich dann lesen! Ich darf aber auch nicht auf die Sekretärin böse sein, denn sie macht ja nur ihre Arbeit, nicht?

Mit dem Kopf ist es genauso: Der bringt mir all die alten Sachen, und ich muss zu ihm sagen »danke, danke«. Es hat keinen Sinn, mit den Gedanken zu kämpfen. Hört sie euch an – »ja, ja, das ist so und so, das ist schon richtig« – und dann geht wieder zurück zu dem körperlichen Gefühl. Da braucht man nicht ungeduldig zu werden, denn es ist einfach so. Man geht einfach wieder in den Körper zurück und wohnt dann wieder eine Weile mit dem Felt Sense. Und manchmal muss man wieder von vorne anfangen, weil man unterbrochen wurde. Man beginnt wieder bei dem Problem und wartet, bis das körperliche Gefühl seiner Qualität wiederkommt.

Ich betone das, weil man im Focusing besonders leicht verloren geht, wenn man den Felt Sense, der doch gerade noch da *war*, befragen will. Er ist aber nicht mehr da! Da sind bloß die Antworten aus dem dicken Ordner im Kopf. Wenn der Felt Sense nicht da ist, kann man ihn auch nicht befragen.

Der sechste Schritt

Der *sechste Schritt* ist: zurückschauen, wo etwas Echtes von innen gekommen ist. Diesen Schritt nennen wir auf Englisch *receiving*, also »empfangen«. Gewöhnlich fangen wir nämlich sofort an, über das, was durch das Focusing gekommen ist, nachzudenken. Auf diese Weise schweifen wir von dem, was gekommen ist, ab und fliegen mit den Gedanken fort. Dieses Nachdenken muss man unterbrechen, in den Körper zurückkommen und sich fragen: »Was ist denn wirklich gekommen? Wo war denn mein Atemzug? Was hat sich denn ein bisschen bewegt, konkret und wirklich?« Und da bleibt man dann noch ungefähr eine Minute dabei. Bevor man also weitergeht, bleibt man einen Moment bei dem kleinen Schritt, der gerade gekommen ist. Der Körper braucht nämlich ein bisschen Zeit, um diesen konkreten Schritt, der im Erleben gekommen ist, wirklich aufzunehmen und sich daran zu gewöhnen. Wenn das geschehen ist, kann man, wenn man will, weitergehen und noch eine Focusing-Runde machen. Der sechste Schritt verlangt also eine gewisse Disziplin, die man erst lernen muss. Wenn wir bei dem kleinen Schritt, der gekommen ist, nicht ein bisschen verweilen, geht er oft verloren, und wir sind dann wieder dort, wo wir immer sind: bei den alten Gefühlen und den alten Gedanken.

Freiraum schaffen

Jetzt möchte ich ein zweites Experiment mit euch machen. Ich weiß genau, dass ich im ersten Experiment mehr als die Hälfte von euch verloren habe. Das macht mir nichts und es soll euch auch nichts ausmachen, denn ihr werdet es später noch einmal allein und in Ruhe versuchen, nicht? Bitte! Es macht mir nichts, wenn es *jetzt* nicht funktioniert hat.

Der Hauptgrund dafür, dass das Focusing bei vielen von euch in diesem ersten Versuch wahrscheinlich nicht funktioniert hat, ist folgender: Ich habe euch nur ganz kurz Zeit gegeben für den ersten Schritt, für das Freiraum-Schaffen. Diesen Schritt muss ich jetzt daher genauer erklären.

Begrüßen

Wenn man in den Körper hineinkommt, ist es dort oft unbehaglich. Wenn man da eine Zeit lang verweilt, bemerkt man: »Ah ja, ich trage das mit mir herum, und ich sorge mich darum, und mir ist unbehaglich, weil ich heute Morgen mit dieser Person das und das ...« Man findet also in seinem Körper immer alles mögliche Unbehagliche. Nun, alle diese verschiedenen Sachen muss man *begrüßen.*

Es ist nämlich so: Wir tragen im Körper zu jeder Zeit drei, vier, fünf Unannehmlichkeiten mit uns herum. Und das ist bei uns allen hier jetzt wahrscheinlich auch so. Vielleicht sind es zwei große und zwei kleine Sachen. Und dann gibt es vielleicht noch zwei große Probleme, die uns häufig sehr zu schaffen machen, aber jetzt gerade nicht da sind. Da sind wir sehr dankbar dafür. Denn jeder von uns weiß, wie er sich sofort deprimieren kann. Wenn ich euch sagen würde » Seid deprimiert!«, braucht es wahrscheinlich nur zwei Minuten, und jeder ist deprimiert. Aber das möchte ich nicht! Was euch heute keine Schwermut bringt, brauchen wir heute nicht. Denn das wird schon nicht verloren gehen. Das kommt schon von selber oft genug zurück.

Ich möchte jetzt nur, dass ihr schaut, was *heute* da ist, was euer Körper heute trägt. Was das ist, bemerkt man nur, wenn man den Körper *auf eine bestimmte Weise* beobachtet.

Was wir jetzt tun wollen ist, den Körper von diesen Sachen zu befreien. Und nichts anderes. Zehn Minuten nehmen wir jetzt Ferien. O.k.? Jetzt wollen wir nur den Körper befreien von dem, was immer dein Körper jetzt trägt. Wenn du dann gleich nachher finden wirst, was das ist, dann sage nur: »ah ja« oder »hallo«. Du schickst ihm also einen freundlichen Gruß.

Abstand

Es kann sein, dass das, was du da in deinem Körper findest, etwas ganz Schreckliches ist, das dich leicht überschwemmt und überwältigt. Nur an dieses Problem zu denken, ist schon zu viel. Aber in dem Moment, in dem du sagst »Ja, ja, das kann mich überschwemmen«, wirst du nicht mehr überschwemmt. Darin liegt eine gewisse Ironie, die ich euch zeigen möchte. Das ist etwas sehr Wichtiges, das man gleich in der ersten Stunde lernen muss. In dem Moment, in dem man sagt: »Das (dort) kann mich (hier) überschwemmen«, ist es *dort,* und

ich bin *hier*. Es ist dort, und ich bin da. Und auf diese Weise finde ich mich.
Es gibt meistens gewisse Dinge, die sind Gott sei Dank ohnehin schon *dort*. Die stören mich jetzt nicht und die lasse ich in Ruhe. Aber diejenigen, die ich jetzt gerade in meinem Körper trage, die sind jetzt *da*, die sind nicht dort. Und die stelle ich jetzt *dort* hin, nicht weit weg, sondern so weit, wie es jetzt gerade notwendig ist. Vielleicht gibt es eines, das ich sehr weit weg haben möchte. Gut, also sehr weit. Aber noch immer vor mir, nicht hinter mir, denn hinter mir ist mir nicht angenehm. Ich will den Kontakt mit dem Problem nicht verlieren, denn sonst greift es mich von hinten an. Und das will ich nicht. Auch wenn ich es noch so weit von mir entfernt haben möchte, ich will es nicht ganz *weg*haben.
Wenn ich das so sage, ist das nicht ganz ehrlich, denn eigentlich möchte ich es schon gerne ganz weghaben und loswerden. Aber nachdem ich inzwischen weiß, dass es nicht ganz weggeht, und da ich mit der Zeit gelernt habe, dass es mich, wenn ich es loswerden möchte, nur noch mehr packt, bin ich jetzt gescheiter geworden: Ich will überhaupt nichts mehr ganz weghaben und loswerden.
So gebe ich also jedem Problem den *richtigen Platz* – so weit oder so nah, wie ich es eben brauche. Manche Sachen gehen leicht verloren, also behalte ich sie nahe bei mir; andere Sachen können weiter weg sein. Aber ich stelle sie immer irgendwo vor mich hin.
Ihr werdet das, was ich euch gerade sage, wahrscheinlich nicht gleich verstehen. Was heißt das denn und wo ist das denn eigentlich, wenn ich sage »da« und »dort«? Aber gleich in der nächsten Übung werdet ihr das ganz leicht praktizieren können. Wenn ihr einmal in euren Körper hineinkommt und drin seid, werdet ihr das alles gleich finden.

Das Ganze

Das Wichtigste daran ist »das Ganze«. Obwohl wir von einem Problem oft viel wissen, wissen wir nicht, was es als Ganzes beinhaltet. *Das Ganze ist das Körperliche*. Deshalb kann ich sagen: »Diese ganze Sache, alles, was mit ihr zu tun hat – Gott weiß, was das alles ist, wie lange das in meinem Leben zurückgeht, die ganze Vergangenheit und die Zukunft, diese Leute und jene Leute, alles, was da dazugehört – *das alles zusammen* packe ich in einen großen Sack. Und dieses

Ganze wird *dort drüben* schön warten.« Gut. Es wartet dort drüben, und in mir kommt ein erleichtertes Ausatmen.
Das ist ganz ähnlich wie in folgender Situation: Du bist mitten in einem Telefongespräch, und es klingelt an der Tür, und da steht ein Klient, der ganz außer sich ist und der will, dass du sofort mit ihm sprichst. Da sagst du zu ihm: »Ja, gut, komm herein, setz dich hier einen Moment hin, ich werde schnell mein Telefonat zu Ende führen und dann muss ich noch aufs Klo und dann komme ich zu dir zurück.« Kennt ihr das?
So ungefähr muss man auch mit dem umgehen, was man da in sich, im Körper, findet. Da sagst du: »Also gut, setz dich her. Und ich erledige zuerst noch alle möglichen anderen Sachen und dann geh' ich mich einen Moment erholen und dann komme ich zurück.« Und du wirst dann auch wirklich zurückkommen, zumindest zu einem von den Dingen, die du da in dir findest. Es ist wichtig, dass du dir versprichst, später wenigstens zu einem zurückzukommen.
Das Wichtige dabei ist, das Problem als Ganzes zu lassen und es auch als Ganzes kommen zu lassen.

Eine zweite Focusing-Erfahrung: Freiraum schaffen

Ich möchte euch vorschlagen, euch folgende Frage zu stellen: »Ist mir behaglich? Geht es mir gut? Ist mein Leben in Ordnung? Darf ich mich wunderbar fühlen?« Und dabei hilft es, wenn man sich an etwas erinnert, wo man sich irgendwann einmal wunderbar gefühlt hat. Ich möchte euch die Idee geben, dass ihr euch körperlich ganz wohl fühlen *könnt,* dass das möglich wäre. Ihr braucht es nicht zu glauben; ihr braucht nur den Gedanken zu haben, dass man sich ganz wohl fühlen kann – so wie eine Katze, die gerade aufgewacht ist. Wenn man diese Idee hat, darf man dann den Körper fragen: »Also, geht's dir so? Geht's dir wunderbar?« Und gewöhnlich sagt dann der Körper »nein!«.
Und falls gerade heute dieser besondere Tag ist, einmal im Jahr, an dem nichts als Wohlbehagen da ist, dann, bitte, bleibt dabei. Es gibt genug andere Tage, an denen man an den schwierigen Sachen arbeiten kann. So ein Tag ist sehr selten, denn der Körper trägt fast immer alle möglichen Probleme mit sich herum.
Du wirst jetzt also nachschauen, was dein Körper *jetzt*, heute Morgen trägt. Gewöhnlich sind das ein paar große und ein paar kleine Sachen.

Und bitte nimm die kleinen Sachen genauso an wie die großen. Und den Dingen, die Arbeit brauchen, versprich bitte, dass du auf sie zurückkommen wirst. Nicht jetzt, aber später. Und dann lässt du das Ganze vom Körper *abrollen*, das Ganze, von dem der Körper weiß, was es beinhaltet. Das Ganze soll dort drüben bleiben.
So, das machen wir jetzt und dann werden wir eine angenehme Pause haben.
Bitte komme jetzt mit deiner Aufmerksamkeit hinein in deine Mitte, in die Mitte deines Körpers.
... (15 Sekunden Stille) ...
Und frag dich dann: »Ist mein Leben ganz in Ordnung? Kann ich mich ganz wohl fühlen?« Und wenn nicht: »Was ist eigentlich dazwischen?«
... (25 Sekunden Stille) ...
Was immer da jetzt gekommen ist, arbeite nicht daran. Sag einfach zu ihm: »Warte hier, setz dich her. Ich komme zurück. Später komme ich zurück.« ... Und dann spüre nach, wie sich der Körper anfühlen würde – ohne dieses Problem. Wie würde sich dein Körper anfühlen, wenn dieses ganze Problem richtig gelöst wäre?
... (60 Sekunden Stille) ...
Und nun frage dich nochmals: »Geht's mir ganz gut?« ... Und was immer du findest, das nicht ganz gut ist, stelle es an einen guten Platz ... und komm dann in den Körper zurück und schau dort nach: »Ist mir leichter geworden? Wie ist mir jetzt?« ... »Wie wäre der Körper, wenn das Problem gelöst wäre, wenn alles ganz richtig wäre?«
... (70 Sekunden Stille) ...
Wenn diese Liste der Probleme, die der Körper im Augenblick trägt, so ziemlich vollständig ist, dann finden die meisten Leute, dass es noch etwas gibt: irgendein Gefühl, das immer da ist. So wie eine Tapete, so wie der Hintergrund. Ein Gefühl, das wir immer haben oder beinahe immer haben. Ich möchte gerne, dass du das jetzt noch findest. Wie ist es da drinnen in dir? Ist es da immer »ein bisschen vorsichtig« oder »ein bisschen ärgerlich« oder »ein bisschen grau« oder ... Was findest du als Hintergrund? ... Und wenn du dieses Gefühl hast, kannst du wieder fragen: »Wie wäre es in meinem Körper, wenn mein Hintergrundgefühl nicht da wäre?« ... Wenn du dich also in dir jetzt nicht ganz wunderbar fühlst, dann schau noch einmal: »Was ist

denn das für ein Gefühl, das nicht ganz wunderbar ist?« ... Und dann machen wir Schluss.
... (80 Sekunden Stille) ...
Jetzt gebe ich euch noch eine Minute für was immer jetzt gut wäre, und dann machen wir Pause.

Focusing ermöglicht dem Körper in kleinen Schritten Heilung zu bringen

Um zu fokussieren, ist es zwar gut, Ruhe zu haben und entspannt zu sein, aber man ist dabei nicht in einem Trancezustand. In Trance findet man nämlich nicht diese Ganzheit, die das Focusing bringt. Im Focusing ist man im Normalzustand, aber, könnte man sagen, *an der Grenze* zum Trancezustand. In Trance zu gehen ist sehr angenehm, und dann wieder aus der Trance herauszukommen ist auch sehr angenehm. Aber rein und wieder raus und wieder rein und wieder raus und wieder rein und wieder raus, das ist im Trancezustand sehr schwer und auch sehr schmerzlich und peinlich und unangenehm. Das ist aber genau das, was wir im Focusing tun: ganz leicht und schnell hin und her zu gehen. Und das kann man, weil man im Focusing an der Grenze ist.
Da ist man ganz da und ganz wach und ganz man selbst, und wenn man sich irgendein Thema, ein Problem z. B., ausgesucht hat, fragt man: »Was ist es denn mit diesem Problem?« Dann horcht man nach innen, in den eigenen Körper. Man öffnet sich nach innen, und dann kommt etwas von dort. Bei dem, was da kommt, ist man dann gleich dabei und sagt sich: »Ah ja, das ist es! ... Hm ... Ist es wirklich das? Ich will es überprüfen. Ist es wirklich das?« Dann ist man wieder nach innen offen und horcht in sich hinein. »Ja« sagt es da drinnen. Ein frischer Atem kommt: »Ah ja.«
So geht man über diese Grenze hin und her, hinein und heraus, aber immer nur ein bisschen, nicht sehr weit. Wenn man zu weit in Trance gerät, wird man zu passiv und zu langsam, und wenn man zu sehr im Alltagsbewusstsein bleibt, ist man zu aktiv und zu schnell. Da muss man sich dann sagen: »Ah ja, jetzt bin ich zu sehr da oben im Kopf. Also sei ein bisschen still und warte eine Weile.«
Wenn man sich z. B. fragt »Wie wäre es denn, wenn das Problem gelöst wäre?«, kommt oft gleich eine Antwort. Man weiß nicht immer,

von wo diese Antwort kommt. Da sagt man zu sich: »Ah ja, vielleicht ist es richtig; aber ich bleibe dabei und warte noch einen Moment.« Vielleicht ist die Antwort, die gleich kommt: »Ah, das wäre sehr erleichternd.« »Oh, schöne Idee«, sage ich mir, »aber, warte noch einen Moment.« Und dann kommt wirklich eine Erleichterung, *von innen, im Körper*. Und diese Erleichterung ist dann konkret und wirklich und echt. Diese körperliche Antwort braucht ein bisschen mehr Zeit als die schnelle Antwort aus dem Kopf.

Mit Focusing lernt man, wie man konkrete Schritte entstehen lassen kann, die von innen kommen. Man muss nur lernen, in sich hineinzukommen und bei dem zu bleiben, was innerlich da ist und von innen kommt. Dann fängt ein innerer Prozess an, sich zu bewegen, und dann geht's ganz leicht. Wenn man das einmal kann, behandelt man jedes Problem auf diese Weise. Man bleibt dann nicht mehr in einem Gefühl stecken oder in einem Gedanken hängen, sondern man erlaubt dem Körper, diese kleinen Schritte zu produzieren. Worauf wir im Focusing zielen ist, dass der Körper diese Schritte bringt, dass der Körper die Heilung bringt, dass der Körper das Nächste bringt. Und das kommt immer in kleinen, aber konkreten Schritten.

Weiterführende Literaturempfehlungen:

Cornell, A.W. (1997). *Focusing - der Stimme des Körpers folgen.* Reinbek: Rowohlt

Gendlin, E.T. (1998). *Focusing. Selbsthilfe bei der Lösung persönlicher Probleme.* Reinbek: Rowohlt

Kersig, S. (2009). *Entspannt und klar. Freiraum finden bei Stress und Belastung.* München: Goldmann

Renn, K. (2006). *Dein Körper sagt dir, wer du werden kannst. Focusing – Weg der inneren Achtsamkeit.* Freiburg: Herder

Wiltschko, J. (2011). *Ich spüre, also bin ich!* S. 59–106. Münster: MV-Verlag

2. Philosophische Anstöße: Über den Körper

Der von innen gefühlte Körper

Der Focusing-Prozess ist ein körperlicher Prozess. Um zu verstehen, was im Focusing vor sich geht und wie es vor sich geht, müssen wir schauen, was wir mit dem Wort »Körper« eigentlich meinen.

Man ist heute gewohnt, alles Körperliche – ohne es zu wollen – im Sinne der sogenannten Naturwissenschaften zu denken. Die Psychologen erhalten dann nur das Seelische, aber eben leider nur als Überbleibsel. Wir wollen das jetzt ändern.

Wir werden den Körper also nicht mehr nur der gegenwärtigen Naturwissenschaft überlassen, denn das Seelische ist ohne den ihm *eigenen* Körper nicht zu verstehen. Erlauben wir lieber, dass das Wort »Körper« den Körper meinen darf, den wir nicht nur von außen beobachten können, sondern auch *von innen fühlen*.

Dies ist uns sicher erlaubt. Wir bekommen die Erlaubnis sogleich, wenn wir eine bestimmte Annahme bemerken und in Frage stellen: Man nimmt an, der leere, mathematisch-geometrische Raum wäre die wahre Wirklichkeit. Dann, zweitens, sollen in diesem leeren Raum bestimmte sogenannte Körper sein, Newtons Körper, die nur darin bestehen, dass sie bestimmte Stellen des geometrischen Raumes ausfüllen und sich in diesem Raum als Gewichte bewegen. Wir wissen aber natürlich auch, dass der mathematische Raum und alles, was in ihm enthalten ist, ein Postulat ist, ein Axiom, also etwas von uns Gesetztes, Gleichmäßiges, aus mathematischen Einheiten Bestehendes.

Anstatt uns also damit abzufinden, der Körper wäre nur etwas von außen Bekanntes, erlauben wir uns zu bemerken, was für einen Körper wir *von innen* finden. Um diesen Körper aufspüren und auch um ihn denken zu können, muss man natürlich dort achtsam werden, wo sich der Körper gerade befindet. Man muss mit dem ganz gewöhnlichen Körper anfangen, mit dem Körper, der hier steht oder in diesem Sessel sitzt. Der von innen gefühlte Körper ist also auch lokalisiert – aber *sein Sichfühlen ist zugleich ein Fühlen der Umwelt*. So zeigt sich von innen sehr schnell, dass dieser Körper nicht der Körper der klassischen Wissenschaften ist. Denn der kann die Umwelt nicht erfühlen.

Der lebendige Körper lebt von sich selbst aus

Unser ganzes Konzept über den Körper wird sich also ändern müssen. Die Theorie von einem Körper als einer einfachen Maschine im Raum und in der Zeit ist eine sehr künstliche Idee. Der Körper ist mehr als etwas, das einfach den Raum und die Zeit ausfüllt. Sogar eine Pflanze ist schon mehr als das. Denn eine Pflanze macht ihren *eigenen* Lebensprozess.

In der westlichen Wissenschaft gibt es kein gutes Konzept für etwas, das seinen *eigenen* Prozess macht. In dieser Wissenschaft werden der Körper und die Prozesse immer *von* einem Wissenschaftler oder *von* irgendjemandem angeschaut. Um etwas anzuschauen, braucht man dann den Raum und man braucht die Zeit und es gibt bestimmte Sinneseindrücke – Farben, Gerüche usw. –, und aus diesen *Anschauungen von jemandem* stellt man dann ein *Ding* her. Natürlich weiß man von Anfang an, dass dieses Ding *künstlich* hergestellt ist, weil es ja aus *Perzeptionen von jemandem* hergestellt ist. Ein Ding ist aber nicht eine Perzeption von jemandem. Die Pflanze weiß nichts darüber, dass man sie anschaut, und sie lebt doch. Für einen solchen Prozess, der von sich selbst ausgeht, haben wir keine Konzepte. Ein lebendiger Körper lebt von sich selbst aus und macht aus sich selbst heraus seinen nächsten Lebensprozess-Schritt.

Das ist wie der nächste Schritt im Focusing. Dieser nächste Schritt wird vom Organismus selbst projektiert, selbst entworfen. So muss man also zuerst ein Konzept bilden für einen Körper, der *so* ist und nicht aus Perzeptionen von jemandem zusammengesetzt wird.

Die Pflanze ist keine Perzeption und hat auch keine Perzeption. Sie sieht nicht und hört nicht – und lebt doch. Daher ist es klar, dass man die Welt nicht aus dem Sehen und dem Hören usw. konstruieren kann. Man kann zwar, aber dann hat man etwas Künstliches.

Der Körper ist eine Wechselbeziehung mit seiner Umwelt

Man muss also mit einem Körper anfangen, der *selbst eine Interaktion, eine Wechselwirkung mit der Umwelt ist.* Eine Pflanze *ist* eine Wechselwirkung mit der Umwelt. Es ist nicht so, dass *zuerst* eine

Pflanze da ist, die sich *dann* mit einer Umwelt trifft, die sie anschauen muss, und dann Bilder von dieser Anschauung hat. Sie ist, ohne Bilder, eine Wechselwirkung mit der Umwelt. Der Körper einer Pflanze »weiß« über das Licht und über das Wasser und über die Erde, weil er das Licht und das Wasser und die Erde *ist*.

So einen Körper haben wir auch. Wir haben dann noch alles Mögliche dazu. Aber aus dem, was dazukommt, *alleine* kann man nicht die Welt konstruieren und dann den Körper verstehen, als ob es ein angeschauter Körper wäre. Eine Wissenschaft muss sich auf einen Körper aufbauen, der die Umwelt schon ist. Das ist auch der Grund, weshalb der Körper mehr weiß, als man bewusst weiß. Wie weiß er das? Er weiß das, weil er mehr *ist*. Weil wir die Umwelt körperlich erleben – nicht erleben, *leben*. Wir müssen zusätzlich zur westlichen und zur östlichen Wissenschaft noch eine weitere entwickeln. Denn so einen Körper haben wir bisher wissenschaftlich noch nicht beschrieben.

Der Körper ist die ungeteilte Vielheit der Situation

Der Körper, physisch genommen, besteht nicht aus beständiger Struktur; er besteht aus chemischen, elektrischen und anderen *Wechselprozessen*. In jeder Hinsicht ist andauernd Fortgang, ist Prozess. Es atmet ein und atmet aus. Es nimmt ein und es gibt aus. *Dieses »Es«, das ein- und ausgibt, lässt sich von diesen Wechselprozessen nicht separieren.*

Wenn man sagt »Der Körper *hat* eine Wechselwirkung« oder »Wir *stehen* in einer Wechselwirkung«, glaubt man, dass der Körper oder das »Wir« von der Wechselwirkung getrennt da sein kann. Einen Radioapparat kann man einschalten oder nicht, er bleibt immer ein Radio. Einen Sessel kann man haben, ohne drin zu sitzen. Seine Funktion ist nicht identisch mit dem, was er ist. *Das Lebendige ist nicht so.* Im Lebendigen ist die Struktur nur da, wenn die Wechselwirkung weitergeht. Denn die Struktur *besteht* aus Wechselwirkung. Deshalb ist es richtig und wichtig zu sagen, dass der Körper die Wechselwirkung mit seiner Umwelt *ist*.

Wenn man den Körper als Wechselwirkung in einer Situation begreift – und nicht meint, er stehe bloß in der Wechselwirkung –, kann man beginnen zu verstehen, wieso mein Körper mehr über meine Situation weiß als ich und wieso er sogar noch etwas finden kann, das über das, was ist, hinausgeht und neu ist. Denn der Körper ist die ungeteilte Vielheit der Situation.

Die postmoderne Philosophie kann nicht richtig sein

Wenn man Körper und Umwelt voneinander trennt, bleibt der Körper als bloße Maschine zurück. Das Lebendige ist aber keine Maschine. Eine Maschine ist so künstlich konstruiert, dass nichts Neues passieren kann. Bei allem Natürlichen, Lebendigen passiert aber immer etwas Neues. Die Maschine kann zwar nass werden und rostet dann, und der Rost ist, könnte man sagen, etwas Neues. Aber er ist kein Aspekt der Maschine. Die Maschine selbst wird immer nur dasselbe machen. In der Natur ist es aber nicht so. Da ist immer Neues möglich.

Natürlich ist es *auch* wertvoll, den Körper als Maschine anzuschauen, und er lässt sich ja auch als Maschine verstehen. Wir wollen das, was uns die Medizin gebracht hat, nicht verlieren. Aber wenn er *nur* eine Maschine wäre, die immer dasselbe macht, muss alles Menschliche dieser Körpermaschine von außen zugesetzt werden – die Kultur, die Sprache, die Werte. Die meisten Theorien sagen das auch so: Der Mensch sei ein Produkt der Kultur. Wo die Werte und die Kultur herkommen, sagen sie uns nicht. Die kommen irgendwie von oben herunter und wir werden gleichsam von ihnen wie eine Münze geprägt. Das ist eine schlechte Theorie. Der Körper ist dann eine Maschine, die nichts Menschliches kann, und die Werte und die Sprache und das Denken kommen von außen – *und wir sind überhaupt nicht da.*

Diese Theorien beginnen immer mit dem Sehen und Hören und Riechen, als ob alles aus Wahrnehmungen bestünde. Das führt dann zu einem großen Problem: Wer ist das, der wahrnimmt? Das wird zu einer unangenehmen Frage. Man beantwortet sie heute gewöhnlich, indem man sagt, die Wissenschaft sei nur eine Konstruktion des Menschen, und den Menschen können wir daher nicht verstehen, weil die Wissenschaft ja unsere eigene Konstruktion sei. Damit ist alles verloren. Das ist aber die offizielle postmoderne Theorie.

Wenn man den Körper so versteht, wie ich das zu vermitteln versuche, dann fängt man woanders an. Man soll nicht mit der Wahrnehmung anfangen. Das ist Unsinn. Als ob wir separiert wären von der

Umwelt und nur fünf Löcher hätten, so wie kleine Löcher in einer Wand vor dem Körper, und wir sehen und hören und riechen die Umwelt nur durch diese Löcher. Wenn man eine menschliche Situation auf das Sehen, Hören und Riechen reduzieren will, ist es so, als würde man aus Farben, Geräuschen und Gerüchen eine menschliche Situation machen wollen. Das kann man doch nicht. Und daher glauben die postmodernen Denker, man könne überhaupt keine Wissenschaft über die menschliche Situation betreiben.

Jeder Lebensprozess ist mehr als das, was sich wiederholt

Ein lebendiger Körper hat immer viele *neue Möglichkeiten*. Sogar die Pflanze hat viele neue Möglichkeiten. Deshalb haben sich die Pflanzen so vielfältig entwickelt. Und das nicht nur durch die Evolution über die Jahrhunderte oder Jahrtausende. Auch wenn man *jetzt* mit der Pflanze etwas Neues macht, kommt etwas Neues heraus. Es kommt etwas ganz Interessantes heraus, das wieder sehr kompliziert ist. *Jeder Lebensprozess ist mehr als das, was sich wiederholt.* Wenn man außerhalb dieses Prozesses steht und ihn beobachtet, dann sieht man immer wieder dasselbe und immer wieder dasselbe, und dann macht man aus diesen gleichförmigen Beobachtungen einen Plan, und dann scheint es, als ob der Plan das Ganze wäre. Das ist aber nie der Fall. Selbst bei den Einzellern nicht. Auch bei denen kann alles mögliche Neue kommen.

Aber natürlich ist auch ein »Plan« da. Aber einer, der *nicht auf den Beobachtungen von außen durch jemanden basiert.* Es ist eine andere Art von Plan. *Jeder Körper weiß, wie gelebt werden soll.* So einen Plan hat die Pflanze und so einen Plan haben wir auch. Das Neugeborene kommt an, und der Plan ist ganz klar: Es ist geplant hin auf eine Mutter, deren Brust zuerst die Vormilch produziert, und wenn die das Neugeborene nicht aussaugt, entstehen allerlei Komplikationen. Dieser Plan ist nicht nur physiologisch da, sondern auch psychologisch: Das neugeborene Kind soll willkommen geheißen werden, man soll sich über das Kind freuen, es herumtragen und jauchzen. Wenn das nicht passiert, stockt die ganze Geschichte. Es hat lange gedauert, bis man herausgefunden hat, dass das Psychologische *ein Teil* des Organismischen ist. Ein solcher Plan ist also wirklich da.

Deshalb kann man *die* Mutter, *die hätte da sein sollen*, auch im Nachhinein von innen finden und organismisch erfahren – *die* Mutter, die der Plan vorsieht. Diese Mutter kann man gleichsam im Nachhinein aus dem eigenen Organismus herstellen. Die Mutter, die wirklich da war, war durch alle möglichen Zufälle beengt und begrenzt.

Der organismische Plan kann zu etwas ganz Neuem führen

Wir haben also auch so einen Plan. Und doch ist der Lebensprozess gleichzeitig offen. Die Frage ist: Wie kann ein Plan da sein und der Prozess dennoch offen sein? Wir werden das beantworten. So wie der Körper des Säuglings weiß, was der richtige nächste Schritt sein muss, so weiß auch mein Körper, wie ich meine verfahrene Situation nächsten Donnerstag retten kann. Was der Plan des Säuglings impliziert, wissen wir inzwischen einigermaßen, aber was ich am Donnerstag tun soll, wissen wir nicht. Es wird ganz neu sein. Denn es hat sich ja – außer mir – noch niemand genau diese verfahrene Situation eingebrockt. Der biologische Plan ist schon ungemein kompliziert – und *dazu* hat *mein Körper* auch noch die ganze Kultur und meine ganze persönliche Geschichte aufgenommen. Denn er ist ja immer schon die Wechselwirkung mit all den Situationen, in denen ich gelebt habe. Und aus all dem zusammen fühlt er jetzt meinen nächsten richtigen Schritt für diesen nächsten Donnerstag. Der organismische Plan kann also organismisch zu etwas ganz Neuem leiten.

Nehmen wir zum Beispiel Einstein. Einstein schreibt, dass er 15 Jahre lang ein *Gefühl* gehabt habe für die Antwort, die dann später die Relativitätstheorie geworden ist. Er konnte die weiterführenden mathematischen Ausdrücke lange Zeit nicht finden, sein Körper aber hat die ganze Mathematik und die ganze Physik und die ganze Sprache und all diese menschlichen Dinge absorbiert – und dann schließlich noch etwas Neues gefunden, etwas, das noch nicht da war. Wenn man einatmet, weiß der Körper, wie man ausatmet, und wenn man ausatmet, wie man einatmet. Mit den Gefühlen ist es ganz ähnlich. Wenn man ein neues menschliches Problem absorbiert, alle Details einer verrückten Situation, die noch nie vorher genau so geschehen sind – also etwas, das wir alle haben und kennen – und dann sucht der Körper den nächsten, richtigen Schritt: Das ist so wie Ausatmen – nur, dass es noch nie dagewesen ist.

Noch ein Stückchen dazu: Bei Einstein war es neu. Gut. Die Frage ist, ob es für uns auch wirklich neu ist, ob wir uns nicht täuschen, wenn wir z. B. Gedichte schreiben oder Musik komponieren. Wir glauben, es sei neu, aber es ist wahrscheinlich gar nicht so neu. Wenn wir aber unsere verrückten Lebenssituationen anschauen, können wir nicht daran zweifeln, dass es neu ist. Es ist noch niemand in genau der Situation gewesen, und ob es überhaupt eine gute Art und Weise gibt, die Situation weiterzuleben, ist fraglich, nicht? Und wenn ein Schritt kommt, der alles, was da ist, berücksichtigt und dann noch einen Weg findet, dann ist dieser Schritt sicher neu.

Wenn man das nur logisch ansehen würde, wenn man also z. B. alle diese Dinge in einen Computer hineinsteckte, dann käme Einstein nicht heraus. Es war ja gerade ein Problem, weil es auf die gewöhnliche logische, mathematische Weise nicht weiterging. Es musste etwas Neues kommen. Und der neue Schritt, der aus unserer verfahrenen Situation heraus- und weiterführt, würde aus dem Computer auch nicht herauskommen.

Dieses Kommen des Neuen wird oft als ein Sprung angesehen. Als würde man das Alte liegen lassen und zu etwas anderem springen. So ist es aber nicht. Es ist zu einfach, »Sprung« zu sagen. Es ist zu einfach zu sagen, es würde einfach neu anfangen. Es gibt jetzt viele, die das so sagen wollen. Aber: Einstein musste doch alles Alte mitnehmen *und dann noch* etwas Neues *dazu* finden. Wir müssen daher feststellen: Es gibt eine Art und Weise, wie Neues kommt, die kontinuierlich und organisch ist, die alles mitnimmt, was schon da ist, aber eben *nicht als inhaltlich fertig geformte Stücke.* Es nimmt alles mit, aber auf eine andere Weise. Abbrechen und neu anfangen ist zu einfach. Und die mathematische Kontinuität ist auch zu einfach.

Logisch gesehen glaubt man, dass das Neue entweder von den alten Formen vollständig determiniert würde oder dass das Neue einfach ein Abbruch sei und mit dem Alten gar nichts zu tun habe. Wir werden uns aber dann später erlauben, ein neues Konzept *vom Erleben her* einzuführen, in dem das Neue weder einfach dasselbe noch einfach etwas anderes ist. Wir brauchen ein Konzept, in dem etwas wirklich neu und doch auf charakteristische Weise in Kontinuität sein kann mit dem Vorhergehenden. Dieses Konzept nenne ich *»carrying forward«*. Dieses *carrying forward* (fortsetzen, weitertragen) bringt eine Ordnung mit sich, eine bestimmte Ordnung des Fortsetzens.

Jeder lebendige Körper impliziert den nächsten Schritt

Ich möchte jetzt gern zwei theoretische Punkte zusammenfassen. Der erste ist: Jeder lebendige Körper ist eine Wechselwirkung. Er hat die Umwelt – als Wechselwirkung – schon in sich. Sehen und Hören usw. kommen dann erst später dazu und sind nie fundamental. Das Fundamentale ist immer der Körper, der selbst die Wechselwirkung ist.

Der zweite Punkt ist: Diese körperliche Wechselwirkung kann die ganzen Komplikationen des menschlichen Daseins aufnehmen, absorbieren. Und dann, danach, kann sie *noch einen* Schritt implizieren oder entwerfen oder skizzieren, auch wenn er noch nicht da ist. Das gibt eine gewisse Richtung, eine Wertrichtung. Nicht so, dass man von Anfang an ein Ziel hätte und dieses Ziel immer dasselbe bliebe und man immer zu diesem selben Ziel ginge. Es ist eine *Zielhaftigkeit von innen*, sodass der nächste Schritt immer wieder ein Schritt ist, der vom vorherigen impliziert wird. Und so gebrauchen wir im Focusing gewöhnlich auch die Sprache. Wir fragen den Klienten häufig: »Was wäre ein guter Schritt vorwärts?« Dieses »vorwärts« würde ich theoretisch als Schritt des Körpers verstehen, aber *mit* all den Komplikationen der Sprache und Kultur, der persönlichen Erfahrungen usw.

Jeder lebendige Körper impliziert den nächsten Schritt. Das nächste bisschen Leben kommt vom interaktionalen Körper selbst, es wird ihm nicht von außen »dazugegeben«.

Was ich sage, hat nichts mit der alten Vorstellung der Teleologie zu tun. Denn auch wenn im Körper ein Programm schon da ist, sind die Schritte dennoch neu oder können neu sein. Das Programm darf man nicht so verstehen, als wäre es ein *Inhalt.* Das, was es will, ist etwas Richtiges. Und *was* »richtig« bedeutet, wird dann immer ein neues ... Das Ziel ändert sich, aber dass man leben will, ändert sich nicht. Es will leben, von Anfang an. Auch die Einzelzelle will leben, in dem Sinne, dass sie sich zusammenhält. Sie fällt nicht auseinander. Sie adaptiert sich, und sie findet irgendeinen Weg weiterzuleben. Wenn man dann die Sprache und die Kultur und das alles dazugibt, dann *ist das noch immer so.* Es will noch immer einen Schritt weiter. Auch in einer unmöglichen Situation, die man vorher noch nie gehabt hat. Es will weiter. Dieses Prinzip ist nicht bekannt.

Focusing eröffnet das Sein-Wissen

Deshalb möchte ich nochmals versuchen, es euch verständlich zu machen. Wenn eine Pflanze zum Sprechen käme oder wenn sie einen Felt Sense hätte, oder sagen wir, wenn sich der Pflanzenkörper selber fühlen könnte, dann wären in diesem Fühlen *implizit* alle Informationen über das Wasser und das Licht und wie man Blätter bildet und was das Nächste wäre, das der Pflanzen-Prozess braucht, enthalten. Das würde uns nicht überraschen. Wir wären nur darüber überrascht, dass sich die Pflanze selber fühlen kann.

Jetzt habe ich euch Focusing erklärt. Richtig? *Der körperliche Felt Sense enthält implizite Informationen der Umwelt.*

Jetzt gehen wir weiter und sagen: Der tierische und menschliche Körper hat fünf Sinne. Die kommen zum Pflanzenkörper dazu. Aber mit diesen fünf Sinnen fängt es nicht an. Sie kommen nur dazu. Und darüber hinaus leben wir dann noch in allen möglichen komplizierten Situationen, die wir auch mit dem Körper erfahren und erleben. Das alles fügt zu dem Pflanzen-Sein oder Pflanzen-Wissen eine Menge Kompliziertes dazu. Aber es ändert nicht die Grundtatsache, dass der Körper eine Interaktion *ist* und dass es ein Wissen gibt, das ein *Sein-Wissen* ist.

Deshalb ist es sehr wichtig, sich nicht nur zu fragen, was man in einer schwierigen Situation tun soll, sondern *den Felt Sense der Situation kommen zu lassen*, denn in ihm kreuzt sich viel mehr, als man weiß. Und von diesem Felt Sense aus kann der Körper einen richtigen nächsten Schritt fühlen, den man vorher vielleicht noch nie erlebt hat. Mit Focusing bekommt man diese kleinen Schritte.

Das wäre – schnell – die Antwort auf die Frage: Wie kann vom Focusing etwas Neues kommen? Wie ist das möglich? Die Antwort ist, dass das Leben in den Situationen, die wir miteinander leben, viel, viel, viel komplizierter und interessanter ist als das Bisschen, das wir im Allgemeinen aussprechen können. Deshalb kann vieles vom Leben selbst kommen. Sogar die Pflanze weiß vieles, das die Botaniker noch nicht wissen.

Weiterführende Literaturempfehlungen:

Gendlin, E.T. (1992). The Primacy of the Body, not the Primacy of Perception. *Man and World, 25 (3–4)*, 341–353

Gendlin, E. T. (1991). Thinking Beyond Patterns: Body, Language, and Situations. In B. den Ouden, M. Moen (Eds.), *The Presence of Feeling in Thought,* 25–151. New York: Peter Lang
Gendlin, E. T. (1993). Die umfassende Rolle des Körpergefühls im Denken und Sprechen. *Deutsche Zeitschrift für Philosophie, 41 (4),* 693–706
Gendlin, E. T. (1996). *A Process Model.* Unpublished manuscript, 422 pages. The Focusing Institute, 34 East Lane, Spring Valley, NY 10977, *www.focusing.org*
Wiltschko, J. (Hg.) (2008). *Focusing und Philosophie. Eugene T. Gendlin über die Praxis körperbezogenen Philosophierens.* Wien: Facultas
Wiltschko, J. (2011). *Ich spüre, also bin ich!* S. 107–161. Münster: MV-Verlag

3. Einführung in die focusing-orientierte Psychotherapie

In der Psychotherapie ist das Wichtigste die Beziehung, und das Zweitwichtigste ist das Zuhören und das Zurücksagen, und die Focusing-Instruktionen kommen als Drittes. In gewisser Hinsicht ist Focusing vielleicht das Wichtigste, aber als Psychotherapeuten benützen wir Focusing in der Praxis nur an dritter Stelle. Focusing muss also im Rahmen einer Beziehung, die sich gut anfühlt, vor sich gehen, und in dem Moment, in dem die Beziehung irgendwie nicht klappt, muss man gleich alles andere lassen und die Beziehung wieder herstellen.

Zwei Details zur therapeutischen Beziehung

Ein Geheimnis

Wenn ich mich als Therapeut in meinen Sessel setze, weiß ich, dass der Therapie-Prozess ein *großer* Prozess ist. Der geht ziemlich von selber. Es ist aber notwendig, dass jemand auf dem Therapeuten-Sessel sitzt, dass also *ein Mensch da ist*. So setze ich mich hin und dann bin ich da. Dieses Da-Sein ist ein ganz bestimmtes Gefühl, das ich gern beschreiben möchte. Wenn ich dieses Gefühl habe, kommt die richtige Beziehung meistens ziemlich von selbst zustande.

Ich setze mich also hin und schiebe alle meine Sachen auf die Seite. Meine eigenen Probleme und Gefühle und die Stimmung, in der ich gerade bin, und alles, was mir fehlt, das kommt alles da hin (links neben mich). Und all die Techniken, die ich kenne, z. B. das Zurücksagen, das ich immer bereit bin zu tun, und alles andere, das ich je gelernt habe, auch die Focusing-Instruktionen, die stelle ich alle hierhin (rechts neben mich). Und dann bin ich da. Denn ich weiß: *Wenn ein anderer Mensch da ist, dann ist alles verändert.* Was immer die andere Person durchleben muss, wenn jemand da ist, dann wird's schon gehen.

Dieses Da-Sein ist keine Kunst. Es ist etwas ganz Einfaches. Wenn man diese Einfachheit nicht kennt, glaubt man, das Da-Sein wäre

etwas, das man langsam lernen muss. Aber das ist nicht so. Dieses Dasein besteht darin, dass ich mich nicht verstecke. Ich stelle alle meine Sachen auf die Seite und dann bin ich da. Jemand ist da. Und das braucht nur *jemand* zu sein. Das muss nicht jemand Gescheiter sein oder ein guter Mensch oder ein ganz erwachsener Mensch – wenn es das überhaupt gibt. Es muss nur jemand da sein. Und das kann sogar ich. Und auch jeder von euch.
Am Anfang habe ich das nicht gekonnt. Da war ich viel zu ängstlich und es erschien mir so wichtig, das Richtige zu tun und der Richtige zu sein. Und ich wusste doch: Der Richtige bin ich doch nicht. Jetzt weiß ich, dass es nicht darauf ankommt, wer das ist, sondern darauf, dass *jemand* da ist. *Im Augenblick, in dem ein anderer Mensch wirklich da ist, verändern sich die Probleme und all die Dinge, die im Klienten drin sind.* Das ist ein Geheimnis, und dieses Geheimnis weiß ich. Und das will ich euch gleich mitteilen, denn das ist das Wichtigste. Alles andere kommt schon. Wenn man Fehler macht, kann man sie korrigieren, wenn man dumm ist, kann man sich umdrehen und dann ist man gleich gescheit. Das werde ich euch alles zeigen.
Zu irgendeiner Zeit habt ihr das wahrscheinlich alle einmal erfahren: Man macht irgendeine Tragödie mit und möchte mit jemandem sprechen, und auf einmal merkt man, dass man niemanden kennt, mit dem man wirklich sprechen kann. Als mein Vater starb, habe ich nachgedacht: Wem könnte ich denn erzählen, was ich da durchmache? Und da gab es beinahe niemanden. Dann ist mir einer eingefallen, mit dem ich gern gesprochen hätte. Als ich ihn traf, war er aber in einem sehr schlechten Zustand: Er trat von einem Fuß auf den anderen und wartete gerade auf seine Therapeutin. Es hat sich so getroffen, dass seine Therapeutin meine Klientin war. Das war ein perfekter Zirkel, ein ganzer Kreis. Ich habe also gewusst, dass ich jetzt eine Weile warten muss. Er ging dann in das Zimmer seiner Therapeutin und ich habe eine Stunde gewartet, bis er fertig war und wieder herauskam. Da war er dann in gutem Zustand. Er konnte mich nun anhören und ich habe ihm von mir erzählt. Das war ein ganz spezieller Mensch. Er ist nicht mehr da und ich vermisse ihn jetzt.
Wir kennen das also aus unserer persönlichen Erfahrung: Es geht nicht einfach nur darum, einem anderen etwas zu erzählen, und der versteht dann bloß den Inhalt und sagt diesen Inhalt zurück. Es geht darum, dass jemand da ist, der das, was man sagt, *wirklich erfährt.*

Dann ändert es sich. Dann kann man es schon aushalten. Und so ein Mensch kann jeder sein. Man braucht nur die eigenen Sachen beiseite zu stellen. Gewöhnlich tut man das aber nicht und dann ist man nicht einfach als Person da, sondern man ist da als derjenige, der eine bestimmte Rolle spielt.

Mich als Therapeut hinzusetzen heißt für mich, alles andere auf die Seite zu stellen. Damit meine ich nicht, man müsse es weit weg stellen. Nein, ich halte es in der Nähe, denn ich werde es ja bald brauchen können. Ich weiß, wie ich mich gleich auf das Zurücksagen einstellen kann, ich weiß auch all die anderen Techniken und die ziehe ich gleich hervor, wenn ich sie brauche. Und ich brauche auch alle meine eigenen Gefühle in der Nähe, denn die reagieren auf das, was der Klient sagt, und geben mir wichtige Informationen, die dann aus meinem Bauch kommen. Man darf sich also nicht wegstellen oder abstellen oder ganz von sich selbst separiert sein. Das meine ich nicht. Nur so ein bisschen auf die Seite stellen. Dann bin ich da.

Wenn man dann da ist, bleibt vielleicht ein ängstliches Gefühl, dass man jetzt doch gesehen werden kann. Wenn mir jemand in die Augen schaut, wird er gleich erkennen, dass ich nicht ganz stark bin, dass ich wacklig bin. Ich bin so halb scheu und nicht ganz sicher und wenn der Klient das sehen wird – nun, da kann man nichts machen. Wenn ich das anderen erzähle, sage ich oft: Da gibt's ein österreichisches Prinzip, das heißt: kann ma' nix machen. Wenn man sich daran gewöhnt, dann geht's schon gut.

Das Geheimnis beinhaltet nämlich, dass man auch als Therapeut derjenige ist, der man eben ist. Und das genügt. Woanders muss man vielleicht etwas darstellen, etwas repräsentieren, und wenn man mir das ansieht, was mir alles fehlt, wirkt es sich vielleicht nicht gut aus. Aber in der Therapie macht es nichts, wenn man mir ansieht, was mir fehlt. Es ist nur wichtig, dass ich da bin. Wenn man das einmal weiß, dann ist das ganz angenehm.

»Es ist immer jemand drin«

Das Zweite, das ich sagen will, ist leichter zu verstehen: *In jedem Menschen ist jemand drin.* Es ist immer jemand drinnen.

Hier, unter klientenzentrierten Therapeuten, kann ich dieses Prinzip leicht auf folgende Weise einführen. Seit Carl Rogers gibt es ein altes

Problem: Wie kann man als Therapeut echt und wertschätzend zugleich sein? Kennt ihr das Problem? Man soll zum Klienten immer eine *unconditional positive regard* haben, also immer ohne Bedingungen ganz positiv zum Klienten eingestellt sein und zugleich soll man auch echt sein*. Wie macht man das? Das ist nicht nur deshalb ein Problem, weil man als Therapeuten-Person nicht immer positiv fühlen kann, sondern auch deshalb, weil ja im Klienten oft wirklich viele miserable Sachen sind. Und wie soll man die denn immer positiv fühlen können?

Die Antwort darauf ist: Die Person, die im Klienten oder in der Klientin drin ist, *diese Person, die dort drin wohnt, die kann man immer positiv fühlen.* Diese Person, die da drinnen wohnt, ist ja selber da mit ihren miserablen Sachen – genauso wie jeder andere Mensch – und muss mit diesen Dingen irgendwie auskommen, genauso wie ich mit meinen.

Ich muss das besser erklären. Wenn ich auf den *Inhalt* reagieren muss, kann ich nicht immer positiv sein. Denn der Inhalt ist oft ziemlich mies. Wenn ich aber auf die Person, die dort drinnen wohnt, reagiere, dann kann ich's immer positiv. Was immer da mies ist, die Person selber muss versuchen, damit irgendwie auszukommen. Ich sage manchmal: »Also du hast mit mir Schwierigkeiten. Du tust mir Leid, du musst aushalten, was mir da fehlt. Aber vergiss nicht, ich muss doch die ganze Zeit damit irgendwie zurechtkommen. Du brauchst das ja nur ein paar Stunden auszuhalten.«

Wenn man den Unterschied zwischen den *Inhalten*, die jemand erzählt, und der *Person*, die diese Inhalte hat, einmal kennt, kann man den Menschen immer positiv fühlen, den Menschen, der da drinnen irgendwie versucht, ein Leben zu führen. Und es ist immer jemand drinnen, der versucht, ein Leben zu führen. Es ist immer jemand drinnen, auch bei den Leuten im Krankenhaus, die den ganzen Tag nur auf den Boden schauen. Es ist immer jemand drinnen. Auch bei Leuten, die den einfachen Weg mit ihren Schwierigkeiten nehmen

* Carl Rogers hat die drei *Therapeuten*einstellungen Empathie (genaues einfühlendes Verstehen), Akzeptanz (bedingungsfreies Wertschätzen) und Kongruenz (Echtheit) als notwendige und hinreichende Bedingungen für das Zustandekommen persönlicher Veränderungen in der Psychotherapie beschrieben. Diese drei »Basisvariablen« sind die Eckpfeiler der klientenzentrierten Psychotherapie.

und sich schlecht benehmen. Unsere Klienten sind meistens sehr moralische Menschen, die sensitiver sind als der Durchschnitt. Aber hie und da müssen wir mit jemandem arbeiten, der weniger moralisch ist. Aber auch da ist immer jemand drinnen, und der zahlt einen gewissen Preis für sein Sosein.
Das waren zwei Details zur Beziehung, die ich gleich am Anfang sagen wollte.

Zuhören, Zurücksagen und weitere Methoden

Zuhören und Zurücksagen

Das Zurücksagen ist bei mir nicht irgendetwas Mechanisches. *Es ist dazu da, den Kontakt aufrechtzuerhalten.* Und den Kontakt fühlt man. Der Klient sagt etwas, ich sage es zurück, und gewöhnlich ist das noch nicht ganz richtig. Der Klient korrigiert es, und das sage ich dann wieder zurück: »Ah, du meinst es so und so ...« – »Ja, jetzt hast du's verstanden, aber noch nicht ganz genau ...« – und wenn ich das dann auch verstanden und zurückgesagt habe, dann ... ah, jetzt sind wir zusammen.
Dieses Reflektieren oder Zurücksagen – wie sagt man das auf Deutsch eigentlich? Widerspiegeln? Nein, ich meine das ein bisschen tiefer. Wenn ich das unterrichte, schlage ich in der Studentengruppe eine Runde vor: Der zweite hört dem ersten zu und danach der dritte dem zweiten usw. Und jeder soll einfach nur genau wiederholen, was er gehört hat. Aber dann, nach einer halben Stunde, sage ich: »Gut, das ist jetzt genug. Jetzt sage es erst dann zurück, wenn du es selbst wirklich fühlst. Da musst du dir als Zuhörer, als Therapeut, einen Moment Zeit lassen und dich fragen: ›Habe ich es verstanden? Habe ich es wirklich hereingelassen, hat es mein Körper aufgenommen?‹ Und dann musst du einen Augenblick warten, bis der Körper sagt: ›Ja, jetzt hab' ich's aufgenommen.‹ Jetzt kannst du es zurücksagen.« Man soll die Worte des Klienten nie einfach zurückwerfen, wie bei einem Pingpong-Spiel.
»Spiegeln« ist kein gutes Wort dafür, denn ein Spiegel nimmt nichts auf und lässt nichts in sich hinein. Ein Spiegel wirft gleich alles zurück, ohne es hereinzulassen. Wir wollen kein Spiegel sein. Wir

wollen das, was der Klient ausdrückt, hereinlassen. Dann sagt man es auch richtig zurück. Da braucht man dann nicht die Stimme zu kontrollieren und nachzudenken, wie man es richtig ausdrücken soll. Wenn man es einmal fühlt, kommt's schon echt heraus.
Dieses Zurücksagen praktizieren wir aber nicht als ständige Methode. Man soll nicht sagen: »Jetzt hab' ich das Zurücksagen gelernt, jetzt bin ich ein fertiger Therapeut, jetzt sage ich einfach immer alles zurück, und dann kann mir nichts mehr passieren.« So nicht. Wir praktizieren das Zurücksagen, um den Kontakt aufrechtzuerhalten. Wenn der Kontakt verloren geht, muss man gleich wieder zurücksagen, bis er wieder hergestellt ist.
Manchmal bin ich mit einem Klienten in einer Situation, in der wir argumentieren und debattieren. Wir sind auf entgegengesetzten Seiten, auch wenn wir vielleicht sehr höflich miteinander sind. Das Gespräch geht vielleicht sogar ganz nett weiter, aber der Klient will das Gegenteil dessen, was ich will, und wir kämpfen im Untergrund. Wenn ich mir dessen bewusst werde – und das kann manchmal eine halbe Stunde dauern –, höre ich gleich auf und sage: »Also warte, jetzt muss ich *dich* verstehen. Warum sagst du das eigentlich? Sag mir mehr davon.« Wenn ich das sage, wird die Beziehung gleich besser.

Man kann alle Methoden benützen, wenn …

Jede therapeutische Methode hilft uns, mehr zu *bemerken.* Mit jeder Methode, die wir kennen, fallen uns andere Aspekte des Ganzen auf. Wenn man eine bestimmte Methode kennt, bemerkt man gewisse Dinge, die man mit einer anderen Methode nicht bemerken würde. Der Kollege der anderen Schule scheint dann immer sehr dumm zu sein, weil er die Dinge, die die eigene Methode bringt, nicht bemerkt – und umgekehrt, natürlich.
Um die verschiedenen therapeutischen Methoden richtig zusammenstellen zu können, muss man die Dinge, die eine bestimmte Methode bringt, in der therapeutischen Situation *bemerken.* Dann kann man sie auf alle mögliche verschiedenen Weisen mitnehmen, ohne dass man immer formal genau so handeln muss, wie ein Therapeut der jeweiligen Methode handeln würde. Wenn man einmal z. B. die psychoanalytischen Konzepte kennt, gehen die Dinge, die sie beschreiben, nicht mehr einfach an einem vorbei. Man bemerkt sie dann. Man

braucht aber deshalb nicht gleich das zu *tun*, was ein Psychoanalytiker tun würde. Man ist einfach nur sensibel für das, was psychoanalytische Konzepte beschreiben. Wenn man dem Klienten zuhört, bemerkt man dann Verschiedenes, das man nicht bemerken würde, wenn man die Konzepte anderer Methoden nicht kennt.

Ich bin dafür, andere Methoden und Konzepte zu verwenden und zu kombinieren auf der Basis, dass wir bemerken, dass wir sensitiv sind für diese Dinge *als Möglichkeiten*. Dann kann man sie alle kombinieren. Und dann ist noch immer die Person, die da ist, das Wichtigste. *Die Person muss immer wichtiger sein als jede Methode.* Denn nur im ständigen Kontakt mit der Person kann man sich darin zurechtfinden, wie man das, was man bemerkt hat, mitnehmen und für den Prozess und im Sinne des Prozesses nutzen kann.

Deshalb ist es für mich so: Was immer ich gelernt habe, kann ich benützen, ohne dem Klienten die Stunde wegzunehmen. Das heißt auch, ohne zu versuchen, die Kontrolle über die Stunde zu übernehmen. Die Prinzipien der klientenzentrierten Methode will ich alle beibehalten, alle Prinzipien. Wenn man das tut, kann man all die anderen Methoden anwenden, ohne dem Klienten den Therapieprozess wegzunehmen. Man kann alles versuchen, und wenn es nicht funktioniert, kann man gleich auf das Zuhören zurückkommen. Im Moment, in dem das, was ich tue, nicht willkommen ist, höre ich auf damit und gehe gleich wieder zum Zuhören zurück.

Wenn man nämlich als Therapeut etwas Falsches sagt, hat der Klient das Bedürfnis, dem lieben Doktor zu erklären: »Natürlich haben Sie Recht; es ist nur in meinem speziellen Fall so, dass das bei mir nicht ganz so ist ...« Das nimmt die ganze Zeit weg. Deshalb sage ich gleich: »Ich weiß, es war falsch. Weg damit! Ich seh schon, es war nicht richtig. Sie brauchen mir nicht zu erklären, warum es nicht richtig war.« Wenn mich der Klient noch nicht lange kennt, muss er mir aber dann meistens doch noch einmal sagen: »Nein, Sie haben ja Recht, aber nur in einer gewissen Hinsicht; wenn man es so und so betrachtet, wäre das natürlich das richtige Wort, aber in meinem Fall hat es diese spezielle Bedeutung ...« Ich brauche das nicht. Wenn ich oft genug sage »Weg damit!«, trainiere ich meine Klienten. Wenn der Klient dann lernt, mir gleich zu sagen »Nein, das ist nicht richtig«, ist mir das eine Wohltat.

Wenn mein Klient einmal weiß, dass *ich nur will, was wirklich passt,* kann ich alles Mögliche versuchen. Er hilft mir dann, weil er gleich sagt: »Nein, das ist nichts.« Es muss klar sein, dass nur der Prozess zählt. Was ich sage, kann manchmal nicht richtig sein, und was der Klient sagt, kann manchmal auch nicht richtig sein. *Nur das, was der Prozess anerkennt und was ihn weiterträgt, ist das, was wir wollen.* Wenn das klar ist, kann man alles Mögliche versuchen.
Auf diese Weise kann ich alles benützen, was ich je gelernt habe. Und ich sehe, dass keine der anderen therapeutischen Methoden es wert ist, die ganze Stunde einzunehmen. Dass die ganze Stunde auf innere Bilder oder auf das Gewohnheiten-Aufgeben oder auf Familiensachen oder Träume oder auf was immer verwendet wird, das finde ich nicht richtig. Aber im Rahmen unseres klientenzentrierten Ansatzes für diese Dinge manchmal Raum zu schaffen, das können wir. Der Klient soll im Prinzip immer die ganze Stunde frei vor sich haben.

Das Stocken ist wertvoll und wichtig

Wenn ich Therapeut bin, ist es oft so, dass ich etwas Gutes sage und dann sage ich noch etwas Gutes und noch etwas Gutes – und dann ist die ganze Stunde schlecht. Wenn es sich so entwickelt, dass ich der Leiter der Stunde werde, dann wird sie schlecht.
Diese Erfahrung kenne ich auch von der anderen Seite, wenn ich Klient bin. Da sitze ich manchmal da und habe die ganze Stunde vor mir. Und wenn ich nichts sage, dann ist es still. Dann sitze ich da ... mein Problem stockt ... ich stocke ... mein Leben stockt ... alles stockt ... und wir sitzen da und wir stocken. Es kommt mir so vor, als dauere es eine Ewigkeit, aber es sind nur zwei Minuten vergangen und ich habe noch immer die ganze Stunde vor mir. Und darin liegt das Wesentliche. Wenn meine Therapeutin zu viel tut, ist die Stunde vorbei und ich muss nach Hause gehen.
Das ist wie mit dem Fernsehen. Da ist eine Stunde gleich weg. Aber eine halbe Stunde auf den Autobus zu warten, ist eine Ewigkeit. Warum ist das so? Wenn man auf den Bus wartet, besonders wenn man allein ist, steht man an der Haltestelle und ist bei sich und man hat die Gedanken, die kommen, und die Gefühle, die kommen; man erlebt und wiedererlebt alles Mögliche – und dann ist es erst eine

Minute später. Wenn man sich vom Fernsehen berieseln lässt, ist eine Stunde schnell vorbei.
Es ist wichtig, als Therapeut zu sagen: »Ah, jetzt stockt es. Wir sitzen da und es stockt. Und wir wissen nicht, was wir machen sollen. Aber wir sind zusammen da.« Dann ist Kontakt da, die Beziehung ist tief, und wir erleben zusammen, wie es wirklich ist. In meinem Kopf habe ich vielleicht zwölf verschiedene Methoden, die ich anwenden könnte. Und die werde ich schon versuchen, wenn es weiterhin stockt. Aber jetzt ist es wertvoll, dass wir da sitzen und dass wir da stocken. Ich habe so viele verschiedene Methoden gelernt, dass ich immer etwas habe, das wir versuchen können. Aber wenn ich die immer gleich anwenden würde, würde es nie stocken. Es ist wichtig dabeizubleiben und es stocken zu lassen.
Ich schlage meine Ideen daher lieber erst dann vor, wenn es schon zu spät ist, damit zuerst Gelegenheit ist zu sehen, was vom Klienten kommt. Wenn eine Stille aufkommt, darf ich sie nicht unterbrechen. Wenn dann nach der Stille etwas kommt, das wieder dasselbe ist wie davor, oder wenn der Klient das Thema ändert, dann kann ich etwas versuchen. Ich gebe also meine Sachen gewöhnlich immer erst dann hinein, wenn sie nicht mehr passen. Solange sie passen würden, warte ich lieber.

Focusing

»Am Eingang bleiben«

An dritter Stelle, nach der Beziehung und nach dem Zuhören, ist es eine große Wohltat, Focusing zu kennen. Das ist nämlich so: Wenn man einen guten Klienten hat und alles gut ausgeht, dann kommen im Klienten kleine Schritte, kleine Fortschritte, kleine Änderungen – und das ist in jeder therapeutischen Methode so. Der therapeutische Prozess besteht in gewisser Hinsicht aus diesen kleinen Schritten.
Wir haben alle gelernt: Wenn man jemandem Gelegenheit gibt, von sich zu sprechen, und mit ihm auch in die Kindheit geht, was so ziemlich jeder tun muss, und wenn er seine Gefühle aussprechen kann, dann wird sich schon etwas ändern. Aber was ist, wenn sich nichts ändert? Dann wissen wir keinen Ausweg mehr.

Was wir aber sicher wissen ist, wie es aussähe, wenn sich etwas rühren würde. Das wäre so: Die Person würde bei einem Gefühl eine Weile stehen bleiben und man würde da dann tiefer hineingehen, nicht?

Man braucht sich nur vorzustellen, wie die Therapie ausschauen würde, wenn sie gut ginge. Aber die Hälfte der Zeit oder länger geht sie nicht gut. Die Klienten gehen im Kreis herum und sagen immer wieder dasselbe oder fühlen immer wieder dasselbe und es geht nicht weiter.

Focusing ist im Prinzip einfach eine Art und Weise, der Person zu helfen, sozusagen *beim Eingang zu bleiben,* dort, wo man tiefer hineingehen würde. Und dieser Eingang ist ein *körperliches Gefühl.* Er ist dort, wo man zu stocken beginnt, wo man – äh…äh…äh… – nicht weitersprechen kann, obwohl man mit dem Problem noch nicht fertig ist.

Wenn jemand zum Therapeuten geht, spricht er gewöhnlich zuerst einmal eine halbe Stunde lang darüber, wie sein Leben ausschaut und was sein Problem ist. Und dann kommt meistens ein Moment, an dem der Klient nicht weitererzählen kann. Dieser Moment ist natürlich bei uns Therapeuten berühmt. Wenn ein Klient ziemlich unschuldig ist und nicht viel von Psychologie versteht, dann sagt er: »Also, lieber Doktor, jetzt habe ich Ihnen mein Problem erklärt, geben Sie mir nun bitte die Antwort.« Das kennen wir alle. Heutzutage sind die meisten Klienten nicht mehr so unschuldig und wissen, dass das nicht so geht, und wenn sie zu diesem Punkt kommen, an dem sie nicht mehr weiterkönnen, denken sie: »Um Gottes willen, was soll ich jetzt sagen? Jetzt bin ich mit meinen Worten am Ende, aber ich muss doch irgendetwas weiter sagen.« Da ist dann eine Stille, ein bisschen Schweigen. Und nachdem man in unserer Gesellschaft nicht schweigen darf, weil das unhöflich ist, muss man dem Klienten in diesem Moment helfen und sagen: »Also, bei mir hier können wir auch eine Weile still sein.« Deswegen muss es dem Klienten nicht gleich angenehm sein, still zu sein. Das kann man nicht so schnell herstellen. Aber er soll jedenfalls wissen, dass die Regeln in der Therapie so sind, dass man still sein darf. Und das muss man als Therapeut oft aussprechen.

Ich habe das erzählt, um damit zu sagen: Der Klient hat eine halbe Stunde lang das Problem ausgelegt, das Problem ist nicht gelöst, es hat sich nichts geändert – aber im Moment ist nicht mehr zu sagen. Wenn der Klient nicht schnell auf ein anderes Thema übergeht, ist er jetzt *am Eingang*. Er ist an dieser kleinen Tür, durch die es hineingehen würde. An diesem Eingang hat man meistens ein unangenehmes Gefühl: Ich fühle mein Problem, ich weiß, ich habe es bisher nur ausgelegt, es hat sich aber noch nichts geändert; alle meine Schwierigkeiten sind noch immer da, aber alles, was ich darüber *sagen* kann, habe ich schon gesagt. Und so bin ich jetzt äh...äh...äh... . Es stockt. *Und dort beginnt das Focusing.*

Es besteht darin – und das kann man in der ersten Stunde meistens noch nicht –, bei dem »Äh...äh...äh...« dabeizubleiben und es anzutasten, sodass man dann mit kleinen Schritten hineinkommt. Das Wort »Focusing« benützen wir, um die Minuten oder Sekunden zu benennen, in denen man dieses Körpergefühl antastet und es noch nicht direkt zu einem spricht.

Ihr habt wahrscheinlich schon bemerkt, dass ich manchmal einen deutschen Satz beginne, und dieser Satz bereitet auf ein bestimmtes Wort vor. Wenn ich dann langsam zum Ende dieses Satzes komme, dann tut sich das richtige Wort manchmal nicht ..... (einstellen). Und dann habe ich einen *Felt Sense*, ein körperliches Gefühl darüber, dass ich dieses Wort doch kenne. Ich hab' mich doch darauf verlassen, dass sich dieses Wort ganz von selbst ..... wird. Im Englischen ist das viel angenehmer, denn das Englische besteht aus Stückchen, die man aneinander reihen kann, wie man will. Aber im Deutschen weiß der Anfang eines Satzes schon, was das Ende sein wird, und da kann man dann nur das sagen, was der Satz verlangt.

Wenn ich da stehen bleibe und mich frage: »Also, was ist denn das richtige Wort ...äh...äh...äh...?« – diesen Zeitraum, in dem ich das tue, den nennen wir Focusing. *Focusing heißt also, mit einem körperlichen Gefühl, das sich noch nicht geöffnet hat, zu bleiben, zu verweilen.* Focusing ist für sich genommen etwas ganz Einfaches. *Es ist einfach die Zeit, die wir darauf verwenden, Aufmerksamkeit auf dieses körperliche Gefühl zu richten und dieses Gefühl anzutasten.* Und gewöhnlich kann man nicht einfach dabeibleiben, man muss immer wieder frisch darauf zurückkommen.

Die einfachste Focusing-Instruktion

Ungefähr ein Viertel unserer Klienten kann das sofort machen. Man braucht nur zu sagen – und das ist die einfachste Focusing-Instruktion: »Das, was Sie jetzt erzählt haben, oder das Problem, das Sie jetzt gerade behandeln, was bringt Ihnen das da hier im Körper?« Der Klient richtet dann seine Aufmerksamkeit da hin (in seine Körpermitte) und da kommen dann kleine Schritte heraus und die ganze Therapie geht besser.

Es gibt drei verschiedene Gruppen von Klienten. Einige wenige fangen von selbst gleich mit dem Focusing an. Denen braucht man Focusing gar nicht zu zeigen, denn die können es schon von selber. Und von denen kommt ja auch das Focusing, von denen haben wir es ja gelernt. Die meisten Klienten kennen aber das, was Focusing beschreibt, nicht, und sie können es auch nicht, wenn man es ihnen einfach erklärt. Und zwischen diesen beiden Gruppen von Klienten gibt es noch eine. Diese Klienten machen Focusing nicht von selber, aber wenn man sie dazu einlädt, können sie es gleich.

Wenn man das als Therapeut weiß, verbessert man seine ganze Praxis gleich um 20 oder 30 Prozent. Dazu braucht man nicht einmal selbst Focusing zu können. Man braucht nur zu wissen: Ich kann meine Klienten einladen, die Aufmerksamkeit auf den Körper zu richten und zu warten, was da im Körper zu dem Problem, das sie gerade behandeln, kommt.

Die Mehrheit der Klienten wird natürlich sagen: »Was haben Sie mich da gefragt? Was haben Sie da gemeint?« Da kann man dann gleich sagen: »Also, das macht nichts. Das habe ich nicht klar genug gesagt.« Und man kommt gleich wieder zum klientenzentrierten Zuhören zurück. Es kostet also nicht viel, diese kleine Focusing-Instruktion zu versuchen.

Meiner Meinung nach ist es gut, Focusing so zu benützen, dass es nicht viel kostet. Ich will damit also dem Klienten nicht die Stunde wegnehmen, ich will nicht den ganzen Prozess unterbrechen, ich will mich nicht hinstellen und sagen: »Also, jetzt unterrichte ich dich in etwas Neuem und das heißt Focusing; und wenn du das nicht gleich kannst, mein Gott, dann haben wir alles verloren.« Das wollen wir nicht. Man kann einfach eine kleine Frage stellen oder etwas ganz kurz sagen, und wenn das gleich ankommt, gut, dann haben wir ge-

wonnen, und wenn nicht, dann haben wir nichts verloren. Dann gehen wir gleich zurück zum Klienten: »Also, Sie haben mir doch gerade gesagt, Ihre Schwester war in Schottland ...«
Auf diese Weise kann man den Klienten über ein paar Monate Focusing ganz schön vermitteln, ohne dass man ihnen die Stunde wegstiehlt oder zum Lehrer wird.

Eine zweite Focusing-Instruktion: »daneben bleiben«

Wenn man ein Gefühl hat, eines, mit dem man schwer fertig wird, laufen die meisten Menschen vor diesem Gefühl davon oder sie forcieren das Hineindringen, und dann entsteht leicht Angst und man wird ganz angespannt und dann kommt gar nichts. Mit Focusing lernt man einen dritten Weg. Man sagt dem Klienten: »Sei daneben«, »stell dich daneben«, »sitzen wir daneben«, »wir wollen daneben bleiben«. Wir wollen nicht davonlaufen, wir wollen im Moment auch nicht eindringen, wir wollen jetzt daneben bleiben.
Im Focusing gibt es immer 20, 30 Varianten, wie man so etwas sagen kann. Wenn ihr das Prinzip einmal kennt, ist es gut, eure eigene Variante zu finden, eure eigene Art, wie ihr das ausdrücken könnt. »Diesem Gefühl Gesellschaft leisten« oder »wir wollen nahe bleiben«, das drückt dasselbe aus.
Das eröffnet dann alles Mögliche. Das ist sehr interessant. Und auch das wollen wir nur schnell sagen, und wenn das gleich geht, dann haben wir gewonnen, und wenn nicht, na, dann sagen wir's nächste Woche noch einmal.
»Daneben bleiben« heißt, dass man zwischen sich und dem Gefühl einen kleinen Abstand herstellt, genug Abstand, um atmen zu können. Manchmal drücke ich es so aus: »Zieh dich nicht weit zurück, nur so einen halben Schritt, sodass du atmen kannst. Dann können wir mit dem, was da ist, am besten arbeiten. In zwei Minuten oder in fünf Minuten werden wir dann damit weitergehen, aber jetzt nicht. Jetzt wollen wir nicht daran arbeiten, jetzt wollen wir nur versuchen, dass du daneben sein kannst, dass du dabeibleiben kannst, ohne zu ertrinken.«

Eine dritte Focusing-Instruktion: »Was wäre der richtige Schritt vorwärts?«

Eine weitere typische Focusing-Frage ist: »Was will es?«, »Was möchte es?«, »Was braucht es?«, »Was wäre der richtige Schritt vorwärts?«, »Was würde es verlangen, um sich wohl zu fühlen?« Das bringt eine *Richtung*, die wichtig ist.

Wir sind so gewohnt, immer zu fragen: »Was fehlt?«, »Warum ist das Schlechte da?«, »Was ist in der Vergangenheit gewesen, dass ich das jetzt so schlecht mache?« Mit solchen Fragen beschäftigen wir uns meistens jahrelang, und doch hat sich nichts gerührt und nicht viel geändert. Aber wenn man fragt: »Was wäre ein Schritt nach vorne?«, kommt oft etwas. »Was würde das Leben wollen?«, »Was wäre notwendig, damit man sich wohl fühlt?«, »Was braucht es, was verlangt es, was möchte es?«

Da ist noch mehr dahinter, als ich jetzt ausdrücken kann ... hm ...

Der Organismus will leben. Wir sind nämlich zuerst Pflanzen und dann Tiere und dann noch Menschen dazu, und ich weiß nicht, was noch alles dazu. Etwas will leben. *Es ist so arrangiert, dass es leben wird, wenn es nur kann.* Wenn irgendeine Hemmung da ist, kann man fragen »Wie soll es weitergehen?« Und wenn es auch momentan nicht weitergehen kann, so gibt es doch irgendein Weiterleben, das möglich wäre. Wenn man ein Tier in eine Situation bringt, die für diesen Organismus ganz neu ist, heißt das nicht, dass dieser Organismus keinen Weg findet. Aus dem Organismus kommt etwas Neues, aber in ganz kleinen Schritten.

Lebewesen sind organisiert, um vorwärts zu leben. Und das ist in gewisser Hinsicht realistischer und mächtiger als die jeweiligen Lebensumstände. Denn die Umstände sind Zufälle. In unserer Gesellschaft lernen wir aber das Gegenteil: Was passiert ist, ist das Wahre und das Wirkliche, und wie es hätte sein sollen, ist nur Phantasie. Nein, es ist umgekehrt! *Wie es hätte sein sollen, das ist das Echte und Wirkliche!* Das ist das, was das Leben verlangt, worauf es eingestellt ist, woraufhin es geplant ist. Was wir wirklich angetroffen haben, war ja nur ein Zufall.

Wenn man da für den Lebensprozess Platz macht, geht er weiter. Er findet dann seinen Weg so, wie das Wasser um die Steine herumfließt. Er bahnt sich einen Weg, der ganz neu ist, und doch ist es eigentlich

der alte Weg, der findet, wie es hätte sein sollen. Der Organismus findet wieder seinen eigentlichen Weg.
Das waren drei Beispiele von kurzen Focusing-Instruktionen, die dem Klienten den Platz nicht wegnehmen und die man leicht vorschlagen kann.

Die Focusing-Schicht

Focusing spielt sich in einer Schicht ab, die wir nicht gewöhnt sind. Diese Schicht ist halb so tief wie Meditation, Autogenes Training oder Hypnose. Wenn man meditiert, ist man daran gewöhnt, mit einem inneren Aufzug gleich ganz tief hinunter zu fahren. Man macht die Augen zu und schon ist man ganz tief unten. Und da unten ist es sehr schön.
Wenn ihr nicht meditiert, ist es ganz gleichgültig, ob ihr im Focusing die Augen offen oder zu habt, aber wenn ihr meditiert, haltet die Augen offen und sitzt auch nicht in eurer Meditations-Position. Denn euer Körper ist dann daran gewöhnt, in dieser Position und mit geschlossenen Augen gleich tief unten zu sein. Dort unten ist es sehr schön, aber alles ist dort sehr verlangsamt. Wenn man da unten Focusing machen will, z. B. weil ein unangenehmes Gefühl auftaucht, sagt man sich, man ... sollte ... Focusing ... machen ... und dann, ... nach ein paar Minuten, ... sagt man sich, ... man ... sollte ... Focusing ... machen ... Dort unten kann man nicht Focusing machen.
Ich will klar sagen, dass ich das Meditieren sehr gerne mag und gar nichts dagegen habe. Nur, Focusing ist es nicht. Mit der Hypnose ist das genauso. Der Zustand im Focusing ist nicht so entspannt wie in der Meditation oder in der Hypnose. Focusing ist dem gewöhnlichen Bewusstseinszustand viel näher. Es ist kein veränderter Bewusstseinszustand, es ist an der Grenze, an der Kante, an der der veränderte Zustand beginnen würde, aber man bleibt gerade noch im normalen Zustand.
Focusing findet aber auch nicht »oben« statt. Es geschieht in einer Schicht, die tiefer ist als die Gedanken *und auch tiefer als die Gefühle.* Ich kann z. B. sehr viel Angst haben, so viel, dass ich schon ganz verdoppelt da bin. Um die Focusing-Schicht zu finden, muss ich ein bisschen tiefer in den Körper gehen, ein bisschen unterhalb der Angst.

»Fühlst du dich angenehm?«

Um diese Schicht schnell zu finden, habe ich eine Formel, die mir dabei sehr hilft. Ich frage mich, ich frage meinen Körper: *»Are you comfortable?* Fühlst du dich angenehm? Ist es dir gemütlich?« Das ist natürlich zum Lachen, denn wenn ich so viel Angst habe, wie könnte es mir da gemütlich sein? Aber der Körper antwortet auf diese Frage von einer tieferen Schicht aus. Es ist so, als würde der Magen die Gefühle tragen, und ich spreche jetzt nicht zu den Gefühlen, sondern zu meinem Magen, der die Gefühle trägt.
»Ist dir angenehm?«, frage ich, und im Kopf lacht es und sagt: »Natürlich ist mir nicht angenehm, ich weiß doch, ich hab' Angst und ich möchte diese Angst loswerden.« Aber unterhalb des Knotens kommt mir etwas, ohne Worte, und dort ist das Focusing.
Oder: Ich ärgere mich und möchte einer bestimmten Person am liebsten auf den Kopf hauen. Ich bin ganz voll von Ärger. Wenn ich dann frage: »Ist dir angenehm?«, dann kommt etwas Runderes von unten. Der Ärger ist noch da, aber von unten kommt etwas Runderes, Breiteres, das diesen Ärger mit beinhaltet. Ich bin noch immer verärgert, es ist nicht so, dass jetzt der Ärger weg wäre, aber es erweitert sich. Solange ich nur beim Ärger bin, will ich eigentlich ärgerlich bleiben. Da will ich nichts von den komplizierteren Dingen da unten hören. Ich will mich nur ärgern. Wenn ich aber Focusing mache, kriege ich dieses Breitere. *Und das ist ein körperliches Unbehagen, das unterhalb des Ärgers liegt.*
Noch ein Beispiel, das ihr alle kennt: In zehn Minuten wird ein Klient kommen und dann soll ich ein wunderbarer Therapeut sein, aber ich sorge mich gerade um meine Tochter und mit meiner Frau hatte ich soeben eine unangenehme Unterredung, die nicht gut ausgegangen ist. Wie soll ich da in zehn Minuten Therapeut sein? Man muss sich also Raum schaffen. Man geht hinein in sich und man nimmt die Gewichte heraus und stellt sie beiseite. Man hat so einen inneren Dialog: »Ich weiß, ich bin mit dieser Geschichte noch nicht fertig und ich muss doch jetzt gleich da sein … ach ja … und ich möchte doch gern so ein freier Mensch sein … ja ja … und das und das … aha …« Das kennen wir doch alle. Wenn man das aber *körperlich* macht, funktioniert es viel besser. Man verschiebt diese schweren Steine in seinem Körper und dann hat man in sich Raum geschaffen und ist da.

Nun gibt es natürlich auch die andere Situation, nämlich dass ich nichts Besonderes fühle. Wenn du mich fragst »Wie geht es dir?«, sage ich »gut« oder »ganz gut« oder »o.k.« Aber wenn ich in meinen Körper hineinspüre und mich leise und ziemlich sanft frage »Wie geht's dir?«, dann kommt etwas Genaueres, auch wenn es noch keine Worte hat. Ich fühle also in meinen Körper und frage »Hm?« – das heißt »Wie geht's dir? Ist dir wohl?« – und der Körper antwortet gewöhnlich »bäh!« Und dann frage ich wieder »Hm?« – das heißt »Was ist denn eines dieser unangenehmen Dinge, die du mit dir herumträgst?«
Das ist sehr wichtig: Ich frage nach *einem* von den Dingen, weil ich ziemlich genau weiß, dass in diesem »bäh« einige verschiedene Dinge drin sind. Sie sind in diesem »bäh« miteinander gekreuzt oder vermischt. Diese verschiedenen Dinge *muss man erst sortieren.*

Die sechs Focusing-Schritte

Erster Schritt: Raum schaffen

Stressreduktion kennen wir schon, aber mit Focusing machen wir das viel besser. Denn wir sortieren zuerst alles, was da ist. Dieses Sortieren machen wir, nachdem wir den Körper gefragt haben: »Wie geht's dir?«
Auf diese Frage hin ist es im Kopf immer anders als im Körper. Im Kopf weiß ich immer schon, was ich zu bearbeiten habe, aber im Körper ist es anders. Im Kopf habe ich eine lange Liste meiner Probleme und dessen, was dem Gene Gendlin alles fehlt und wo er noch wachsen sollte. Das ist eine lange Liste. Hier im Körper ist es nicht so. Der Körper trägt an einem bestimmten Tag, in einem bestimmten Moment nur einige Dinge mit sich, gewöhnlich eine Mischung aus Kleinigkeiten und ständigen Problemen. Normalerweise habe ich keine Zeit, an diesen Dingen, die da im Körper kommen, zu arbeiten. Deshalb stelle ich sie irgendwo hin.
Was ich jetzt gerade beschreibe, nennen wir *Raum schaffen.* Das ist ein körperlicher Prozess. Ich möchte, dass der Körper frei atmen und tiefer offen sein kann. Wenn das, was da kommt, sehr arg ist, will ich es weit weg haben, wenn es etwas ist, das selten kommt, will ich es

nahe bei mir behalten. Ich stelle es irgendwo hin und weiß, dass es da ist.

Damit ist schon ein großer Teil der Arbeit gemacht, denn es ist jetzt nicht mehr nur das Problem da, *sondern auch die Person, die dieses Problem hat.* Sie ist nun mit ihrem ganzen Körper da, mit ihrem Atem. Und jetzt kann sie zu ihrem Problem ganz anders in Beziehung treten und mit ihm arbeiten. Darin steckt ein wichtiges Prinzip: Wenn man angesichts des Problems mehr ganz wird und besser atmen kann, ändert sich die Einstellung zum Problem. Man ist dann hoffnungsvoller. Es klingt ironisch, wenn ich sage: »Stell das Problem heraus, gib ihm einen guten Platz irgendwo außerhalb von dir.« Denn das sieht so aus, als ob man nichts tut, als ob man sich nur Ferien vom Problem nimmt. In Wirklichkeit hat man damit aber mit sich und dem Problem schon viel gemacht. Wenn das *Problem als Ganzes* da ist *und ich ganz da bin* und momentan frei von dem Problem – auch wenn ich genau weiß, dass ich dann später zu dem Problem zurückmuss – geschieht ein Untergrundprozess, der schon viel leistet. Die richtige Einstellung ist die halbe Arbeit. Aber es schaut aus wie nichts.

Nun komme ich wieder auf den Körper zurück und frage ihn: »Wenn das (dieses Eine, das da gekommen ist) schon gelöst wäre, ist dir dann ganz wohl?« – »Hmm ... bäh.« – Also noch nicht ganz wohl, aber schon besser. Und mit diesem neuen »bäh« geht es genauso weiter wie mit dem ersten. Das kann einige Male so gehen und dann komme ich gewöhnlich in einen ziemlich guten Zustand.

Auf diese Weise rate ich euch, Focusing zu üben. Man kann Focusing den ganzen Tag benützen, um sich Raum zu schaffen. Man bearbeitet überhaupt nichts, man schafft sich nur Raum. Irgendwann später kann man dann auch weitergehen und an einem der aufgetauchten Probleme arbeiten. Das Raum-Schaffen ist nicht das Ende, sondern nur der Anfang des Focusing. Es ist gut, Focusing auf diese Weise zu üben, weil man sich dadurch ganz angenehm daran gewöhnt, in seinen Körper hineinzukommen. Und das Raum-Schaffen ist immer eine Erleichterung, manchmal eine große, manchmal eine kleine. Man bearbeitet das Problem nicht, aber man läuft auch nicht davon, sondern *man findet einen Platz dafür.* Und das ist gewöhnlich ein Platz vor mir, denn ich möchte nicht, dass es mich im Rücken packt.

Manchmal kommt man dadurch in einen wunderbaren Zustand und manchmal ist einem nur ein bisschen besser.
Das war die einfachere Variante, die kompliziertere kommt jetzt. Manchmal stellt man etwas heraus und dann spürt man wieder in den Körper und merkt, dass es noch immer da ist. Denn das Herausstellen geschieht in der Vorstellung, aber es kommt ja darauf an, dass es dann auch wirklich im Körper passiert. Wenn das unangenehme Gefühl im Körper bleibt, muss man mit ihm verhandeln. »Warum wartest du nicht da draußen auf mich?« Meistens will es dann, dass ich mit ihm arbeite. »O.k., ich werde auf dich zurückkommen.« Darauf sagt es: »Nein, das glaube ich nicht.« – »Doch, ganz sicher. Ich will jetzt nur Mittag essen oder bereit sein für meine nächste Klientin. Ich komme auf dich zurück; ich weiß, ich muss mit dir arbeiten.« – »Wann?« – Da merke ich dann, dass es wirklich Recht hat, denn ich werde nie Zeit haben dafür. Dann kann ich z. B. sagen: »Gut, wenn ich von der Arbeit komme, werde ich aus dem Auto aussteigen und nicht direkt nach Hause gehen, sondern ich werde um den Block herumgehen und mich auf eine Bank setzen und dann haben wir Zeit.« – »Aah«, große Erleichterung! Es ist so, als wäre das da drin in meinem Körper eine andere Person, mit der man wirklich reden und verhandeln muss.
Was ich jetzt erzählt habe, war *der erste Schritt im Focusing: Raum schaffen.* Das kann man fünf oder zehn Minuten sehr detailliert und sanft und liebevoll machen und man kann es auch in drei Sekunden machen.

Zweiter Schritt: einen Felt Sense kommen lassen

Der zweite Schritt ist, *von den verschiedenen Themen und Gefühlen zu einem Felt Sense zu kommen.* »Felt Sense« nennen wir diese körperliche Unterlage, den Körper als Träger der Gefühle. Ein Felt Sense ist breiter als die Gefühle. Der Felt Sense ist dieses körperliche Unbehagen. In der Therapie ist er meistens unbehaglich, aber man kann natürlich nicht nur Probleme, sondern auch etwas Schönes erweitern. Du hast dir neue Schuhe gekauft und kannst dich fragen: »Was bringen diese neuen Schuhe im Körper?« – »Ah!« – Und jedesmal, wenn du dann an die neuen Schuhe denkst, kommt in deinem Körper dieses angenehme »Ah!« Das ist ein Felt Sense.

Das Schwierigste am Focusing ist, diesen Schritt zu lernen und einen Felt Sense zu finden. Manchmal ist ein Felt Sense schon da, aber gewöhnlich nicht. Gewöhnlich *muss er erst kommen.* Im Focusing haben wir verschiedene Methoden, um den Felt Sense kommen zu lassen.

Bei jedem von uns wird da oben im Kopf immer viel gesprochen und herumgeredet und argumentiert. Dort sind auch all die alten Informationen. Wenn ich mich frage »Was ist denn das, was ich da gerade fühle?« und auf einen Felt Sense warte, sagen die im Kopf gleich: »Aber das wissen wir doch schon!« Da oben habe ich ein ganzes Sekretariat, da sind fünf oder sechs Leute, die sehr beschäftigt sind, und da sind auch eine ganze Menge Experten, die da oben debattieren. Wenn ich mir also im Körper eine Frage stelle, antworten die da oben sofort. *Focusing geht aber im Körper weiter.* Diesen Unterschied muss man kennen. Im Körper dauert es eine Minute länger. Dann ist es aber echt und es zahlt sich aus, diese Minute zu nehmen. *Hier, im Körper, kann etwas Neues kommen.* Es fühlt sich langsam an, denn bei einem körperlichen Unbehagen eine Minute zu verweilen, scheint lange zu sein.

Ich werde jetzt eine Minute still sein ... – *(eine Minute Schweigen)* – ... Na, jetzt ist endlich eine Minute vorbei. Es ist unheimlich, wie lange das zu sein scheint. Das war nur eine Minute. Eine Minute bei einem Problem zu verweilen, machen wir selten. Gewöhnlich bleiben wir nur drei Sekunden dabei und dann ist man schon wieder abgelenkt. *Dann muss man wieder zurückkommen.* Wenn man einmal weiß, dass eine Minute so lange ist, wird es ein bisschen leichter. Man weiß dann, dass man nur ganz kurz da war. Ein paar Sekunden etwas zu fühlen, scheint schon wie eine Ewigkeit. Wann habt ihr euch zuletzt eine ganze Minute geschenkt?

Hier im Kopf geht alles schnell. Die haben hier sofort einen Computerausdruck parat. Im Focusing muss man lernen, diesen Computerausdruck einfach zu akzeptieren – »danke« – und gleich wieder in den Körper zu kommen. Man braucht mit denen da oben nicht zu kämpfen, denn das ist doch ihre Arbeit, die sollen sie doch tun! Dafür sind sie doch angestellt! Die geben einem den Ausdruck, den kann man ruhig entgegennehmen, aber man braucht ihn nicht zu lesen. Da oben geht ihre Arbeit weiter und ich gehe zu meinem Körper zurück und frage wieder: »Wie ist dir da?« Man muss sich daran gewöhnen,

immer wieder zum Körper zurückzukommen, weil man immer wieder abgelenkt wird.
Wenn man mit Focusing anfängt, weiß man das noch nicht und glaubt dann schnell, dass man Focusing nicht kann. Aber es ist immer so: Man wird abgelenkt, man wird unterbrochen. Wenn man aber diesen Unterschied zwischen dem, was die da oben machen, und dem Verweilen da unten kennt, kann man immer wieder zum Verweilen mit dem Körper zurückkommen.

Dritter Schritt: einen Griff finden

Ich bin gerade dabei, unsere berühmten *sechs Focusing-Schritte* zu erklären. Aber da müsst ihr gleich wissen, dass nichts in sechs Schritten verläuft. Die sechs Schritte sind nur dazu da, um Focusing zu lernen. Sie sind eine Vereinfachung. Der erste Schritt heißt »Raum schaffen«, der zweite Schritt heißt »einen Felt Sense kommen lassen«.
Wenn ein Felt Sense da ist, fragen wir uns: »Welche *Qualität* hat diese körperliche Empfindung? Ist es ›schwer‹ oder ›nervös‹ oder ›springend‹ oder ist es ›verklebt‹, oder so, als ob ›Ameisen herumlaufen‹? Wie ist es?« Wir suchen also ein *Qualitätswort* für das körperliche Gefühl. Ich möchte, dass ihr bemerkt, dass sich diese Worte *nicht auf den Inhalt beziehen, sondern auf die körperliche Qualität.* Nicht »Ich hab' Angst, dass man mich nicht gerne hat«, sondern »Ich bin so zusammengeklebt«. Und es muss nicht unbedingt ein Wort sein. Es kann auch eine Gebärde sein, eine Bewegung sein, eine Farbe sein, ein Bild sein. Alle diese verschiedenen Dinge nennen wir ein *handle* – wie sagt man das auf Deutsch? – einen »Griff«.
Wenn man dieses Wort oder dieses Bild oder diese Bewegung benützt, bringen sie den Felt Sense zurück. Es ist dann leichter, auf den Felt Sense zurückzukommen. Sie sind wie ein Griff am Felt Sense. Wenn ich abgelenkt werde, sage ich mir den Griff wieder oder stelle ihn mir wieder vor. Dann ist der Felt Sense dazu wieder da. Das ist der Zweck des Griffs.
Das ist der *dritte Schritt,* und den nennen wir *»einen Griff finden«.*

Vierter Schritt: vergleichen

Im vierten Schritt *überprüfen wir diesen Griff.* Wir fragen den Körper, den Felt Sense: »Also, dieser Griff (dieses Wort, dieses Bild, diese

Gebärde usw.) passt er wirklich?« Und der Felt Sense antwortet dann gewöhnlich: »Ja, so ist es.« Und dann kommt ein Ausatmen, eine Erleichterung. Oder es kommt noch ein Wort oder Bild, das stimmiger ist.

Wir haben also vier Schritte, die wir gehen, *bevor wir den Inhalt bearbeiten.* Das ist wichtig und ein großer Vorteil. Gewöhnlich geht man nämlich immer gleich auf den Inhalt los und dadurch kommt man wieder in den Kopf. *Wir aber wollen den Felt Sense, das körperliche Gefühl eines Problems, und bei diesem körperlichen Gefühl wollen wir dabeibleiben bzw. immer wieder darauf zurückkommen,* wenn wir abgelenkt werden – lange genug, um uns fragen zu können, welche Qualität dieses körperliche Gefühl hat. Ist es so wie »ertrinken«, oder wie »herumspringen«, oder »so schwer, als ob ein großer Stein auf mir liegt«, oder »so, als ob ich mich im Schlamm bewege«. Das sind alles mögliche Beschreibungen eines Felt Sense.

Den Felt Sense einer anderen Person können wir nicht direkt wahrnehmen. Wenn wir einen Klienten haben, können wir von seinem Felt Sense nur über dessen Beschreibung hören. An der Sprache des Klienten können wir erkennen, ob er einen Felt Sense hat. »Es fühlt sich so an, als würden sich rohe Dinge aneinander reiben«, z. B. Da unsere Sprache nicht auf den Felt Sense eingestellt ist, muss man zu einem Dichter werden, um ihn zu beschreiben. Im Augenblick, in dem jemand so wie ein Dichter spricht, weiß man, dass er einen Felt Sense hat.

Wenn man dann den Griff überprüft, behandelt man den Körper so, als wäre er eine andere Person. Man fragt ihn: »›Rohe Dinge, die sich reiben‹, ist das der beste Ausdruck? Spricht das für dich?« Gewöhnlich kriegt man dann vom Körper ein Signal, nicht immer ein großes, aber immer ein echtes.

Fünfter Schritt: Fragen stellen

Und dann erst beginnen wir *nach den Inhalten zu fragen.* »Was an der Lebenssituation ist es denn, das dieses körperliche Gefühl bringt?« Die Frage ist also, *was* an dem Problem ist, das dieses körperliche Gefühl bringt. Für diese Art von Frage gibt es wieder viele verschiedene sprachliche Versionen: »Warum ist dieses körperliche Gefühl da?« oder »Was ist in diesem Felt Sense drinnen?« oder »Was will es sagen?« oder »Was ist es eigentlich?« oder »Was ist das Ärgste an der Situation?«

Das Prinzip dabei ist, dass *der Felt Sense weiß, warum er da ist.* Selber weiß man es nicht. Selbst wenn ich zu einem bestimmten Problem schon eine ganze Menge von Tonbandaufnahmen in meinem Kopf habe, bin ich immer wieder überrascht, was mir der Felt Sense über dieses Problem mitteilt. Es muss nicht ganz anders sein, als ich mir ohnehin schon gedacht habe, aber wenigstens ein bisschen anders ist es immer. Und es ist immer detaillierter und genauer.

Diesen *fünften Schritt* nennen wir *»Fragen stellen«.* Alle diese Fragen laden den Felt Sense ein, sich zu konzentrierten. Und wenn eine Antwort kommt, fühlt man sich wohler. Das ist auch komisch und ironisch. Denn die Antwort auf die Frage, was z. B. das Ärgste daran ist, ist inhaltlich ja meistens sehr unangenehm. Mein Verleger hat mir einmal gesagt: »Du hast nicht erklärt, wieso sich die Klientin nicht in den Kopf geschossen hat, als sie diese Antwort von ihrem Felt Sense bekommen hat.« Wieso kann das eine Erleichterung sein? Es ist eine. Es ist so, als würde sich das ganze unangenehme Gefühl, das im Körper verteilt ist, an einem Punkt konzentrieren und der Körper ist erleichtert: »Ah, das ist es!« Man fühlt sich wohler, wenn auch der Inhalt gar nicht angenehm ist.

Wenn man einmal zu diesem Stadium kommt, ist das Focusing sehr angenehm. Und durch das Focusing kommt man zu allem Möglichen, es macht alles Mögliche echt. Durch Focusing kann man große Dinge erreichen. Aber gefunden habe ich Focusing eigentlich wie Aspirin – nur dazu, um mich wohler zu fühlen. Es hat sich erst später herausgestellt, dass sich diese selbe kleine Tür auch zu großen Dingen öffnet.

Man fühlt sich wohler, wenn der Felt Sense antwortet. Es kommt eine Entspannung. »Ach ja, das ist es!« Was es ist, kann sehr miserabel sein, aber es ist besser als vorher. Nicht nur deshalb, weil man jetzt etwas weiß, sondern weil sich der Körper entspannt, wenn es sich öffnet.

Jetzt gibt es noch einen sechsten Schritt. Zu dem werde ich später noch kommen.

Gruppenfocusing

Ich möchte euch jetzt anleiten, einen Focusing-Prozess zu erleben, sodass ihr in euch drin, jeder für sich, ein Thema oder ein Problem bearbeiten könnt.
Es gibt viele Leute – auch unter uns, auch unter sehr erfahrenen Therapeuten –, die Schwierigkeiten haben, in ihren Körper hineinzukommen. Wenn man das nicht gleich kann, muss man es üben. Das dauert einige Wochen. Wenn ihr also nicht gleich in euren Körper kommt, fehlt euch nichts Schreckliches, sondern nur die Übung.
Ich werde euch jetzt in euren Körper führen, dann werde ich euch ziemlich kurz im Raum-Schaffen anleiten und dann könnt ihr ein eigenes Thema bearbeiten.

(Erster Schritt: Raum schaffen)
O.k. Zuerst sage ich: bequem sitzen, aber nicht so wie beim Meditieren. Ihr könnt eure Haltung ein bisschen verändern, vielleicht auch am Boden sitzen, wenn ihr wollt. Man muss nicht auf Sesseln sitzen. Seid frei, eure Haltung zu verändern, auch später während des Prozesses.
... *(20 Sekunden Stille)* ...
Mache es dir bequem, sodass du den Körper ein bisschen loslassen und entspannen kannst ... aber nicht so bequem, dass du ganz müde wirst ... entspannt und wach, das ist das Beste.
... *(20 Sekunden Stille)* ...
Und nun nimm dir ein, zwei frische Atemzüge und gehe mit dem Atem hinein in deinen Körper ... in die Mitte deines Körpers ... Da schaust du dich jetzt ein bisschen um.
... *(20 Sekunden Stille)* ...
Und ist es dort ganz angenehm? ... Wie ist es dort? ... Was immer du dort spürst, versuche es zu sortieren. Was ist *ein* Ding, das dort getragen wird? Eine Situation, ein Problem, irgendeines, das da hineingemischt ist ...
... *(60 Sekunden Stille)* ...
Was immer dieses Eine ist, stelle es irgendwo hin, in die Nähe oder weit weg, wie du willst ... es soll nicht verloren gehen, weil es ohnehin nicht verloren gehen wird ... es nicht loswerden wollen, sondern es irgendwo schön hingeben ... auf den Boden vielleicht, in der Nähe, oder auf die andere Seite des Ozeans, aber vor dir irgendwie ...

... (10 Sekunden Stille) ...
Und komm dann wieder in die Mitte deines Körpers, in den Bauch oder vielleicht auch in die Brust hinein und sage: »Wie wäre das in meinem Körper, wenn dieses Problem ganz richtig gelöst wäre? ...« – wir wissen nicht, was das heißt – »... aber wenn es ganz richtig ausgeht, was würde kommen?« ...
... (30 Sekunden Stille) ...
Ich weiß, dass es nicht allen von euch ganz genau passen wird, wie ich vorgehe und was ich euch vorschlage ...
Jedes Problem oder jede Sache, die der Körper trägt, drei oder vier oder so, schön herausstellen und jedes fragen: »Wenn das ganz gut wäre, wie wäre das? Wäre dann alles angenehm?« ...
... (60 Sekunden Stille) ...
Und – offiziell wenigstens – haben wir diese ganze Zeit bis jetzt nur Raum geschaffen.
Und jetzt wollen wir eines wählen ... wahrscheinlich wählt es dich sowieso ... ein Problem wählen oder von einem Problem gewählt werden, an dem du arbeiten willst ... Und wenn du jetzt schon viel allein gemacht hast, dann warte jetzt ein bisschen auf mich ...
... (20 Sekunden Stille) ...
Wenn du etwas ausgewählt hast, hebe bitte die Hand, damit ich sehen kann, wann ich weitergehen kann ... eines wählen ... irgendeines ... es muss nicht das Wichtigste sein ...
... (20 Sekunden Stille) ...

(Zweiter Schritt: einen Felt Sense kommen lassen)
So, jetzt kommt der Teil, der vielleicht am Schwierigsten ist, und das ist, einen Felt Sense zu bekommen. Da fragen wir: »Was macht das gewählte Problem im Körper?« ... Oder wir könnten, wenn etwas zu diesem Problem kommt, auch ironisch sagen: »Es ist so schön, in der Mitte meines Körpers ist es ganz angenehm ...«
... (20 Sekunden Stille) ...

(Dritter Schritt: einen Griff finden)
Und was immer das, was da im Körper zu dem Problem kommt, für eine Qualität hat, gib dieser Qualität einen Namen oder eine Bewegung oder irgendeinen Griff ... ein Bild vielleicht ... oder ein Wort ... zwei Worte ... Was ist die Qualität davon? ...
... (20 Sekunden Stille) ...

(Vierter Schritt: vergleichen)
Und jetzt dieses Wort oder diesen Griff überprüfen ... den Körper fragen, als wenn er jemand anderer wäre: »Hm? Spricht das für dich?« ...
... *(40 Sekunden Stille)* ...

(Fünfter Schritt: Fragen stellen)
Und erst jetzt wollen wir fragen: »Um welche Situation im Leben handelt es sich? Was ist es, das dieses körperliche Gefühl bringt?« ...
... *(60 Sekunden Stille)* ...
Und es muss nicht antworten; wir wollen nur in der Nähe bleiben, sodass es antworten kann ... es muss nicht antworten ... Eine andere Version der Frage wäre: »Dieser Felt Sense oder dieses körperliche Gefühl, das weiß, warum es da ist, und ich weiß es noch nicht.« ...
... *(60 Sekunden Stille)* ...
Und wenn ein körperliches Gefühl da ist: Bemerke, wenn du abgelenkt wirst, damit du es wiederfindest ... Ist es noch da? ...
... *(20 Sekunden Stille)* ...
Jetzt fragen wir: »Was braucht es? Was möchte es? Was wäre ein Schritt vorwärts?« ...
... *(60 Sekunden Stille)* ...
Whatever you got, if it answered anything, you might want to ask the next round: »Why is that?« ... What felt sense comes with that? ...
Das heißt: eine neue Runde machen. Was immer da gekommen ist – wie geht es weiter? Warum ist das jetzt da? ...
... *(50 Sekunden Stille)* ...
Und wenn man den Weg verliert, kann man einfach frisch sagen: »Also, das Problem ist ja ganz gelöst, alles ist in Ordnung. Es ist ganz angenehm. Ist das richtig?« Dann kommt man gewöhnlich wieder zum Felt Sense zurück ...
... *(50 Sekunden Stille)* ...

(Sechster Schritt: den Weg noch einmal gehen)
Jetzt wäre es gut zurückzuschauen auf den Weg, den du da gegangen bist ... und bemerken, wo irgendetwas Echtes wirklich gekommen ist ... – denn wir gehen oft in Gedanken viel weiter und verlieren dann den eigentlichen Weg – ... Im Zurückschauen: Wo ist wirklich etwas echt gekommen? Das wollen wir nicht verlieren! ...
... *(40 Sekunden Stille)* ...

Und wenn da etwas wirklich Gutes gekommen ist, dann wollen wir uns nicht nur an das Gute oder das Neue, Frische erinnern, sondern nochmals die Schritte gehen, die knapp davor waren, sodass das Gute wieder frisch kommt. Welchen Weg bist du gegangen? …
… *(30 Sekunden Stille)* …
Jetzt gebe ich euch eine Minute frei und dann hören wir auf …
… *(60 Sekunden Stille)* …

So, jetzt möchte ich noch zehn Minuten Zeit haben, um von euch zu hören, wo es nicht geklappt hat. Wenn du Focusing schon kennst, ist alles gut. Aber wenn Focusing für dich neu war, kann es auf diese Weise nicht wirklich gelernt werden. Man braucht wenigstens einige Stunden Zeit mit jemandem, der Focusing kennt, sodass man darüber berichten kann, wie man es erlebt hat, z. B.: »Ich kriege nur Worte«, oder »Jedesmal, wenn ich in meinen Körper komme, falle ich in dasselbe Gefühl hinein«, oder »Ich finde keinen Unterschied zwischen Felt Sense und Gefühlen«, oder was immer.
Da könnte ich jetzt vielleicht noch irgendetwas Hilfreiches dazu sagen. Ich will jetzt nur von Leuten hören, die momentan ganz konfus sind. Also, wer erzählt mir, wie es war?
Eine Teilnehmerin: Ich bin fast eingeschlafen. Ich kann mich an nichts mehr erinnern.
Das müsst ihr jetzt alle hören, denn was sie sagt, spricht nicht nur für sie, sondern auch für zehn andere. Es bedarf mehr Unterricht, mehr Praxis und Übung, und zwar einzeln. Ich müsste jetzt genauer hören, wie das bei ihr war, um etwas Hilfreiches dazu sagen zu können. Dazu habe ich aber jetzt leider keine Zeit. Aber ihr sollt alle wissen: Ja, das ist eine Art und Weise, wie das manchmal passiert, und das ist ganz normal. Es ist vielleicht ganz gut, dass sie in der Lage war, genug zu entspannen, sodass ihr Körper fast einschlafen konnte. Aber wenn wir das nächste Mal zusammen Focusing machen könnten, würden wir natürlich genau schauen, was dort ist: Ist es einfach nur Müdigkeit? Ist es hier im Zimmer zu warm? Gibt es in ihrem Körper so eine Gewohnheit, schnell einzuschlafen? Oder ist da etwas, das vielleicht nicht angeschaut werden will?
Bei jedem ist es anders. Der Prozess ist sehr individuell.
Ein Teilnehmer: Ich habe einen alten körperlichen Schmerz gespürt, von dem ich nicht weggekommen bin.

Wenn ein physischer Schmerz da ist, ist der Focusing-Platz knapp in der Nähe dieses Schmerzes, es ist aber nicht derselbe Platz. Wenn einem z. B. übel ist, ist Focusing sehr schwierig, weil die Übelkeit an demselben körperlichen Platz ist wie Focusing. Aber wenn man von dem Platz der Übelkeit weggeht und dann langsam wieder zurückkommt, aber nicht ganz, sondern auf halbem Weg stehen bleibt und dann noch ein bisschen näher kommt, dann ist knapp vor dem physischen Gefühl der Übelkeit ein Felt Sense da, oder wenigstens kann er da kommen.

Das geht aber nicht so leicht und wir müssten das zusammen probieren, bis du das kannst. Ich möchte, dass ihr nicht weggeht, ohne euch darüber klar zu sein: Ach so ist das, mit jedem Einzelnen muss man auf die Details eingehen. Ihr müsst verstehen: *Focusing ist an sich sehr einfach, aber jeder einzelne Prozess ist sehr individuell und sehr kompliziert.* Jeder hat seine eigenen Umwege.

Ein Gruppenfocusing ist nur so etwas wie eine Formel. Man muss die Hälfte dessen, was der Anleiter sagt, ignorieren und nur das nehmen, was einem nützlich ist. Und für manche ist die Anleitung viel zu schnell, für andere zu langsam.

Wenn man im Focusing erfahren ist, kann man mit jeder einzelnen Person ganz genau arbeiten, bis man zur richtigen Stelle kommt. Und dort ist es dann ziemlich einfach. Das individuelle Arbeiten ist notwendig. An einem Tag und dann noch in einer so großen Gruppe kann man Focusing nicht finden. Diejenigen von euch, die Focusing noch nicht kennen, werden aber vielleicht wenigstens so einen halben Geschmack davon bekommen können.

Ein focusing-orientiertes therapeutisches Gespräch

Ich möchte jetzt mit jemandem arbeiten. Wenn ihr mit mir arbeitet, soll es echt sein. Ihr müsst aber nicht alles aussprechen. Ein Vorteil des Focusing ist, dass man tief innen in sich arbeiten kann und nicht alles zu sagen braucht, sondern nur das, was man sagen will. Besonders das Problem selber braucht man nicht auszusprechen. Wir brauchen nicht zu wissen: Wer? Was? In welcher Situation? Man kann tief in sich fokussieren und genau sagen, wie es dort ist, ohne die konkreten Inhalte und Umstände öffentlich zu machen.

Deshalb sage ich immer: »Wenn etwas von innen kommt, behalte das bitte in dir und sprich es nicht gleich aus. Auf diese Weise kannst du innen drin in dir frei sein und ganz privat mit dir selber umgehen. Du schaffst dir einen privaten Raum in dir, in dem du für dich alles haben kannst, was kommt. Eine Minute später kannst du dann entscheiden, ob du darüber etwas sagen möchtest: vielleicht gar nichts oder nur etwas Allgemeines oder alles, ganz wie du willst.«
Diejenigen, die mit mir arbeiten wollen, brauchen sich keine Sorgen zu machen, dass die Arbeit gut werden muss. Wenn sie schlecht wird, ist das auch gut, weil man dann sehen kann, wie das ist, wenn ich nicht weiter kann. Mit einem Wort, die Person, die mit mir arbeiten will, braucht keine Angst zu haben, dass es nicht gut gehen wird.
Ja, da ist jemand. Hallo!

	Kommentar
K: Hallo.	
G: Ich sage noch einmal: Wir brauchen nichts Besonderes zu machen. Wenn gar nichts rauskommt, ist es auch gut. Benutzen Sie die Situation ganz frei für sich. Was Sie nicht gerne sagen, können Sie einfach umgehen: »Es ist da etwas, das ich dir nicht sagen will.« Auf diese Weise geht's dann leicht.	Freiraum schaffen (Schritt 1)
(kleine Stille)	
G: Wann immer Sie wollen, können Sie anfangen. Es ist auch ganz gut, einfach nur dazusitzen und einander anzuschauen.	gemeinsam da sein
(kleine Stille)	
K: Im Moment habe ich Herzklopfen …	Körperempfindung
G: Ah ja.	
K: … und ich denke an eine bestimmte Situation, an eine, an die ich gerade denken möchte.	Thema

	Kommentar
G: Mhm. Das Herzklopfen hat vielleicht mit unserer Situation hier zu tun, aber vielleicht auch mit der Situation, an die Sie gerade denken?	Klären, ob die Körperempfindung mit den Umständen zu tun hat (dann wäre weiteres Freiraum-Schaffen erforderlich) oder mit dem Thema.
K: Wenn ich an diese Situation denke, passt das Herzklopfen auch dazu.	
G: Ja, ja. Wenn Sie an diese bestimmte Situation denken, dann geht das Herzklopfen mit dieser Situation. Das Herzklopfen passt da irgendwie dazu.	zurücksagen
K: Mhm. (atmet lange aus)	
(kleine Stille)	
K: Es hat etwas mit Angst zu tun.	Gefühl
G: Es hat etwas mit Angst zu tun.	zurücksagen
K: Ja.	
G: Und die Angst ist jetzt da?	nachfragen, ob Gefühl hier und jetzt erlebt oder nur erinnert/vorgestellt wird.
K: Ja.	
G: Ja, die Angst ist da. Zusammen mit dem Herzklopfen.	zurücksagen
K: Ja. Und ich merke, dass gleich kommt: Ich will aber nicht Angst haben.	eine Variante des »inneren Kritikers«
G: Ah! Aha, die Angst ist da und Sie wollen sie auch weghaben.	zurücksagen
K: Ja. Ich will die Angst dort hinstellen.	
G: … dort hinstellen. Die Angst soll dort hin.	Versuch, Freiraum zu schaffen – zurücksagen
K: Ja. (lacht kurz auf)	

	Kommentar
G: Und – geht sie dort hin? … Vielleicht?	
K: (macht eine unschlüssige Miene)	
G: … mhm. Wir wissen nicht, ob wir sie dort jetzt wirklich wollen, nicht?	zurücksagen des Körperausdrucks
K: Ja. Im Moment geht sie nicht weg.	
G: In dem Moment geht sie nicht weg. Wir müssen sie also bearbeiten?	zurücksagen Guiding (Prozessvorschlag)
K: Ja.	
G: Mhm, mhm … Und mit der Angst – ist da ein weiteres körperliches Unbehagen da, das mit ihr zu tun hat?	Felt Sense kommen lassen (Schritt 2)
K: Ja.	
G: Ja? Aha.	
(kleine Stille)	
G: Haben Sie einen Namen für dieses körperliche Unbehagen?	Griff finden (Schritt 3)
K: Ja.	
G: Sie brauchen ihn nicht zu sagen. Es ist vielleicht besser, ihn nicht zu sagen. Wie Sie wollen.	Freiraum schaffen
K: (nickt)	
G: O.k. Es hat einen Namen.	zurücksagen
K: Ja.	
G: Ja. Das ist schon gut … schon gut. Dort können wir jetzt ein bisschen bleiben.	verweilen
K: Ja.	
G: Ob das der beste Name dafür ist? … Jetzt nehmen wir eine Minute, um das zu überprüfen …	vergleichen (Schritt 4) verweilen

	Kommentar
Ist das schon der richtige Name dafür? … Wahrscheinlich …	
K: (nickt)	
G: Ja … ja … o.k … o.k … Und ist es jetzt angenehm, dort zu bleiben? Oder wollen Sie mir etwas sagen darüber? Was passt jetzt?	zurücksagen fragen, was jetzt richtig wäre
K: (räuspert sich) Also ich merke: Wenn ich dort bleibe, schnürt es mich da oben (im Hals) zu und da (in der Brust) klopft es noch stärker. Obwohl ich dort bleiben will. (G: Aha) *Aber es ist nicht angenehm.*	Körperempfindungen
G: Aha, angenehm ist es nicht. Es schnürt sich im Hals zusammen …	zurücksagen
K: … und da unten klopft es.	
G: Aha. Und dieses Breitere, das einen Namen hat, den wir nicht sagen, dieses Breitere, ist es auch da? … Nicht so klar?	fragen nach Felt Sense (Schritt 2)
K: Ich weiß noch nicht so genau, wo das ist.	
(kleine Stille)	
G: Mhm … mhm … mhm … Und etwas darüber zu sagen, wäre das angenehmer oder unangenehmer? Ist es so wie: Sprechen wäre leichter, oder wäre das jetzt schwierig?	fragen, was jetzt richtig wäre
K: Es auszusprechen und darüber zu reden?	
G: Darüber zu reden, aber nichts zu sagen, was Sie nicht sagen wollen.	

	Kommentar
K: (zeigt nonverbal, dass das Darüber-Reden nicht richtig wäre.)	
G: Gut, das wäre nicht richtig.	zurücksagen des Körperausdrucks
K: (lacht erleichtert)	
G: Ihr ganzer Körper sagt: nein! – O.k., ganz klar.	zurücksagen des Körperausdrucks
K: (lacht erleichtert)	
G: O.k. Also, wir bleiben bei dem körperlichen Gefühl. Wenn ich es richtig verstehe, ist da ein Einschnüren *(K: Ja)* und ein Herzklopfen *(K: Ja)* und noch etwas Breiteres, das einen Namen hat.	verweilen beim Felt Sense
K: (atmet tief aus)	
G: Ja. Es ist also noch immer richtig, zu sagen: Das und das und das, das ist jetzt alles da ... Wie könnte dieses Breitere ausgedrückt werden? Gibt es eine Geste dafür?	Griff finden (Schritt 3)
K: (macht eine Geste)	symbolisieren durch Körperbewegung (Schritt 3)
G: Ja, ja, ja! Ist es so? (Gibt die Geste wieder)	zurücksagen des Körperausdrucks
K: Ja. Irgendetwas Umfassendes.	symbolisieren durch Sprache
G: Etwas Umfassendes. O.k. ... Ist es möglich, ein paar Schritte zurückzugehen, damit es Sie nicht ganz umfasst?	zurücksagen Freiraum schaffen (Schritt 1)
K: Ja, das wäre mir lieber.	
G: Das wär Ihnen lieber. Aha. Gut, vielleicht nicht zu weit zurück. Wie wär's mit einem Schritt zurück?	zurücksagen Freiraum schaffen (Schritt 1)

	Kommentar
K: Mhm.	
G: Das geht?	
K: Mhm.	
G: Nur so weit, dass man atmen kann.	Freiraum schaffen (Schritt 1)
K: (atmet tief)	
G: Es ist leichter mit dem einen Schritt zurück?	zurücksagen
K: Ja.	
G: Das ist wirklich gegangen?	
K: Ja.	
G: O.k. … Dort wollen wir bleiben … (atmet tief) … dort wollen wir bleiben.	verweilen
K: (atmet tief) Jetzt ist mir gerade ein Bild gekommen.	symbolisieren durch Imagination (Schritt 3)
G: Es ist ein Symbol gekommen? Als inneres Bild?	zurücksagen
K: Ja.	
G: Ah ja … ja, ja … Ist das Symbol klar oder sollen wir fragen, was es symbolisiert?	vergleichen (Schritt 4)
K: Es ist jetzt angenehmer als das große, umfassende …	Felt Shift
G: Ah, angenehmer … oh, gut … Es ist ein Symbol gekommen … das ist angenehm … gut, ja …	zurücksagen
K: (atmet tief)	
G: … und es ist ein Atemzug da … das ist gut … ja. Jetzt tu ich nur so nicken und nichts Besonderes sagen, damit wir ein paar Momente zusammen sind mit dem, wo Ihre Erleichterung ist … dass wir nicht den Kontakt verlieren …	zurücksagen des Körperausdrucks verweilen

	Kommentar
(kleine Stille)	
G: Ja, jetzt ist es ruhiger geworden. Jetzt wollen wir ganz sanft fragen, was es ist oder warum es da ist … Es weiß, warum es da ist. Wir wissen das nicht … Darf ich das sagen? Ist das wahr? … Es weiß, warum es da ist mit diesem neuen Symbol?	zurücksagen des Körperausdrucks Fragen stellen (Schritt 5) Fragen, ob dieser Vorschlag richtig ist
K: Ja, das glaube ich schon.	
G: Wir können uns sicherlich auch ausdenken, warum es da ist, aber wir wissen es eigentlich nicht. Oder – sind wir per Du? – weißt du, warum es da ist?	darauf achten, dass die Aufmerksamkeit beim Felt Sense bleibt und nicht zu den Gedanken geht
K: Noch nicht.	
G: O.k. Dann wollen wir es befragen.	
K: Es sind so viele Gedanken …	
G: … viele Gedanken. Aber wir wissen es eigentlich nicht.	zurücksagen
K: Ja.	
G: Ja. Und es weiß es?	
K: Mhm, ja.	
G: Also taste es nur so an … Das Symbol macht es leichter …	beim Felt Sense verweilen
K: Ja.	
G: … und es ist eine körperliche Qualität da? Fühlst du die irgendwo? Dieses Symbol bringt eine gewisse …	Aufmerksamkeit auf Felt Sense richten lassen
K: … so etwas Fließendes irgendwie … es fließt … so eine Wärme … so eine Energie …	symbolisieren des Felt Sense (körperlich und verbal), Felt Shift
G: Ah! Ja. Und diese Energie ist gut?	zurücksagen, fragen nach Qualität

	Kommentar
K: Ja.	
G: Die fühlt sich gut an?	zurücksagen
K: Ein bisschen unsicher, aber doch gut.	
G: Ein bisschen unsicher, aber doch gut. Ah ja! Das ist gekommen! Das ist schon ein Schritt vorwärts auf irgendeine Weise?	zurücksagen
K: Ja.	
G: Aha … ja, ja … – Wenn ich den Inhalt nicht weiß, bin ich immer ein bisschen ungeschickt; es dauert dann oft ein paar Minuten, bis ich mit bin. Aber jetzt bin ich mit. – Ah ja, das war ein Schritt vorwärts, diese Energie. Die wollen wir natürlich behalten. *(K: Mhm)* Mhm.	zurücksagen Beginn von Schritt 6: annehmen und schützen
(kleine Stille)	
G: Diese Energie ist dort gekommen, wo wir gesagt haben: Es ist breiter. *(K: Mhm)* Und dann habe ich gefragt: Ist das richtig? Und dann ist es gekommen.	weiter Schritt 6: den Weg noch einmal gehen
K: Ja.	
G: Und diese Situation, an die Sie denken – wäre die besser, wenn man sie mit dieser neuen Energie behandeln würde?	Fragen stellen (Schritt 5)
K: (nickt)	
G: Ja! O.k. Da können wir jetzt hier innen fragen, ob das erlaubt ist: »Darf ich mit dieser Energie in dieser Situation vorgehen?«	Fragen stellen (Schritt 5)
K: Ja.	
G: Ja.	

	Kommentar
K: Oh ja!	
G: O.k. o.k ... Dann ist es schon ganz gut?	
K: (lacht) Ja	
G: O.k. Dann fragen wir im Körper drinnen, ob wir noch etwas brauchen oder ob das jetzt schon so richtig ist für diesen Moment ... was braucht es noch, wenn wir hier stehen bleiben würden?	Fragen stellen (Schritt 5)
(kleine Stille)	
K: Ich glaub', es ist gut, so zu bleiben.	
G: Ja? ... Sicher?	
K: Mhm.	
G: Das da drinnen muss es sagen. Hier (im Kopf) ist man immer höflich: Wenn der Gendlin aufhören will, sagt man schnell: »Also gut, hören wir halt auf.« Das meine ich nicht.	
K: Nein.	
G: Da hier (in der Körpermitte) ist es schon ...	
K: ... da ist so etwas wie Vertrauen. Obwohl ich nicht genau weiß, was es ist. Es ist irgendwie beruhigend.	symbolisieren (körperlich und verbal)
G: Ein gewisses Vertrauen ist da ... es wird schon ... ja, ja ...	zurücksagen
K: ... dass es gut ist.	
G: Ja, ja, dass es gut ist. O.k. Jetzt will ich nur noch am Ende, bevor wir aufhören, überprüfen, ob du es wiederfindest. Wenn es später nicht mehr da wäre – würdest du es wiederfinden können?	zurücksagen den Weg noch einmal gehen (Schritt 6)

K: Ja.
G: Wie ist es gekommen, innen drin in dir? Schau, ob du es wiederfindest.
(kleine Stille)
G: Du hattest hier das Einschnüren und hier Herzklopfen …
K: Das habe ich nicht mehr.
G: Nein, jetzt nicht, ich weiß, aber vorher. Und wie sind wir dann von dem zu diesem Fließenden, zu dieser guten Energie, gekommen?
K: Durch dieses Zurück, und dann ist dieses Symbol gekommen.
G: Ah! – Jetzt können wir aufhören!
K: Ja.
G: Gut. O.k. Danke.
K: Danke.

Man muss eine Zäsur machen zwischen dem Mit-jemandem-Arbeiten und dem Diskutieren darüber. Vielleicht können wir einen Moment alle aufstehen und uns dann wieder niedersetzen. Mit jemandem zu arbeiten geschieht tief in uns drin, und dann gleich darüber zu diskutieren – das geht einfach nicht. *(kurze Streckpause)*
So, jetzt geht's gut. Was habt ihr für Kommentare? Was habt ihr gesehen? Was war klar, was war nicht klar? (zu K.:) Du hast das Vorrecht, etwas zu sagen, aber du brauchst nichts zu sagen, wenn du nicht willst. Damit du völlig Ruhe hast. (zum Publikum:) Alle Fragen sollen an mich gerichtet werden. Wenn sie will, wird sie schon etwas sagen, aber sie braucht nichts zu sagen.
Ein Teilnehmer: Man kann offensichtlich an dem Prozess des Klienten dran bleiben und behilflich sein, ohne irgendetwas über die Inhalte zu wissen. Das ist wirklich faszinierend.
Ja. Ist das nicht interessant? Man ist zwar ein bisschen ungeschickter, wenn man den Inhalt nicht kennt. Aber dieser Nachteil ist nicht so groß, als dass man vom Klienten verlangen müsste, Inhalte preiszugeben, wenn er nicht will.

Derselbe: Außer aus reiner Neugierde.
Ja, aber die Neugierde geht bald weg. Denn durch die Inhalte, die ausgesprochen werden, findet man ohnehin nichts Neues heraus, weil durch sie nichts Neues kommt. Das körperliche Gefühl, der Felt Sense verschließt sich, wenn man zu viele Inhalte erzählt, und dann kommt gar nichts. Wenn man die Inhalte aber nicht aussprechen muss, hat der Prozess frei und dann kommt viel mehr. Inhalt interessiert mich nicht mehr. Das ist ein Vorteil von Focusing: Man kann tief arbeiten, obwohl man den Menschen beinahe nicht kennt.
Ein Teilnehmer: Diese Wiederholung am Ende mit der Frage »Wie ist es gekommen?«, ist das so etwas wie eine kognitive Verarbeitung? Oder warum schlagen Sie das vor?
Ich habe vorher, bei der Darstellung der Focusing-Schritte, den letzten, den sechsten Schritt, ausgelassen. Das ist der sechste Schritt. Da geht es darum, zurückzuschauen, wie wir gegangen sind.

Sechster Schritt: den Weg noch einmal gehen

Wenn durch das Focusing etwas gekommen ist, wenn wir etwas Gutes gefunden haben, hören wir noch nicht auf.
Und zwar aus verschiedenen Gründen: Der wichtigste ist die Frage: Wie behalte ich, was gekommen ist? Jetzt geht es mir gut, aber wie behalte ich das? Später am Abend oder am nächsten Tag bin ich vielleicht wieder im alten, schlechten Zustand und ich kann mich nur mehr erinnern, dass ich vorher in einem guten Zustand war. Diesen guten Zustand kann ich vielleicht sogar beschreiben, aber ich habe ihn nicht mehr.
Da hilft es, den Focusing-Weg noch einmal zu gehen und sich zu sagen: Ah ja, zuerst war das und dann war das … und ah, da kommt's wieder! Deshalb schauen wir im sechsten Schritt zurück, wie wir gegangen sind, wie der Weg ausgesehen hat, der zu dem Guten geführt hat. In diesem Schritt will ich dieses Wieder-Kommen erfahren. Denn es ist oft schwierig, ein zweites Mal herumzugehen und diese frische Energie, die gekommen ist, wiederzufinden. So oft haben wir diese guten Momente, und meistens erinnern wir uns später nur mehr daran. Wenn man es aber zum zweiten Mal kommen fühlt, weiß man: Ja, ich glaub', ich finde es wieder. Natürlich, Garantie gibt es keine, aber es ist dann viel wahrscheinlicher, dass man es wiederfindet.

Das ist so wie in dem Märchen »Sesam öffne dich«. Wenn man weiß, was man genau sagen muss, damit es sich öffnet, ist das viel besser und sicherer, als wenn man nur die Erinnerung, das Bild des Offenen, hat. Denn es wird sich wieder schließen und dann ärgert man sich nur: Gestern hab' ich's doch gehabt und jetzt weiß ich nicht mehr, wie ich dorthin gekommen bin.

Ich will mit dem Fokussieren also nicht aufhören, ohne mich zu erinnern, wie ich zu einem Schritt gekommen bin. Deshalb fragen wir im sechsten Schritt: »Wie ist es gekommen?«

Zum Schluss will ich noch einmal sagen: *Der Focusing-Prozess ist wichtig, die Focusing-Methode, wenn überhaupt eine existiert, ist total unwichtig.* Die Methode ist nur dazu da, um Focusing zu unterrichten oder Leuten Focusing zu zeigen. Das ist so wie mit den sechs Schritten. Hie und da macht man wirklich sechs Schritte, aber das ist Zufall. Der Focusing-Prozess kommt von unten herauf und von innen heraus. Jemanden in seinem Focusing-Prozess zu begleiten ist so, wie wenn man mit einem Kind Ball spielt. Man muss immer warten, bis der Ball hergeworfen wird, sonst hat man keinen Ball und niemanden zum Spielen.

Weiterführende Literaturempfehlungen:

Gendlin, E. T. (1998). *Focusing-orientierte Psychotherapie. Ein Handbuch der erlebensbezogenen Methode.* München: Klett-Cotta

Stumm, G., Wiltschko, J., Keil, W. W. (Hg.) (2003). *Grundbegriffe der Personzentrierten und Focusing-orientierten Psychotherapie und Beratung.* Stuttgart: Klett-Cotta

Wiltschko, J. (2002). Focusing und Focusing-Therapie. In W. W. Keil, G. Stumm (Hg.), *Die vielen Gesichter der Personzentrierten Psychotherapie,* S. 231–264. Wien/New York: Springer

Wiltschko, J. (2008). Focusing-Lektionen für Personzentrierte PsychotherapeutInnen oder: Was lernt man eigentlich in einer Focusing-Therapieausbildung? In D. Kimbacher, N. Nemeskeri, G. Stumm, M. Tuczai (Hg.), *Offenheit und Vielfalt. Personzentrierte Psychotherapie: Grundlagen, Ansätze, Anwendungen,* S. 61–76. Wien: Krammer

Wiltschko, J. (2010). *Hilflosigkeit in Stärke verwandeln. Focusing als Basis einer Metapsychotherapie,* Band I. Münster: MV-Verlag

Wiltschko, J. (2011). *Ich spüre, also bin ich! Focusing als Basis einer Metapsychotherapie,* Band II. Münster: MV-Verlag

4. Philosophische Anstöße: Denken am Rand der Begrifflichkeit

Was »Erklären« ist, kann man nicht erklären

Ich will damit anfangen zu erklären, weshalb die Philosophie und die Psychotherapie etwas Gemeinsames haben. Dazu müsste ich erklären, was die Philosophie eigentlich ist. Aber das kann man nicht, weil die Philosophie selbst immer untergräbt und in Frage stellt, was Erklären ist. Wenn man einmal beginnt zu fragen, was Erklärung ist, kann man nicht mehr erklären, was Erklärung ist. Wenn es sich jetzt in Ihrem Kopf zu drehen beginnt, dann ist das richtig so, denn genau das meine ich: Die Philosophie selbst eben ist diese Frage.

Nun, das Wichtige dabei ist, *dass die Philosophie nicht nur aus Worten und Begriffen und Konzepten besteht.* Wenn sie nämlich nur aus Begriffen und Konzepten – Begriffe und Konzepte verwende ich synonym –, wenn sie also nur aus Begriffen bestünde, dann wäre die Philosophie verloren. Denn die Philosophie ist doch an sich etwas, *das die Begriffe in Frage stellt.* Das Fragen ist auf irgendeine Weise immer mehr als die Begriffe.

Wenn ich nun zu erklären versuchte, in welcher Weise das Fragen mehr ist, würde ich wieder Begriffe benutzen, um das zu erklären. So ist das Fragen immer weiter als die Antworten und die Begriffe. Und auf diese Weise besteht die Philosophie aus diesem *Fragen an einer Grenze* dessen, was bisher schon gesagt wurde oder was bisher schon in Begriffe »eingebaut« war.

In der Psychotherapie verhält es sich natürlich sehr ähnlich. Denn hier würde man auch nicht weiterkommen, wenn man sich nur auf Begriffe und andere schon geformte Stücke stützte. Dann könnte man nämlich nur erklären, warum jemand so ist, wie er eben ist, aber es würde sich nichts ändern. Die Psychotherapie ist jedoch dazu da, eine bestimmte Änderung zu bewirken – nicht jede Art von Änderung, aber eine bestimmte Änderung. Ich komme darauf noch zurück.

Es gibt etwas, das genauer ist als das, was man aussprechen kann

Wenn ein Dichter – und ich kenne doch das Geheimnis: Jeder von Ihnen ist ein Dichter wenigstens einmal gewesen, irgendwann haben auch Sie ein Gedicht geschrieben; und vielleicht war es nicht gerade ein richtiges Gedicht, aber so etwas in der Art –, wenn also ein Dichter ein Gedicht, sagen wir, zur Hälfte geschrieben hat, dann muss das Gedicht ja noch irgendwie weitergehen. Die ersten Zeilen kamen ganz gut, aber die nächsten Zeilen, die sind noch nicht da. Da ist man dann als Dichter in einem bestimmten Zustand, und diesen Zustand will ich gern genau zeigen. Das Gedicht geht weiter, aber es kommen keine weiteren Zeilen, oder wenigstens kommen sie nicht im Augenblick. Da hat man etwas zu sagen, das noch nicht da ist. Man kreist mit dem Arm in der Luft, etwas will da kommen und es ist noch nicht da. Aber auf irgendeine Weise ist es doch da, nur die Worte, die sind noch nicht da. Und so ist man an dieser Grenze, über die ich hier vor allem sprechen will.

Wenn man Gedichte schreibt, kommt es auch oft vor, dass sich wunderbare, gute, ausgezeichnete Zeilen einstellen – und doch sagen sie nicht das, was man gerade sagen möchte und sagen muss. Manchmal kommt etwas so Gutes, dass sich der Dichter das aufschreibt – für einen anderen Tag, für ein anderes Gedicht. Die Zeile ist zu gut, um sie wegzuwerfen, aber sie sagt nicht das, was jetzt gesagt werden will. Daran merken wir, dass *das, was noch nicht ausgesprochen ist, genauer ist als das, was man aussprechen kann.*

Das ist mir sehr wichtig. Wenn man nämlich nur auf Begriffe und Konzepte schaut, dann glaubt man, dass dasjenige, was noch nicht konzeptualisiert ist, undeterminiert, unbestimmt sein müsse. Es müsse etwas Offenes sein, etwas noch nicht Geformtes. Ja, kognitiv, begrifflich ist es nicht geformt. Aber es ist vom Leben her geformt und daher ist es genauer. Diese kreisende Geste mit dem Arm und diese körperliche Bedeutung, die da zum Sprechen kommen will, die sind genauer. Es können verschiedene Sätze kommen und manche davon mögen sehr schön sein, aber sie sagen »es« nicht. Sie sagen es nicht genau genug, sie sagen etwas anderes. Und dieses »es«, dasjenige, was da zum Sprechen kommen will, das hängt noch »in der Luft«.

Die mehr als geformte Genauheit

Das, was ich eben gesagt habe, war die Antwort auf eine Frage. Die Frage selbst habe ich noch nicht gestellt. Die Frage ist: Wie weiß der Dichter, welche der Zeilen, die ihm gekommen sind, er wählen soll, um sie dem Gedicht hinzuzufügen? Und welche er wegwerfen muss? Und welche er aufheben soll, weil sie wirklich gut, aber dennoch nicht für *dieses* Gedicht geeignet sind? Wie weiß der Dichter, ob das, was er sagen will, wirklich ausgesprochen wurde? Das ist der Punkt, den ich mitnehmen will für alles Weitere, das ich noch zu sagen habe.

Der Dichter weiß das, weil das, was zum Sprechen kommen will, noch hängt. Und wenn dann endlich Zeilen kommen, die das, was hängt, aussprechen, fließt es in diese Zeilen hinein. Dann sagt der Dichter typischerweise: »Das, was ich jetzt geschrieben habe, ist das, was vorher dieses ›Äh...äh...äh...‹ (dieses Stocken, dieses Hängenbleiben) gewesen ist.« Eigentlich ist das aber nicht ganz richtig ausgedrückt, denn diese jetzt stimmigen Zeilen waren vorher nicht da, sie waren nicht »drinnen«. »Es« war noch nicht gesprochen, »es« war noch nicht geformt, noch nicht begrifflich, in Worten, geformt. *Und doch war »es« genau genug, um alle anderen Zeilen zu verwerfen.*

Ich habe hier als Beispiel den Dichter gewählt, weil wir alle die Dichter glücklicherweise hoch achten – uns gegenseitig aber leider nicht immer. Genau dasselbe wie für den Dichter gilt natürlich auch für den Klienten in einer Psychotherapie, nicht? Der Klient oder die Klientin kommt und erzählt. Er oder sie legt das Problem dar und sagt alles, was er/sie sagen kann. Und dann kommt der Moment, in dem er/sie nichts mehr sagen kann – und das Problem ist noch immer da. Der Klient ist an der Grenze, an dieser Grenze, an der auch der Dichter war, und hier, an dieser Grenze, beginnt die wirkliche therapeutische Arbeit.

Der Klient kann sein ganzes Problem erklären, seine ganze Vergangenheit ausbreiten – und dann kommt dieser Moment, an dem nichts mehr gesagt werden kann. Wenn der Klient scheu ist, denkt er sich vielleicht: »Um Gottes willen, ich muss irgendetwas finden, damit ich weiterreden kann; ich darf doch nicht einfach still sein und schweigen.« Sobald er aber weiß, dass er still sein darf, ist der Anfang da, an dem die eigentliche Therapie beginnt.

Was ich da sage, ist natürlich *Focusing* – als Anwendung dieser Philosophie. Im Focusing hilft man jemandem nicht nur, an dieser Grenze still zu sein, sondern auch, die eigene Aufmerksamkeit auf diese Grenze zu richten, auf diese Grenze, an der mehr ist, aber dieses Mehr ist noch nicht in Worten da, noch nicht gesprochen, noch nicht begriffen, noch nicht gesagt.

Und so wie beim Dichter *kommt* auch für den Klienten *an dieser Grenze etwas.* Es kommt nicht nur eines, nicht nur eine nächste Zeile, sondern viele kleine Schritte. Denn wenn einmal die eine Zeile für dieses Nächste da ist, *ändert sich die Ganzheit dieses ganzen Gedichtes, und die dann folgende Zeile ist wieder anders, als man vor zwei Zeilen hätte denken können.*

So geht es mit jedem frischen Denken. Daher sind wir immer froh, wenn wir eine solche Grenze finden. Im Denken, in der Theorie, in der Philosophie können wir immer etwas gut Etabliertes, etwas, das man ohnehin schon in der Bibliothek hat, aufschreiben. Aber wir werden froh, wenn wir an eine solche Grenze kommen, an der wir das noch nicht können. Da sagen wir dann: »Irgendetwas habe ich da beim Schwanz gepackt; ich weiß noch nicht, was es ist, ich kann es noch nicht gut ausdrücken, aber irgendetwas ist da.«

Heidegger sagt, die Dichter und die Philosophen kämen aus derselben Quelle. Diese Quelle ist natürlich nicht irgendeine Schachtel, in der Dinge drin sind. Die Quelle ist diese *mehr als geformte Genauheit.* So würde ich das sagen. Die Quelle ist nicht ein undeterminiertes Irgendetwas, sondern gerade *etwas, das etwas ganz Genaues verlangt.*

Das erste Stadium des frischen Denkens

Jetzt frage ich: Wie kommt es, dass mein Arm weiß, was ich sagen will, ich aber nicht? Wieso kann ich sagen: »Nein, das ist es nicht, und das ist es auch nicht«, und doch kann ich nicht sagen, was es ist? *Es ist ein körperliches* ..... Ich wollte sagen, ein körperliches »Wissen«, aber das kann man so nicht sagen. Soll ich sagen: »Wahrnehmung«? Das wird auch nicht gehen. Soll ich sagen: ein »körperliches Denken«, ein »körperliches Wollen«, ein »körperliches Fühlen«? Alle diese Worte gehören zu bestimmten Anschauungen, zu bestimmten Theorien. Und die passen, als ganze Theorien, alle nicht zu dem, was ich sagen will.

So muss man sich, wenn man etwas Neues denkt (fühlt, erlebt, hat, ist, ...), daran gewöhnen, zunächst stark genug zu sein, alle möglichen Worte abzulehnen. Das ist das erste Stadium des frischen Denkens.

Ich habe drei Stadien. Zuerst müssen meine Studenten stark genug sein, die alten Worte alle abzulehnen. Denn in dem Moment, in dem sie eines dieser Worte annehmen, fallen sie in das Wort hinein – und damit in die Theorie, zu der dieses Wort gehört. Man muss zuerst so trotzig sein können zu sagen: Alle die alten Worte, die gehen nicht. Auf diese Weise kann man *das Eigene, das kommen will, behalten.* Das ist das erste Stadium des frischen Denkens. Das ist sehr schwierig. In der nächsten Woche kommen nämlich meine Studenten meistens und sagen: »Ah, das ist das, was Sartre mit ›Soundso‹ gemeint hat ...« oder »Das ist ja, was Heidegger ...« oder »Das ist ja so und so«. Man gibt gern schnell auf. Wenn man aber etwas Wirkliches hat, etwas, dem man wirklich begegnet ist, etwas, das wirklich echt aus der Praxis, aus dem Leben, aus dem Lesen oder aus dem Denken kommt, dann sieht man: Das ist eigentlich nicht genau das, was Sartre oder Heidegger schon gesagt hat. Eigentlich hat es noch niemand gesagt, und, mehr als das, man kann es ja noch gar nicht sagen. Denn all die bekannten Worte gehören zu etwas anderem.

Das zweite und dritte Stadium

Wenn man das einmal kann, kommt das zweite Stadium. In diesem zweiten Stadium kann man darauf bestehen, dass *die Worte das bedeuten, was man sagen muss und sagen will.* Man dreht die ganze Geschichte um: Ein bestimmtes Wort bedeutet nicht das, was es gewöhnlich bedeutet, sondern etwas anderes. Es wird nicht mehr gewöhnlich benutzt. *Ich* benutze es.

Wenn ich also »körperliches Wissen« sage, müssen Sie verstehen: Er meint ja nicht »Wissen« im gewöhnlichen Sinn; er meint dieses »Äh...äh...äh...«, das etwas »weiß«. Auf diese Weise kann man nun wieder alle Wörter benutzen. Das ist das zweite Stadium. Ich kann jetzt z. B. sagen »körperliches Denken« und Sie werden alle wissen, was ich meine. Oder ich kann sagen, ein »Arm-Denken«, und Sie werden alle wissen, was ich meine. *Was immer ich da jetzt sage, wird aus dieser Erfahrung, aus diesem Erleben kommen und aus und von diesem Erleben sprechen – und so kann ich jetzt alle Worte benutzen.* »Fühlen« ist jetzt nicht mehr Emotion, sondern es ist »äh…äh… äh…«. Ich stehe auf eine bestimmte Weise im Leben und von dort aus habe ich etwas in mir, das zum Sprechen kommen will. Wie immer ich es jetzt nenne, Sie werden nun wissen, was ich da meine, nicht wahr? Wir sind jetzt im zweiten Stadium.

Nun kommt ein drittes Stadium. Man beginnt zu entdecken, dass jedes Wort von dort (von diesem .....) sprechen wird und dass *jedes Wort von dort etwas Spezielles mitbringt.* Das eine Wort bringt *dieses* Spezielle von dort mit, ein anderes etwas *anderes* Spezielles. Wenn ich z. B. sage »körperliches Denken«, bringt dieses Wort »Denken« etwas hervor und mit, das hier wichtig ist. Denn dieses Dort-an-der-Grenze-Verweilen ist eine Art Denken – und es ist das echteste Denken. Und so ist »Denken« ein Wort, das *das* bringt. Wenn ich »Fühlen« sage, bringt es *das* nicht. Deshalb muss ich das Wort »Denken« behalten, aufheben. Wenn ich »Fühlen« sage, bringt das etwas anderes. Es bringt z. B. eine Art von lebendig Da-Sein. Das ist auch wichtig und gehört zu dem »Äh…äh…äh…« oder dem ».....« dazu.

Im dritten Stadium benützt man verschiedene Worte und jedes trägt etwas anderes bei – *und immer etwas Neues.* Die Unterschiede zwischen Denken und Fühlen, die es in der alten Theorie gab, sind jetzt nicht mehr da. »Denken« bringt jetzt etwas, und »Fühlen« bringt auch etwas, und zwar *aus demselben Erlebnis.* Die alten Probleme sind nicht mehr da. Jetzt gibt es einen neuen Unterschied zwischen Denken und Fühlen. Das ist aber ein anderer als der alte. Dieser neue Unterschied ist kein Problem – wenn man daraus nicht ein Problem machen will –, denn »Denken« bringt, in diesem Moment, etwas und »Fühlen« bringt, in diesem Moment, auch etwas. Wenn aus ein und demselben Erlebnis heraus Verschiedenes kommt, erzeugt das keinen Gegensatz, denn *das eine* Erlebnis ist da. Als *Konzepte* werden beide Worte wieder Gegensätze; solange das Erleben aber beibehalten wird, sind sie nicht Gegensätze.

Nun, dieses Wort »bringt« (bringt mit, bringt hervor, ...) ist natürlich in derselben Situation wie die Worte »Denken« und »Fühlen«. Ich kann das, was dieses Wort »bringt« meint, auf viele verschiedene Weisen ausdrücken und jede Weise wird etwas Spezielles bringen – und in jeder Weise wird man eine bestimmte alte Philosophie erkennen können. Wenn ich sage »was die Worte aus dem Erleben heraus-

ziehen«, klingt das so, als ob das alles schon so, wie es dann herauskommt, drinnen wäre. Wenn ich sage »was die Worte in dem Erleben machen«, klingt das nach Konstruktion. So meine ich es aber nicht. Ich könnte auch sagen »was die Worte für einen Effekt auf das Erleben haben«, oder »Worte setzen etwas zusammen, sie schaffen etwas im Erleben«, oder »sie differenzieren das Erleben«. Ich könnte sagen »was die Worte dem Erleben ..... (antun)« und ich kann es auch umdrehen und sagen »wie das Erleben die Worte dirigiert«.
Ich möchte nicht gerade, dass Ihnen schwindlig wird, aber ich möchte schon, dass Sie sehen, dass ich an jeder Stelle jedes Wort »herausziehen« und sagen kann: »Dieses Wort, das ich da benützt habe, das bringt eine ganze Philosophie.« Wir könnten auch ein anderes Wort an diese Stelle setzen, und das brächte dann eine andere Philosophie. Wenn man aber nur Worte und Philosophien hat, dann hat man Relativismus, und alles geht verloren. Aber wir haben ja nicht nur Worte und Philosophien. *Wir haben auch* ..... .

Zwei gegenwärtige Vereinfachungen

Was ich Philosophie nennen will, sind also nicht nur die Begriffe, sondern die Begriffe *im lebendigen Verhältnis* zum Leben oder zur Praxis oder zum Dichten oder zum Denken. Wenn man das so sagt, kann man an der Verschiedenheit der verschiedenen Philosophien und der verschiedenen Theorien und der verschiedenen kognitiven Strategien *vorbeigehen* und *man kann sie auch alle benützen,* ohne in Relativismus zu verfallen, ohne sagen zu müssen: »Wir erfinden alles, gar nichts ist da«, aber auch ohne zu glauben, dass alles schon gegeben sei, dass alles schon fixiert, schon da sei – und wir müssten das Gegebene nur ablesen und bloß darüber berichten.
Das sind die zwei Vereinfachungen, die heute existieren. Nachdem man sich ziemlich darüber geeinigt hat, dass man nicht mehr sagen kann, wir würden einfach zum Fenster hinausschauen und dann berichten, was dort draußen sei und das sei dann die empirische Basis, ist man nun zur ganz entgegengesetzten Seite geschwenkt. Jetzt herrscht die Mode zu sagen, alles werde konstruiert und nur erfunden. Was man sage, sei nur so eine Geschichte, in Wirklichkeit sei gar nichts da. Denn man glaubt, dass man in dem Moment, in dem man sagt, es sei etwas da, wieder in das andere Extrem verfalle: in einen

einfachen und naiven Empirismus; man sei so dumm zu glauben, man könne einfach nur schauen und berichten.
Und doch hat die Philosophie schon von Anfang an, schon bei den Griechen, gewusst, dass man nicht einfach berichten kann, weil das Anschauen und Zuschauen und Berichten immer schon von Begriffen durchdrungen, determiniert ist. Aber die alten Griechen wussten auch: Das, was da ist, ist nicht vollständig durch die Begriffe determiniert. So kann man weder sagen »Ich fotografiere die Welt so, wie sie ist, und erhalte dadurch eine genaue Landkarte«, noch kann man sagen »Es ist nichts da und wir können alles erfinden«.
Wenn ich das so krass sage, ist ziemlich klar, dass wir das eine nicht wollen und das andere nicht wollen. Was wir wollen ist das, was *dazwischen* ist. Da ist es interessant, denn das kommt aus der Erfahrung der Grenze. Von diesem Grenzerleben kommen immer neue Schritte, neue Denkwege und auch neue Heilungsschritte, denn *an dieser Grenze hat man es mit einem Organismus, mit einem Körper zu tun.* Dieser Körper lebt und will leben; wenn er nicht auf das Leben eingestellt wäre, wäre er schon tot.
So kann man weder sagen, es sei alles undeterminiert und daher könne sein, was immer man wolle, noch kann man sagen, es sei alles schon geformt und schon geschehen. Es ist viel wunderbarer als das, denn es geschieht wirklich etwas, es geht wirklich etwas vor, es lebt etwas. Wenn nämlich alles schon determiniert wäre, so wie eine Geschichte, die schon geschrieben ist, und wir müssten das entsprechend der schon geschriebenen Geschichte einfach nur durchmachen, wäre das sehr langweilig. Und wenn alles nur erfunden wäre, auch.

Das Gemeinte ist immer komplizierter als die Worte, die es aussprechen

Es ist ganz klar, dass es nicht so ist. Nur in der Philosophie ist es manchmal so. Es ist ganz klar, dass es aus dem Körper, aus dem Erleben selbst kommt. Aber »Körper« heißt jetzt nicht mehr Körper. Er ist nicht mehr eine Maschine wie in der Physiologie, gleichsam ein Wagen, ein Automobil, mit dem man herumfährt. »Körper« ist jetzt, was dasitzt, was mich anschaut. Solange ich spreche, haben Sie nicht die innerliche Ruhe, um eigene Gedanken und Worte zu haben; meine Gedanken und Worte sind dort bei Ihnen drinnen – *und doch sind Sie da, lebendig.* Das ist das, was jetzt »Körper« heißt. Und diese neue Bedeutung *erweitert* das, was »Körper« vorher geheißen hat, denn wir sind noch immer die Körper, die die Mediziner analysieren können. Aber der *von innen gefühlte* Körper ist immer mehr und genauer und gibt genauere Resultate. Was immer wir studieren, ist genauer und gibt genauere Resultate.

»Was wir studieren« – wenn ich diese Worte herausnehme, dann habe ich Platz zu fragen, was dieses Was ist: die Wirklichkeit ... hm ..., die Erfahrung ... hm ..., die Welt ... hm ..., die Situation ... hm ..., der andere Mensch ... hm ..., ich selbst ... hm ...? *Das Gemeinte ist immer komplizierter, subtiler als das, was immer diese ganze Wort-Serie meint, als die Begriffe und die begrifflichen Strategien, die wir haben.* Deshalb muss es eine Bewegung, ein Verhältnis, ein Hin-und-Her geben zwischen dieser Serie (Leben, Praxis, Situation, Welt, ...) und den Begriffen. Zwischen den Begriffen und dem Leben muss es hin und her gehen, und es geht auch hin und her.

Wir wohnen nicht auf Millimeterpapier

Bis jetzt habe ich nur von der Hin-Seite gesprochen, von der Seite des Lebens, und gesagt, sie sei genauer und sie bringe Denk-Schritte und Heilungs-Schritte. Ich muss jetzt auch auf die andere, die Her-Seite, gehen, sonst geht das Her verloren. Ich muss sagen: Die Logik ist auch ungemein wertvoll. Man kann, sagen wir, 39 Schritte nur mit der Logik gehen und kommt dadurch auch irgendwo hin, an einen ganz neuen Platz. Wir haben die Meridiane auf der Erdkugel zwar *erfunden*, aber sie machen es möglich, von Wien aus zu irgendeinem Dorf im Kongo zu kommen. Da muss man ganz genau kalkulieren. Oder: Sie möchten gern wissen, wieviel Geld Sie auf der Bank haben. Da muss man die Mathematik genau kennen, mit ihren Zahlen, diesen kleinen Einzeldingen, die alle gleich sind und die man zählen kann.

Wenn man mit der Logik eine Reihe von Schritten geht, kommt man irgendwo an einem bestimmten Punkt wieder heraus. Wo ist man dann? Natürlich wieder im Leben! *Und dort muss man sich dann umschauen.* Man darf das Resultat der Logik oder der Wissenschaften nicht einfach so hinunterschlucken, wie man es von der Logik oder den Wissenschaften bekommt. Die Logik und die Wissenschaften ändern unser Leben und schenken uns alle möglichen Denkweisen und bringen uns zu ganz neuen Plätzen, an denen sich alles mögliche Neue öffnet. Aber dort, an diesen neuen Plätzen, an denen man nach dem Gehen von logischen Schritten herauskommt, muss man sich umschauen. Man darf nicht glauben, man lebe in einer Welt, die von der Wissenschaft definiert sei. Sonst wäre das so, als würde man auf diesem karierten Papier mit den kleinen Kästchen, auf Millimeterpapier, wohnen. Aber da wohnen wir nicht. Und doch ist das Millimeterpapier wichtig und bringt uns neue Unterscheidungen.

Ohne die Logik geht alles verloren und nur mit der Logik geht auch alles verloren. Eine bestimmte Gruppe von Philosophen sagt jetzt, Logik allein existiere nicht, es sei immer etwas um die Logik herum da, das aber bloß angenommen würde und deshalb sei die Logik nichts wert. Ich sage: Nein, das sind zwei verschiedene Dinge, die Logik und das Leben, die Logik und das, was um die Logik herum ist. Die Logik muss mitgenommen werden – und dann wollen wir in das hineingehen, das um die Logik herum ist – in das Implizite, in das, was noch nicht ausgesprochen ist. Dort wollen wir hineingehen und darüber nachdenken. Ich könnte darauf mehr eingehen, aber ich kann jetzt nicht, weil ich bald zu Ende kommen muss.

Die Sprache eines Computers und die natürliche Sprache unterscheiden sich

Ich muss aber wenigstens noch kurz andeuten, dass es da eine ganz komplizierte Angelegenheit gibt. Die betrifft den Unterschied zwischen der Logik und dem, wie wir wirklich denken und sprechen. Denn wir denken und sprechen so – das hat Wittgenstein sehr schön gezeigt –, dass ein bestimmtes Wort in einer jeweiligen Situation jeweils anders benützt wird. Es kann dasselbe Wort sein, aber es hat in jeder bestimmten Situation einen neuen, frischen Wert. Ich habe das schon an dem Wort »Körper« gezeigt. Die gewöhnliche Sprache funktioniert auch so. Die gewöhnliche Sprache wird nicht richtig verstanden, wenn wir sagen, sie bestünde nur aus allgemein gültigen Worteinheiten. Die gewöhnliche Sprache funktioniert so, dass die Menschen in der Situation wissen, was du gemeint hast. Im Wörterbuch würde man diese Wortbedeutung nicht immer finden.

Weil das so ist, brauchen wir ein spezielles Konzept. Ich kann das hier nur andeuten. Dieses Konzept nenne ich *»kreuzen«*. Dieses Konzept kommt von Dilthey. Das Wort und die Situation, in der das Wort ausgesprochen wird, kreuzen sich. Der Kontext (die Umgebung, die Situation, ...), in dem man die Worte gebraucht, kreuzt sich mit den gebrauchten Worten und *das Ergebnis dieses Kreuzens ist frisch.* Das können Computer nicht. Das ist der große Unterschied zwischen der Sprache eines Computers und der natürlichen Sprache.

Woher mein Denken kommt

Ich bin jetzt fertig; ich habe ohnehin schon zu viel gesagt. Ich möchte Ihnen nur noch sagen, von wo das alles herkommt. Größtenteils kommt es von Dilthey. Von ihm habe ich zwei revolutionäre Sachen bekommen. Dilthey hat diese ganze Geschichte mit »wir sind hier und die Wirklichkeit ist dort draußen, und dann erzählen wir über diese Wirklichkeit oder deuten und interpretieren sie« weggeworfen und gesagt: Jede Deutung von irgendeinem Aspekt des Lebens ist eigentlich ein *Weiterleben.* Wenn man etwas erklärt, ist es nicht so, dass das, was man erklärt, ein Ding wäre, das einfach nur irgendwo herumsteht. Nein, es ist irgendetwas Lebendiges, und es zu erklären ist ein Weiterleben des Lebendigen. Und umgekehrt: Das Leben an sich ist ein Erklären und ein Deuten. Denn es kann nicht einmal eine Schnecke leben, ohne die Situation, in der sie lebt, zu ändern und auf irgendeine Weise zu entdecken oder zu erfinden.

Aber »entdecken« und »erfinden« sind wieder die zwei Vereinfachungen, von denen ich gesprochen habe. Wir brauchen jetzt einen Empirismus, der weder entdeckt (das, was einfach da, gegeben ist) noch einfach erfindet (weil gar nichts da ist und man daher erfinden kann, was immer man will). Das muss ein neuer Empirismus sein, der anerkennt, dass wir immer *mehr* Komplikationen, immer *mehr* Verwickeltes zurückbekommen, wenn wir fragen und forschen. Es ist weder ein »Entdecken« noch ein »Erfinden«, *sondern immer ein neues Weiterleben.* Das kommt von Dilthey. Er war nicht mehr in diesem Subjekt-Objekt-Gegensatz gefangen oder verloren.

Heidegger hat das auch so ähnlich gefunden: das »In-Sein«. Der Mensch ist ein »In-der-Welt-Sein«. Aber er hat das dann hinter sich gelassen. Er hat die Philosophie nicht weiter in dem In-der-Welt-Sein betrieben. Das hätte er aber sollen, meiner Meinung nach.

Man kann auch sagen, ich habe alles von Husserl und den Phänomenologen. Husserl hat die »Subtilität«*, von der ich spreche, entdeckt. Er hat entdeckt, dass unter den gewöhnlichen Konzepten – die Vereinfachungen sind, aber trotzdem gewöhnlich als Philosophie anerkannt werden – diese Subtilität ist. Wenn man in diese Subtilität hineingeht, ist alles viel lebendiger. Husserl hat allerdings geglaubt, er könne – wie Adam – alles beschreiben und alles benennen und irgendwann würde er damit fertig werden. Er wollte alles auf eine einzige Weise beschreiben. Das war schwierig und geht auch nicht. Auch Descartes hat geglaubt, er könne die Wissenschaft zu Ende bringen: »Wenn mich die Leute nur zwei Jahre in Ruhe ließen, würde ich die Wissenschaft schon fertig bringen.« Ähnlich wie Husserl dachte er, das sei so wie mit der Geometrie.

Ich kann auch sagen, alles komme von Merleau-Ponty, der den Körper in die Philosophie gebracht hat. Er sagte, der Körper sei so etwas wie eine Vorbestimmung, etwas, ohne das man nicht weiterkommt. Aber er hat dann doch auf die Wahrnehmung gesetzt. Ich kann das jetzt nicht weiter ausführen, doch: *Die Wahrnehmung ist nicht der richtige Ort, um anzufangen. Anfangen müssen wir mit dem Körper und nicht mit der Wahrnehmung.* Denn die fünf Sinne sind so wie fünf Löcher in einer Wand, durch die man schaut. Aber der Körper ist viel mehr als die fünf Sinne. *Der Körper lebt konkret als Interaktion mit der Welt.* Er sitzt auf einem Sessel und er schwitzt, weil es zu heiß ist, und er atmet die Luft ein und isst und geht aufs Klo usw. Der Körper lebt, der Körper erlebt und lebt die Situationen, in denen wir sind. Der Körper ist nicht nur ein Ding im Raum, das drei Dimensionen hat.

Und wenn Sie jetzt ein unangenehmes Gefühl haben, weil Sie mich nicht ganz verstanden haben, dann sind Sie ein philosophischer Körper, der jetzt philosophische Probleme und Unklarheiten hat. Dieses Gefühl haben Sie jetzt wahrscheinlich, und damit höre ich auf.

Weiterführende Literaturempfehlungen:

Gendlin, E.T. (1996). *Experiencing and the Creation of Meaning. A Philosophical and Psychological Approach to the Subjective.* Evanston: Northwestern University Press

Wiltschko, J. (Hg.) (2008). *Focusing und Philosophie. Eugene T. Gendlin über die Praxis körperbezogenen Philosophierens.* Wien: Facultas

* Gendlins Begriff *intricacy* hat H. J. Schneider mit »Subtilität« übersetzt. (Dt. Zeitschr. f. Philosophie 4, 1993, S. 693 ff)

5. Focusing-Traumarbeit

Träume kommen von der anderen Seite

Eigene Träume kann man zunächst selbst nicht deuten

Schon lange bevor ich Focusing gefunden habe, als Student und sogar noch davor, habe ich angefangen, mich viel mit meinen Träumen zu beschäftigen. Ich bin damals nicht sehr weit gekommen, aber ein bisschen schon. Die ganze Felt-Sense-Focusing-Geschichte hat verschiedene Quellen in meinem Leben, und die Träume sind eine davon. Ich habe mich nämlich schon damals sehr gewundert, wie es sein kann, dass man aufwacht und weiß, man hat einen Traum gehabt, aber der Traum ist nicht mehr da. Irgendetwas muss aber doch da sein, sonst wüsste man das nicht. Was *ist* da? Da ist ein komisches Gefühl im Körper. Wenn man dieses Gefühl, das vom Traum übrig geblieben ist, betastet, kommt manchmal der ganze Traum wieder. Wie war nur dieser ganze Traum in dieses komische Gefühl hineingepfercht? Es hat mich immer sehr gewundert, wie das möglich ist.

Dieses komische Gefühl habe ich später »Felt Sense« genannt. Und von diesen Traum-Felt-Senses ausgehend habe ich dann eigentlich erst langsam begonnen zu bemerken, dass das auch mit sehr komplizierten Dingen so ist wie mit den Träumen. Man kann ein ganzes Buch lesen, und wenn man dann fertig ist, hat man das *Gefühl,* das Buch zu kennen.

Mit Focusing ist es mir dann mit den Träumen schon ein bisschen besser gegangen. Dennoch kam ich mit meinen *eigenen* Träumen nicht sehr weit. Mit der Zeit habe ich festgestellt, dass man die eigenen Träume deshalb nicht deuten kann, weil man sie immer aus einer gewohnheitsmäßigen, gleichförmigen Perspektive betrachtet und daher im Vorgang des Deutens immer dieselbe Art von Bedeutungen über den Traum darüber legt. Viele Jahre lang habe ich immer gesagt: Wenn ich dieses Problem einmal lösen kann, schreibe ich ein Buch über Träume. Ich konnte es lange nicht lösen.

Irgendwann habe ich dann endlich verstanden, dass ein Veränderungsschritt nicht nur aus der Richtung kommen kann, aus der man ihn erwartet, sondern auch aus der *entgegengesetzten* Richtung. Das habe ich dann theoretisch ausgearbeitet. Ich habe den *bias* (Voreingenommenheit), also das Phänomen, warum man den eigenen Traum nicht deuten kann, in die Deutungsmethode selbst eingebaut. Jetzt kann man von vornherein wissen: Ich werde den Traum missdeuten, daher muss ich mich fragen, was die *entgegengesetzte* Richtung ist. Wenn ich z. B. hinsichtlich eines Traumaspektes fühle »Ich hasse das, das ist etwas Schlechtes«, wird wahrscheinlich *von dort* ein Schritt kommen. Ich kann mir nicht ausmalen, wie und welcher Schritt das sein wird, aber er wird von dort kommen. Diesen methodischen Schritt habe ich *bias control* (Voreingenommenheitskontrolle) genannt und in meinem Traumbuch* genau beschrieben.

Das Wichtigste ist, den Traum gern zu haben

Das erste, das wir gewöhnlich tun, wenn wir von einem Traum aufwachen ist, dem Traum eine schlechte Bedeutung zu geben: »Der Traum bedeutet, dass ich krank werde oder sterben muss.« Und so fühlen wir uns dann auch. Wir, auch wir Therapeuten, hängen unseren Träumen sehr schnell eine miserable, negative Deutung an. Man muss wissen, dass das nicht die richtige Deutung ist.

Die meisten Leute glauben, ihre Träume seien verrückt, und sie haben Angst vor ihnen. Bevor uns also jemand einen Traum erzählt, hat er gewöhnlich zu sich selbst schon alles mögliche Schreckliche über seinen Traum gesagt. Es ist daher wichtig – nicht nur in der Therapiestunde, sondern überhaupt –, einen Traum immer frisch und neu anzuschauen und zu sehen: Es muss ja nicht so sein, der Traum muss ja diese negative Bedeutung gar nicht haben.

Der Traum ist ein Stück vom Inneren, ein Stück des größeren Systems, das wir auch sind. Wir sind zum einen ein kleines System, das wir ganz gut kennen, aber wir sind zugleich auch ein viel größeres System, das wir gar nicht kennen. Und der Traum kommt von diesem größeren System. Wenn man sich mit den Träumen vertraut macht, auch wenn man sie nicht versteht, wird das Verhältnis zur inneren Tiefe, zu diesem größeren System oder wie immer wir das nennen wollen, besser.

---

* Gendlin, E. T. (1987). *Dein Körper – dein Traumdeuter.* Salzburg: Otto Müller

Daher möchte ich als erstes über Träume sagen: *Das Wichtigste ist, den Traum gern zu haben und mit ihm gut umzugehen.*
Dass die Arbeit mit einem Traum angenehm ist, ist wichtiger als einen einzelnen Traum zu interpretieren. Und das hat auch noch einen anderen Grund. Man träumt nämlich in jeder Nacht zwei Stunden und man hat immer noch einen Traum und noch einen Traum. Das Träumen hört nicht auf. Ob man also genau *diesen* Traum interpretiert, ist nicht so wichtig. Wenn aber die Beschäftigung mit diesem Traum angenehm war, wird man sich schon auf den nächsten Traum freuen und zu ihm eine bessere Beziehung haben.
Es ist gut, sich über einen Traum zu freuen. Denn er ist eine Nachricht *von der anderen Seite* von einem selbst. Ich erzähle dazu oft die folgende Metapher: Stelle dir vor, du bekämst einen Brief aus einem weit entfernten Land, sagen wir aus China. Der Brief kommt von der anderen Seite der Welt, aber du weißt nicht von wem und du kannst ihn nicht lesen. Wenn du diesen Brief einfach wegwirfst (und die Person, die dir geschrieben hat, erfährt das auf irgendeine Weise), dann kommt kein zweiter Brief. Wenn du diesen Brief aber aufhebst und ihn von verschiedenen Seiten betrachtest, siehst du plötzlich alle möglichen interessanten Dinge, auch wenn du sie nicht gleich verstehst. Und wenn du den Brief in der Tasche mit dir herumträgst, ihn hin und wieder herausziehst und dir anschaust (und die Person in China erfährt davon), wird sie sicher noch einen Brief schreiben. Und vielleicht sogar einen klareren.
So ist es mit den Träumen. Das, was Ihnen einen Traum schickt, ist ja *auch da* und bekommt mit, wie Sie mit dem Traum umgehen. *Wie* man sich zum Traum verhält, *macht daher einen inneren Unterschied.* Es ist wichtiger, sich mit dem Traum gut zu unterhalten, ihn gerne zu haben, herauszufinden, wie interessant er ist, als den Traum zu deuten.
Wenn man einen Klienten also so weit bringt, dass er den Traum als angenehm empfindet, ist das schon ein erster, sehr wichtiger Schritt. Deshalb macht es keinen Sinn, mit dem Traum eines Klienten, den man noch nicht gut kennt, eine Stunde lang schwer zu arbeiten, um ihn zu deuten. Denn es ist zunächst wichtiger, dass der Klient von dem Stadium »meine Träume sind doch verrückt« zu dem Stadium kommt »wie interessant ist doch mein Traum, so etwas könnte ich doch selbst gar nicht erfinden«.

Wenn ich mich hinsetze und etwas Tolles erfinden wollte, könnte ich es niemals so gut wie meine Träume. In fast jedem Traum geht etwas vor, von dem ich noch nie gehört habe. Der Traum zeigt z. B. eine Hochzeit, aber *hinten* in der Kirche, nicht vorne. Wer hätte sich je so etwas ausgedacht! Im Traum ist immer mehr da, als man sich selbst hätte ausdenken können.

Es ist nicht schwer, jemandem zu zeigen, dass der Traum etwas ist, das man gerne haben kann. Ich brauche nur zu sagen: »Ah, eine Decke ist in deinem Traum herumgegangen? Wie interessant! Träume sind doch wunderbar!« Ich warte, bis mir dieses Gefühl wirklich kommt, weil ich das nicht künstlich sagen will. Und so ein Gefühl kommt mir sehr oft und dann drücke ich das auch aus. Und selbst wenn ich es nicht so direkt sage, vermittelt sich diese Haltung natürlich auch, wenn wir einen Traum interessiert hin und her wenden und von allen möglichen Seiten anschauen.

Das Wissen, dass *das* das erste Ziel ist, macht die Traumarbeit leicht. Das könnt ihr alle auch.

Wozu brauchen wir die Arbeit mit Träumen?

Ich muss jetzt erklären, warum es für jemanden, der Focusing kennt und anwendet, wichtig ist, mit Träumen zu arbeiten.

Focusing alleine ist keine Therapie. Focusing ist ein Zentrum, das jede therapeutische Methode echter macht. Was immer ihr als Therapeuten macht, es wird echter und besser herauskommen, wenn ihr es mit Focusing macht. Aber Focusing hat auch bestimmte charakteristische Begrenztheiten, und deshalb suche ich immer, was das Focusing ergänzen kann. Ich möchte, dass ihr das auch tut. Wir müssen das Focusing ergänzen. Das Focusing ist zentral, aber allein selig machen tut es nicht.

Eine dieser Begrenztheiten wird durch die Traumarbeit aufgehoben. Wir wollen im Focusing auch die anderer Seite – oder das sogenannte »Unbewusste« oder »den Körper« oder »den Organismus« oder »das Universum« oder wie immer wir das nennen wollen. Seht ihr, wie ich das mache? Ich stecke alle diese Konzepte hinein, dann nehme ich sie wieder heraus.

Focusing und das Klientenzentrierte – und Focusing ist ja klientenzentriert, ein Mit-sich-selbst-klientenzentriert-Sein sozusagen – gehen von innen aus, sie gehen von innen Schritt für Schritt vorwärts. Aber ein Traum kommt von ganz woanders, so scheint es wenigstens, und von innen kann man ihn zunächst oft gar nicht verstehen. Wenn man von einem anderen, sagen wir von einem Psychoanalytiker, eine Deutung bekommt, ist mit ihr oft schwer etwas anzufangen. Aber wenn ein Traum in dieser Nacht vom eigenen Körper kommt, der etwas von der anderen Seite bringt, hat man beides: das Eigene und die andere Seite. Mit dem Focusing kommst du nicht auf die andere Seite, es bleibt immer auf deiner Seite und geht von dir aus langsam vorwärts. Weil es von innen kommt, haben wir Focusing ja auch so gerne. Es kommt immer noch ein Schritt und noch ein Schritt von der Stelle, an der wir wirklich sind. Aber der Traum kommt von der anderen Seite, die wir auch irgendwie sind, aber nicht sehen oder kennen. Wenn man dann mit dem Traum arbeitet, stellen sich meistens schnell Verbindungen her, die man körperlich fühlen kann. Es kommen im Körper Schritte, die man haben will.

Die Traumarbeit ergänzt also das Focusing auf eine Art und Weise, in der wir auf der anderen Seite von uns arbeiten können.

Wie wir Konzepte benützen

Ein Teilnehmer: Sie haben gesagt, Focusing komme von innen und die Träume von außen. Kommt aber nicht beides aus meiner Mitte? Ich glaube, beides kommt aus derselben Quelle. Nur, die Verbindung zu den Träumen herzustellen ist das Kunststück.

Ich antworte Ihnen: Ja, Sie haben Recht. Aber habt ihr nicht alle bemerkt, dass er das Gegenteil dessen sagt, was ich vorher gesagt habe? Wie kann ich ihm dann Recht geben?

An diesem Beispiel kann ich jetzt ein philosophisches Prinzip klar machen, das mir sehr wichtig ist. Was er sagt, ist zwar das Gegenteil, aber nur das Gegenteil von dem *Konzept, das ich benützt habe.* Ich habe gesagt, Focusing komme von innen und die Träume von der anderen Seite. Jetzt muss ich mein Konzept beiseite legen, damit ich erreichen und verstehen kann, wovon *er* spricht. Da bemerke ich gleich: Natürlich kommen die Schritte des Focusing und die Träume aus der Tiefe, aus der eigenen Mitte. Wenn ich das zugestehe, weiß ich jetzt aber nicht mehr, wie ich das, was ich vorher sagen wollte, ausdrücken kann.

Den Unterschied, den ich mit »Focusing von innen« und »Träume von der anderen Seite« benannt habe, will ich nicht verlieren. Jetzt weiß ich nicht, wie ich das Papier schneiden soll, damit es so herauskommt, dass wir beides haben können. Konzepte schneiden, sie machen aus einem Ganzen Stückchen. Wir müssen die Stückchen, die Konzepte immer wieder weglegen und das ganze Stück Papier betrachten, damit wir es dann wieder anders schneiden können. Alles, was wirklich ist, kann auf viele Arten und Weisen geschnitten werden. *Etwas Wirkliches kommt nie nur so daher wie ein Konzept.*
Wie tun wir das jetzt? Versuchen wir es so zu sagen: Träume kommen aus einer tiefen Schicht, mit der ich nicht in Verbindung bin, und deshalb erlebe ich sie oft so, als wären sie nicht »von mir«. Wenn ich dann, wie Sie sagen, die Verbindung hergestellt habe, ist man wieder beim Focusing, bei sich selbst. Mein Körper bringt mir dann den nächsten Schritt. Jetzt können wir sagen: *Vor* der Traumarbeit sind Focusing und Träume sehr verschieden, *nach* der Traumarbeit werden sie dasselbe sein. Jetzt haben wir weder das, was ich gesagt habe, noch das, was Sie gesagt haben, verloren. Wir haben das Ganze jetzt neu entlang der Zeit geschnitten und ein Konzept mit »vorher« und »nachher« gebaut, und auf diese Weise können wir jetzt Ihres und meines zusammen haben.
Aber jetzt wird vielleicht von einem anderen Teilnehmer noch ein Kommentar kommen, und dann werden wir dieses Konzept auch wieder wegwerfen und das Ganze nochmals anders ausdrücken müssen. Dabei wollen wir aber immer das behalten und mitnehmen, was wirklich dran ist. Wir werfen also nicht die Erfahrung weg, sondern nur das Schnittmuster, die Konzepte, die Unterscheidungen, die wir machen, um etwas auszudrücken.
Jeder von uns ist auch dieses breitere Universum – alles, was da los ist. Man braucht sich nur umzuschauen und da sieht man: Es ist eine ganze Menge los! Davon bin ich ein Teil. Natürlich fragen wir uns, was das alles ist, und dann machen wir uns Konzepte über die Wirklichkeit. Dann ist es aber wichtig, alle diese Konzepte wieder wegzutun, damit sie nicht zu Schachteln werden, in denen wir stecken bleiben. *Denn die Schachteln, die wir uns bauen, sind nie so gut wie das, was da ist.*
Es gibt viele Leute, die Schachteln erfinden und dann untersuchen, was sie da erfunden haben. Das ist ziemlich dummes Zeug. Warum

soll man extra noch etwas dazu erfinden, wenn ohnehin schon alles da ist? Das habe ich nie verstanden.

Eine Teilnehmerin: Ich kann nicht immer alles, was da ist, sehen. Wenn ich dann ein Konzept habe, hilft mir das, etwas für mich Neues zu sehen.

Ja. Deshalb sage ich: Die Konzepte brauchen wir, die wollen wir alle lernen – nur in sie hineinfallen wollen wir nicht. Ein Konzept ist so wie eine Landkarte. Sie kann dich wohin führen. Aber wenn du dann dort ankommst und nichts tust, als die Landkarte anzuschauen, hättest du nicht hinkommen müssen. Man findet oft, was die Landkarte verspricht und vorausgesagt hat. Aber dann lass' das, was du mit Hilfe der Landkarte gefunden hast, atmen. Dann wird es sich verändern und weitergehen und mehr sagen, als die Landkarte oder der, der sie gemacht hat, gesagt haben. Es wäre sehr dumm, Konzepte gering zu schätzen und grundsätzlich abzulehnen, denn dann wären wir wieder blind.

Alles kommt in der dem Körper eigenen Ordnung

Ich benütze in der Therapie selbstverständlich alles, was ich je gelernt habe, und ich lerne gerne immer noch mehr. Wir integrieren natürlich alle die verschiedenen Methoden, allerdings müssen wir die Basis, auf der wir sie integrieren, speziell und separat anschauen. Diese Basis muss, kurz gesagt, die *Beziehung zwischen Therapeut und Klient* sein. Die verschiedenen therapeutischen Methoden sind wie ein Vokabular oder wie eine Kiste mit verschiedenen Werkzeugen drin. Da benützen wir nicht nur die Zange. »Wenn Sie zu mir kommen, benütze ich nur die Zange. Ich bin so ein komischer Tischler, der nur mit der Zange arbeitet. Und mein Kollege da drüben, der arbeitet nur mit dem Hammer.« Das ist Unsinn. Wir haben alle Methoden, die wir gelernt haben, in unserer Kiste und wir *probieren* verschiedene Methoden. Wenn die eine nicht geht, nehmen wir nach zwei Minuten eine andere, bis sich im Klienten etwas bewegt. Und wenn sich der Prozess im Klienten einmal zu bewegen anfängt, dann müssen wir *nichts anderes tun als zuhören*. Denn wir wollen doch mit dieser Bewegung im Klienten mitgehen und sie nicht stoppen.

Wenn man als Therapeut mit der inneren Bewegung des Klienten mitgeht, und das ist für mich ein Grundprinzip jeder Therapie, dann redet man doch nicht auf den Klienten ein und sagt ihm nicht einfach irgendetwas, nur weil einem das angeblich das Unbewusste oder die Intuition oder irgendeine Theorie eingegeben hat. Das würde doch nur Chaos verursachen. Was wir als Therapeuten alles über das Unbewusste und die tieferen Dinge und überhaupt studiert haben, benützen wir, um zu *hören, was aus dem Klienten kommt.* Wir stecken das doch nicht in den Klienten hinein! Wir würden dann ja nur raten und gewöhnlich raten wir nicht richtig. Und selbst wenn wir es richtig errieten, wäre das noch schlimmer. Dann lösen wir irgendetwas Unbewusstes aus und das ist nicht in Ordnung. Oder wir produzieren das, was man »Widerstand« nennt. In einem Prozess, der von innen kommt, kommt alles in der *eigenen Ordnung des Organismus, in der Ordnung des Körpers.* Diese dem Prozess eigene Ordnung wollen wir nicht stören.

Und dann kommt plötzlich ein Traum! Zunächst kommt er uns vielleicht so vor wie ein schlampiger Analytiker, der irgendeine Idee über das Unbewusste des Klienten hat und diese Idee dem Klienten andrehen will. So ist es aber nicht. Denn der Traum kommt vom Organismus selbst. Der Traum weiß also: Heute ist der Moment, an dem man etwas Bestimmtes in den Lebensprozess irgendwie hineinbringen kann. Das, was der Traum bringt, kommt von der anderen Seite oder vom Unbewussten oder vom größeren System. Es ist mir ganz gleich, wie man das nennt. Aber es kommt von einer anderen Seite und doch ist es *heute* gekommen, heute Nacht. Deshalb ist der Traum wertvoll, denn er bringt etwas, das *jetzt* in den Prozess kommen kann.

Aber: Das geht gleich verloren, wenn *wir* erraten wollen, was das ist. Das zu tun wäre doch dumm. Denn es ist doch immer so: Wenn wir einen Traum betrachten, einen eigenen oder den einer anderen Person, kommen uns immer gleich alle möglichen Ideen, wie man den Traum deuten könnte. Und wenn man dumm ist, glaubt man diese Ideen gleich. Wenn man nicht so dumm ist, wartet man fünf Minuten, dann kommt noch eine Menge anderer Ideen, wie man den Traum deuten könnte. Und nach zehn Minuten hat man noch viel mehr Ideen, und die meisten davon widersprechen sich gegenseitig. Jetzt weiß man wieder, dass man nichts weiß.

Wir brauchen also eine Methode, die dem Organismus, dem Körper, erlaubt, die Schritte selbst zu finden, die der Traum andeutet. Ein Traum bringt kleine Schritte, kleine Fortschritte, so wie das Focusing.

Aber da er von der anderen Seite kommt, bringt er Schritte, die wir mit dem Focusing alleine oft nur sehr schwer finden würden. Der Traum selbst deutet gewisse Schritte an, und die können wir nicht gleich erkennen, wenn wir den Traum anschauen. Der Traum deutet gewisse Schritte an, die heute kommen können, aber was das für Schritte sind, wissen wir nicht.

Der Felt Sense ist der Anker für die ganze Arbeit

Fast jeder Traum lässt ein komisches Gefühl zurück. Der ganze Traum, aber auch jedes Stückchen von einem Traum, hinterlässt so einen komischen Geschmack oder eine komische Aura, etwas, das keinen bestimmten Namen hat. Und das nennen wir im Focusing einen *Felt Sense*, eine körperliche Bedeutsamkeit. Eine Bedeutsamkeit, die man fühlt, aber nicht gleich erkennt. Man kann sie nicht klassifizieren: »Es ist nicht genau Angst und nicht genau Schuldgefühl und nicht genau Scham, sondern ... hm ... ich weiß nicht genau, was ich sagen soll.« Der Felt Sense ist also konkret da als ein Spüren, aber dieses Spüren hat keinen Namen. Man fühlt ihn, aber wo denn? Im Körper. Denn im Kopf hat er keine Identität.

Wenn man mit diesem körperlichen, aber unklaren Gefühl arbeitet, hat man für die ganze Arbeit einen Anker. Anstatt bloß verschiedene Ideen zu haben, kann man immer zu diesem körperlichen Anker zurückkommen. Das ist die Art und Weise, Träume mit Focusing zu bearbeiten.

Dazu muss man den anderen – oder sich selbst, wenn man mit dem eigenen Traum arbeitet – immer wieder zu diesem körperlichen Gefühl zurückbringen. Wenn ich beispielsweise eine Frage stelle, etwa »Woran erinnert Sie denn diese Traumszene?«, antwortet die andere Person meistens »an nichts; ich weiß nicht, ich war nie in so einem Zimmer«. Und wenn ich frage: »Woran erinnert Sie denn diese Person in diesem Traum?«, sagt sie »an niemanden; ich habe so eine Person noch nie gesehen«, oder »natürlich an meinen Vater«.

Wenn ich mit Focusing arbeite, mache ich das ganz anders. Da sage ich dem Klienten: »Ich werde dir eine Frage stellen, aber bitte beantworte die Frage nicht. Nimm die Frage hinunter zum Felt Sense, zu diesem unklaren körperlichen Gefühl, das da ist, und stelle die Frage bitte an dieses unklare Gefühl, frage den Felt Sense.« Das ist so, als würde ich die Frage auf einen Zettel schreiben, und diesen Zettel gebe ich meinem Klienten. Der steigt in einen Lift ein, fährt hinunter und gibt dort die Frage ab. Er gibt sie dem Felt Sense und bittet ihn, auf diese Frage zu antworten. Das dauert etwa eine halbe Minute. Und wenn der Felt Sense nicht antwortet, gut, dann lassen wir diese Frage und stellen eine andere. Aber bitte: »Beantworte die Frage nicht selber, sondern nimm sie wieder mit hinunter und gib sie dem Felt Sense. Der soll antworten.«

Das bedeutet natürlich, dass der Felt Sense dort unten *da sein* muss. Der Felt Sense ist aber so beschaffen, dass er sehr leicht verschwindet. Das muss ich als Träumer wissen. Wenn mir der Therapeut die Frage gibt und ich sie mit hinunternehme in meine Körpermitte, kann ich sie meistens nicht gleich abgeben, weil der Felt Sense inzwischen schon wieder verschwunden ist. Da muss ich jetzt wieder von vorne anfangen und mir sagen: »Also gut. Jetzt weiß ich, welche Frage der Therapeut fragen will. Nun muss ich mir wieder die Traumszene ausmalen, mit dem Lift hinunterfahren und einen Moment warten, bis der Felt Sense wieder da ist.« Und dann, wenn ich ihn wieder spüre, kann ich die Frage an den Felt Sense stellen.

Diesen kleinen Prozess müssen wir den Klienten beibringen – und natürlich auch uns selbst, wenn wir unsere eigenen Träume mit Focusing anschauen. Wir wollen also die Fragen zum Traum nicht vom Kopf her beantworten und auch nicht vom ersten Gefühl aus. Vielleicht hat mich der Traum traurig gemacht, aber dieses traurige Gefühl ist nicht der Felt Sense. Das *Traumbild* bringt einen bestimmten Felt Sense, den muss ich kommen lassen und dann kann ich ihn fragen.

Träume handeln nicht von Situationen, sondern vom Träumer selbst

Früher bin ich oft böse auf meine Träume gewesen. Ich wollte, dass sie mir bei meinen schwierigen Situationen helfen sollten, aber das taten sie nicht. Ich bin oft in Situationen, in denen ich eine Entscheidung treffen muss, und ich habe früher oft gehofft, der Traum würde mir bei der Entscheidung helfen. Aber ich habe bald gemerkt: Wenn ich den Traum so herum anschaue, kann ich ihn so deuten als würde er »ja« sagen, aber wenn ich ihn andersherum anschaue, sagt er »nein«. Träume sagen einem nicht, was man tun soll.

Stattdessen will der Traum, dass *ich* mich ändere, dass ich mich entwickle. Es scheint also, als würden sich Träume um irgendeine andere Wirklichkeit mehr kümmern als um meine Situationen. Der Traum kommt aus meinem Körper, er kommt von dort, wo es hapert, wo das Leben nicht weitergeht, aber weitergehen sollte.
Die meisten Leute glauben, dass es in einem Traum um eine bestimmte Situation in ihrem Leben geht. Aber natürlich sagt der Traum in Wirklichkeit etwas über *die Person des Träumers*: wie sie *ist*, dass sie so eine Situation *hat*. Wenn jemand psychologisch nicht besonders erfahren ist, glaubt er, dass der Traum z. B. von diesem Mann handelt, den er am Dienstag getroffen hat. Aber alles Psychische handelt nie nur von einer bestimmten Situation. Es handelt immer von mir, also z. B. davon, dass *ich* Schwierigkeiten habe mit diesem Mann. Das ist genauso wie in der Therapie überhaupt. In allem ist immer die ganze persönliche Geschichte enthalten.

Der erste Teil der Traumarbeit: Fragen stellen

Wir können alle Theorien benutzen und müssen nicht entscheiden, welche die richtige ist

Bei meiner Art, mit Träumen zu arbeiten, gibt es zwei Teile. Der erste Teil besteht nur aus *Fragenstellen*. Das ist sehr schön und sehr einfach: Wenn die eine Frage nichts bringt, stelle ich eine andere Frage. Durch das Fragenstellen kommt bei den meisten Leuten ziemlich bald eine Antwort darauf, was dieser Traum bedeutet – nein, vielleicht nicht, was er bedeutet, aber worum es im Traum geht: »Ah ja, da geht es um diesen Aspekt meines Lebens. Ja, jetzt weiß ich's.« Es kommt von innen so ein *rush*, alles ist auf einmal da, und man weiß es. Und dann glaubt man, man sei mit dem Traum schon fertig. Aber das ist nicht so, denn es kommt noch ein zweiter Teil.
Manchmal weiß man das alles schon, wenn man aufwacht. Aber meistens hat man das Gefühl, der Traum war komisch und verrückt und man weiß nicht, was er bedeutet. Wenn ich dann meine Art von Fragen stelle, kommt einem plötzlich von innen eine Antwort darauf, was der Traum behandelt, welcher Teil des eigenen Lebens im Traum steckt.

Es gibt eine ganze Menge von Methoden und Theorien, mit Träumen umzugehen. Wenn man Focusing in der Mitte hat als einen Anker, kann man alle diese Theorien und Methoden benützen – *um Fragen zu formulieren.* Wenn ich mich bei Freud auskenne, kann ich mich z. B. fragen, was ein bestimmter Traum bedeuten würde, wenn ich ihn unter dem Gesichtspunkt der Sexualität betrachte. Und da kann ich dann gleich eine Frage formulieren. Natürlich würde das nicht die erste Frage sein, vor allem, wenn jemand als Klient ganz unerfahren ist. Diese Frage werde ich mir aufheben, denn sie wäre sicherlich kein guter Anfang.

Wenn ich an C. G. Jung denke, kommen mir ganz andere Fragen in den Sinn, z. B.: Welche persönliche Entwicklung könnte dieser Traum andeuten? Was bringt dieser Traum, das die Person des Träumers wachsen lässt? Und wenn ich beispielsweise von der Theorie ausgehe, dass Träume immer vom gegenwärtigen Leben handeln, könnte ich fragen: Was in diesem Traum ist so wie in Ihrem gegenwärtigen Leben? Diese Beispiele sind jetzt sehr allgemein; von jeder Theorie ausgehend kann man natürlich viel genauere Fragen finden.

Das heißt: *Ich* brauche doch nicht zu entscheiden, welche Theorie richtig ist! Ich kann doch einfach aus jeder Theorie Fragen machen. Denn ich weiß ja schon: Aus jeder Theorie kann man irgendeine Deutung machen und sie dem Traum aufdrängen. Aber das wäre dumm. Selbst wenn man nur eine Theorie kennt, kann man aus der noch immer sechs verschiedene Deutungen herausziehen. Man braucht Jung nicht; mit Freud alleine kann man viele ganz verschiedene Deutungen geben, und wenn man Jung folgt, kann man das ebenso.

All die verschiedenen Anschauungen und Theorien können wir benützen, um Fragen zu stellen. Und diese Fragen schickt man dann zum Felt Sense hinunter, und wenn dann etwas kommt: Ah, *das* wollen wir beibehalten und mitnehmen.

Die drei Hauptaspekte des Dramas: Ort, Handlung und Personen

Ich verwende zwei verschiedene Sorten von Fragen. Die ersten Fragen, die ich stelle, nenne ich *offene Fragen.* Das sind Fragen, die nicht auf einer Idee von mir basieren. Die erste dieser Fragen, die ich gewöhnlich stelle, fragt nach dem Ort, an dem der Traum oder ein Traumteil spielt: nach dem Zimmer, nach der Landschaft, nach dem

Haus usw. Die zweite Frage, die ich gewöhnlich stelle, fragt nach dem Ablauf im Traum, nach der Geschichte – wenn es eine gibt.
Man kann übrigens mit einem Traumteil genauso gut arbeiten wie mit einem langen Traum. Leute werfen einen Traum oft weg, weil er nur aus einem Bild besteht. Ein kleines Stückchen ist ein ganzer Traum! Gewöhnlich aber hat ein Traum eine Geschichte, einen Ablauf.
Da kann ich fragen: »Was in Ihrem Leben ist so, dass zuerst das und dann das und dann das kommt?« Zuerst schaut es z. B. sehr gefährlich aus und dann stellt sich heraus, dass es gar nicht gefährlich ist oder umgekehrt: »Es schaut so aus, als ob das eine stabile Brücke wäre, aber wenn Sie dann über diese Brücke gehen, bricht sie zusammen. Was in Ihrem Leben ist so ähnlich?«
Wahrscheinlich werde ich alle möglichen Ideen darüber haben, was etwas (z. B. diese Brücke) bedeuten könnte, aber diese eigenen Ideen stelle ich zunächst auf die Seite und hebe sie mir für später auf. Zuerst frage ich nur diese offenen Fragen: nach der Szene (Ort), nach der Geschichte (Ablauf) und dann nach den Figuren, den Personen, besonders nach denen, die vom Träumer am meisten entfernt sind. Jemand läuft z. B. dem Träumer nach, der Träumer hat Angst, läuft nach Hause und sperrt die Tür ab. »Diese Person, die Ihnen nachgelaufen ist, wie hat sie ausgeschaut und an wen erinnert Sie die?«
Alle diese Fragen muss man aber immer so stellen, wie ich es vorher beschrieben habe. Zuerst brauchen wir den Felt Sense von dem bestimmten Ort, bzw. von dem konkreten Ablauf oder von dieser speziellen Person. Das Fragenstellen hat daher immer eine spezifische Struktur: »Wie fühlt sich diese Person in Ihrem Körper an?« – »Sie hat mir Angst gemacht.« – »Ja, ja, o.k. Aber wie hat dieser Mensch ausgesehen? War es ein Mann? War er groß? War er klein? Was hat er angehabt? – »...« – »Aha. Was für ein Gefühl kommt da im Körper, wenn Sie sich so eine Person vorstellen?«
Nach diesen drei Dingen – Ort, Ablauf, Personen – zu fragen habe ich von Jung gelernt. Und er hat das natürlich von Aristoteles, der gesagt hat, man könne jedes Drama mit Hilfe dieser drei Aspekte analysieren: Ort, Handlung, Personen. Das ist sehr einfach. An diese drei Aspekte kann man sich leicht erinnern.
Zuallererst frage ich aber gewöhnlich: »Was kommt Ihnen zu diesem Traum in den Sinn?« Meine erste Frage ist also ganz offen. Ich frage nach den Assoziationen. Wenn der Träumer den Traum in der Nacht

hatte, dann in die Arbeit gegangen ist und jetzt bei mir sitzt, hat er noch gar keine Zeit gehabt, über seinen Traum nachzudenken. Wenn mir aber jemand sagt, er habe über den Traum schon viel nachgedacht, lasse ich diese Frage weg.
So habe ich also diese allgemeinen, offenen Fragen. Die stehen auch in meinem Traumbuch. Und ihr könnt natürlich noch viele weitere Fragen erfinden.

Der zweite Teil der Traumarbeit: einen neuen Schritt kommen lassen

Zwei weitere Arten von Fragen

Nach diesen offenen Fragen geht die Arbeit natürlich weiter. Da kommt dann die nächste Gruppe von Fragen. Ein Beispiel. Eine Frau träumt von einer Freundin, die sie vor 15 Jahren das letzte Mal gesehen hat. Da sage ich dann: »Gib mir ein oder zwei Worte, die den Felt Sense von dieser Person ausdrücken. Wie ist die gefühlsmäßige Qualität dieser Person? Welches Eigenschaftswort passt da?« Dieses Eigenschaftswort kann man nun in die Traumgeschichte einfügen. Die Person (die Freundin) war ja ein Teil der Geschichte und anstelle der Person nehmen wir jetzt dieses Eigenschaftswort. Im Traum hat die Träumerin z. B. ihre Freundin aus der Wohnung geworfen. Das Eigenschaftswort, das den Felt Sense zu dieser Freundin beschreibt, ist, sagen wir, »verführerisch«. Also frage ich jetzt: »Was würde das bedeuten, wenn wir sagen würden: Sie werfen Ihre verführerische Seite hinaus?« Da sagt die Träumerin wahrscheinlich: »Ja, ja. Ich weiß genau, was das bedeutet. Das ist ein Teil von mir, mit dem ich nichts zu tun haben will.« *Ich als Therapeut* brauche das nicht zu entscheiden. Ich frage nur: »Was würde die Geschichte, die Sie gerade erzählt haben, bedeuten, wenn wir sie so anschauen würden?«
Wenn ich Fragen stelle, mache ich immer, und besonders bei neuen Klienten, ganz klar, dass *ich* nicht weiß, was die Antwort sein wird. Wir fragen immer das da unten, den Felt Sense: »Macht das einen Sinn, wenn wir versuchen, das so zu sagen?« Natürlich könnten wir so klassisch da sitzen bleiben und sagen: »Der verführerische Teil von Ihnen wird unterdrückt und Sie möchten und Sie möchten nicht, da ist ein Konflikt, und bla bla bla bla.«

Ich sage auch immer: Es gibt eine Theorie, die sagt, dass das, was in einem Traum vorkommt, ein Teil von einem selber ist. Aber sicher wissen wir das nicht, und es ist auch nicht immer so. Aber wir versuchen es mal, weil es Leute gibt, die das behaupten. »Es gab einen C. G. Jung, der gesagt hat, jeder Teil eines Traumes ist ein Teil von dir selber. Das ist aber nicht immer wahr. Manchmal träumt man von jemandem, mit dem man zu tun gehabt hat, und der muss nicht ein Teil von dir sein. Das ist nicht immer wahr, aber wir können es ja mal versuchen.« Diese Anschauung, wie jede andere Theorie auch, muss also nicht wahr sein, aber sie ist oft sehr produktiv.
Im zweiten Teil stelle ich auch Fragen, die von einer bestimmten Idee, die *ich* habe, ausgehen, von *meiner* Idee über die Bedeutung, die etwas im Traum haben könnte. Das kann man auch in eine bestimmte Art von Fragen umsetzen. Auf diese Weise kann man auch alles benützen, was einem durch den Kopf geht, *aber als Frage.*

In (fast) jedem Traum gibt es einen Gegensatz zwischen Traum und Träumer

In diesem zweiten Teil geht es darum, das Problem, das der Traum anzeigt, in den Prozess zu bringen, und das ist nicht so leicht.
In den meisten Träumen findet man einen Gegensatz zwischen dem Träumer oder der Träumerin und dem Traum. Etwas ist im Traum da, das der Träumerin als »das bin *nicht* ich« erscheint. Das können z. B. bestimmte Leute im Traum sein, die etwas vom Träumer wollen, das der Träumer nicht will, oder Leute im Traum, die den Träumer suchen gehen, und der Träumer läuft davon. Oder jemand sagt im Traum etwas, und der Träumer sagt: »Nein, so ist es nicht.« Manchmal ist es auch umgekehrt: Der Träumer sagt mir, es ist so und so, aber der Traum sagt: Nein, so ist es nicht.
Ein solcher Konflikt sagt ganz klar: Hier ist das Problem.
Wenn Träumer und Traum nicht einer Meinung sind, habe ich als Therapeut sozusagen zwei Gegenüber: Der Träumer sagt etwas und der Traum sagt etwas anderes. Und *ich* weiß natürlich nicht, wer Recht hat. Ich weiß nicht, was ich tun soll. Ich weiß nicht, was die Antwort ist. Ich weiß nur, der Traum sagt etwas anderes als der Träumer. Aber was das bedeutet, habe ich keine Ahnung, und wie sich der

Konflikt lösen soll, weiß ich auch nicht. Aber eines ist klar: Ich darf die Seite des Traumes nicht fallen lassen. Ich muss immer wieder auf den Traum zurückkommen und sagen: »Ja, aber der Traum sagt: ...« Das ist vielleicht nicht ganz klientenzentriert, aber es ist auch nicht direktiv. Denn ich sage ja nicht: »Also, du musst das jetzt anders machen, und zwar so und so!« Ich weiß es ja nicht. Ich weiß nur: Irgendetwas weiß der Traum, das der Träumer noch nicht weiß. Wir müssen irgendwie finden, was das ist. Ich weiß, dass ich danach *fragen* muss. Und dass ich darauf keine Antwort geben soll. Denn das wäre nur meine dumme Idee. Die brauchen wir hier nicht. Wir wollen die Antwort kommen lassen, die der Körper, der Felt Sense des Träumers, bringt.

Jeder Traum bringt etwas Neues

Im zweiten Teil geht es aber nicht nur darum, das Problem zu erkennen, sondern mit Hilfe des Traumes *etwas Neues zu finden, das einen Fortschritt bringt.* Es ist nicht genug, nur herauszufinden, dass es im Traum um dieses spezielle Problem geht. Zuerst scheint es meistens so, dass der Traum nichts als ein perfektes Abbild des Problems ist. Klienten sagen oft: »Ja, dieser Traum ist eine wunderschöne poetische Version meines Problems. Mein Problem ist genauso, wie es vom Traum dargestellt wird. Aber was habe ich daraus gelernt? Nichts! Das, was der Traum bedeutet, hab' ich doch schon gestern gewusst!« Das ist nicht genug. Wir wollen vom Traum aus einen Schritt vorwärts machen. Und das ist möglich.

Denn der Traum übersetzt eine Situation in ganz bestimmte merkwürdige Bilder. Zuerst mag es so aussehen wie eine bloß perfekte Übersetzung, die nur das bedeutet, was das Original bedeutet hat. Im Traum sind z. B. Schildkröten da statt Personen. Man könnte denken, das bedeute doch dasselbe. So schaut es aus. Aber so ist es nicht. Wenn das Problem in Schildkröten übersetzt wird, haben diese Schildkröten eine gewisse Energie in sich, die etwas bringt, das das Problem gestern noch nicht gehabt hat. Die Schildkröten bringen etwas Neues.

Ich suche daher immer im Traum: Was ist das Neue? Was wird uns helfen? Dass ein Problem da ist, ja sicher, das ist klar, sonst wäre der Traum nicht da. Aber dieses Problem will der Traum ja lösen. Mit dem Traum dürfen wir daher nicht herumsitzen und betrauern, was geschehen ist. Wir wollen nicht in das Alte zurückfallen. Denn der Traum bringt immer etwas Neues. Er bringt immer neue Lebensenergie, das ist das Überraschende.

Die Hilfen, die der Traum bringt, wollen wir mitnehmen

Von C. G. Jung habe ich gelernt – und seit vielen Jahren finde ich, dass er Recht gehabt hat –, dass es in jedem Traum gewisse Dinge gibt, die sehr hilfreich sind. Jedes Tier, jedes lebendige Wesen, jede Pflanze, alles Grüne, alles, was aus der Natur kommt, kann uns bei der Arbeit mit dem Traum helfen. Deshalb schaue ich besonders auf diese Dinge. Und auf sie schaue ich in diesem zweiten Teil zuerst.
Wenn ein Baby da ist, weiß man gleich: »Ah ja, der Traum bringt hier irgendetwas Lebendiges.« Und dort gehe ich gleich hin. Und auch wenn z. B. ein Schwert im Traum vorkommt, möchte ich, dass ihr alle gleich versteht, dass wir das natürlich auch mitnehmen wollen. Das zu verstehen braucht keine Erfahrung. Wir wollen alles mitnehmen, was uns Energie gibt, alles mitnehmen, das Ruhe bringt, das Sicherheit bringt, das Schutz bringt, das Hoffnung bringt, das Stärke bringt. Das nehmen wir alles mit.
Als erstes stelle ich also die offenen Fragen, aber dann suche ich gleich das, was ich ganz allgemein »Hilfen« nennen möchte. Ich suche Hilfe. Wo ist Hilfe? Hilfe ist in jedem lebendigen Wesen, aber auch in jedem wunderschönen Ding, z. B. in einem in vielen Farben funkelnden Stein. Auf diese Hilfe bringenden Details lenke ich meine Aufmerksamkeit und die des Klienten, und zwar so, dass sie *körperlich gefühlt* werden, dass sie körperlich *konkret erlebt* werden.
Diese Hilfen gehe ich suchen, *bevor* wir das Problem behandeln. Und was ist das Problem? Nun, das weiß ich natürlich nicht, aber ich habe meistens eine ziemlich genaue Vorstellung, wo das Problem im Traum steckt. Aber diesen Problembereich lasse ich erst einmal beiseite und suche zuerst Hilfe. Denn das Problem war ja schon gestern da, aber die Hilfe ist neu. Sie ist ja gerade mit diesem Traum gekommen. Zuerst wollen wir uns also den Kindern und den Tieren und den Pflanzen und den wunderschönen Sachen zuwenden. Die wollen wir körperlich fühlen und als körperlich gefühlte Energie dabeihaben und mitnehmen, wenn wir weiter in den Traum hineingehen.

Wenn wir zu den empfindlichen Teilen des Traumes kommen und sie fühlen müssen, sind wir schon stärker, weil wir diese Hilfen *mitgenommen* haben. »Mitnehmen« heißt, die Hilfe wirklich zu fühlen, das Schwert z. B. wirklich zu fühlen. Wenn dieses Gefühl verloren gegangen ist, müssen wir uns an das Schwert wieder erinnern und das Gefühl dazu kommen lassen.

Wenn ich im Traum nichts Offensichtliches finde, das eine Hilfe sein könnte, suche ich die Hilfe in anderen Details des Traumes. Einmal z. B. habe ich nichts gefunden. Es war nur ein Bett da. Da habe ich gefragt: »Woher kennen Sie dieses Bett? Gab es schon einmal in Ihrem Leben so ein Bett?« – »Ja, das war das Bett, auf dem ich immer als kleines Kind gesessen bin, wenn meine Eltern gestritten haben. Da habe ich immer Angst gehabt und dann bin ich auf dieses Bett geklettert und da war ich sicher.« Dieses Bett wollen wir doch, denn es ist ein wunderbares Bett! Dieses Bett ist Hilfe. Diese Hilfe habe ich natürlich nicht gleich von selbst erkannt, aber jetzt weiß ich es. Was immer das Problem ist, wir wollen es nun von diesem Bett aus behandeln. Da sage ich: »Bitte bleiben Sie auf diesem Bett. Dort ist Sicherheit. Wir wollen von diesem Bett aus schauen, was immer das Problem ist.« So bringen wir in die Art und Weise, wie der Träumer zu seinem Traum Beziehung aufnimmt, eine neue Qualität, eine gewisse Qualität von Sicherheit. Und die wird beim weiteren Arbeiten helfen.

Eine Klientin hat mir einmal gesagt: »Ich möchte an einem bestimmten Traum arbeiten, aber da ist ein Teil dabei, den ich nicht erzählen möchte.« – »Gut, das ist o.k., erzählen Sie nur den Teil, den Sie erzählen möchten. Aber den anderen Teil haben Sie bitte innerlich mit dabei. Tun Sie ihn nicht weg, nur weil Sie ihn nicht erzählen wollen.« Sie hat mir den Traum soweit sie wollte erzählt, und ich habe Hilfe gesucht, aber nichts gefunden. Da habe ich gefragt: »Gibt es in dem Traumteil, den Sie mir nicht erzählen wollen, vielleicht irgendeine Pflanze oder ein lebendiges Wesen, ein Kind oder ein Tier oder irgend so etwas?« – »Ja, es gibt ein Kind.« – »Also gut, dann bringen Sie bitte das Kind mit. Sie brauchen mir nichts weiter zu erzählen, aber bringen Sie das Kind mit.« – »Es sind einige Kinder.« – »Gut, dann bringen Sie alle mit, drei, vier, wie viel auch immer. Bringen Sie alle mit, sodass sie alle da sein können. Wir wollen die Kinder alle mit dabeihaben.« Ich habe gewusst, dass es um irgendeine sehr schwierige, peinliche und schmerzliche Sache geht; um was genau, wusste ich nicht. Und plötzlich hat sie das verstanden. Sie sagte: »Ja, ach ...«, und ihr Körper hat sich ganz entspannt und sie hat ausgeatmet, »... ja, ich könnte eine ganze Armee von Kindern brauchen«.

Ich möchte, dass ihr dieses Beispiel wirklich in euch fühlt und spürt: Ja, natürlich, von einer Armee von Kindern umringt kann man ein schmerzliches Problem besser behandeln als ohne die Hilfe und den Schutz durch diese Kinder.

Das ist Hilfesuchen.

Focusing heißt, etwas Großem Platz zu machen

Wir wollen den schnellsten Prozess, der möglich ist

Wenn man in einem Workshop mit jemandem arbeitet, schaut das immer wie ein Wunder aus, alles geht sehr einfach und schnell. Deshalb muss ich euch gleich versichern, dass auch ich, genauso wie ihr, am Montag Klienten sehen werde, bei denen das nicht so leicht ist. Vor allem mit den neuen Klienten geht alles viel langsamer und es lassen sich nur Teile davon realisieren. Das muss klar sein.

Aber wir wollen den Prozess natürlich so schnell als möglich machen. Der Prozess, der am schnellsten ist, sieht am langsamsten aus. Der schnellste Prozess kommt dann, wenn man dem Körper so viel als möglich erlaubt, wirklich echt und konkret vorwärts zu kommen. Mit wirklicher körperlicher Energie etwas Neues zu tun ist das Schnellste. Und ein kleiner Schritt echten körperlichen Vorwärtskommens ist mehr wert als alle möglichen Ideen und auch mehr wert als alle möglichen alten Gefühle.

Wenn jemand z. B. spürt, dass ihm die Lebensenergie ein bisschen mehr selbst gehört und das ein paar Minuten mit Macht neu fühlt, ist das viel wichtiger, als alles andere, was wir in der Therapiestunde ausgelassen haben. Wir könnten die ganze Stunde dafür verwenden herauszufinden, warum der Klient diese Energie nicht fühlt oder warum ein bestimmter Teil seiner selbst abgespalten ist oder was er im Leben alles durchgemacht hat. Aber das Neue ist das, was wir am meisten wollen. Und ein klein wenig von dem Neuen ist schon viel wert. Die alten Sachen noch einmal durchzumachen brauchen wir nicht, zumindest nicht immer.

Der Prozess, den ich versuche zu ermöglichen, ist der schnellste. Er schaut aber sehr langsam aus. Man sagt mir immer: Sie sind so geduldig. Sie können dasitzen und warten und haben so viel Geduld. Da sage ich immer: Nein, ich habe überhaupt keine Geduld. Ich bin so wie ein Dieb, der in eine Bank einbricht und dann unten im Keller den Tresor öffnen will. An dem Tresor sind diese Knöpfe, an denen muss man ganz vorsichtig drehen und genau zuhören, damit man es knacken hört. Denn man kennt ja die Nummer nicht, die das Schloss öffnen würde. Dieser Dieb ist doch nicht geduldig, bitte!
Da muss ich auch noch etwas zum sogenannten Widerstand sagen. »Widerstand« ist ein Name *für etwas.* Es ist ein altmodischer Name für etwas Echtes und Wirkliches, das da ist. Widerstand heißt, der Therapeut hat noch keine Art und Weise gefunden, wie man auf eine dem Körper natürliche und kontinuierliche Weise hineingelangt. Durch den sogenannten Widerstand erfährt der Therapeut, dass er noch keinen Weg gefunden hat, der auf natürliche Weise dem Körper erlaubt, neue Energie zu finden und durchzulassen. Das Wort »Widerstand« kritisiert den Klienten. Aber in Wirklichkeit ist es umgekehrt: Das Phänomen, das wirklich da ist und das man »Widerstand« nennt, kritisiert eigentlich den Therapeuten. Der hat noch nicht gefunden, wie das richtig zu machen ist. Da ist es gut, den Klienten zu fragen: »Wo sind wir denn jetzt?« Der Klient kann mir dann am besten erklären, was ich bis jetzt missverstanden habe. Das, was man Widerstand nennt, ist ein Signal dafür, dass der Therapeut etwas Bestimmtes noch nicht richtig verstanden und den richtigen Vorschlag noch nicht gefunden hat.

Das Theaterspiel, das nächste Woche stattfindet

Nun möchte ich euch noch eine Technik erklären, die ich im zweiten Teil meiner Traumarbeit sehr oft verwende.
Träume sind so reichhaltig und es ist in jedem Traum so viel da, dass es immer viele Möglichkeiten gibt, damit zu arbeiten. Eine davon ist das Schauspiel. Das schlage ich bei all jenen Träumen vor, in denen irgendetwas da ist, das der Träumer nicht sein will. Und das ist besonders bei uns Therapeuten und bei allen Leuten, die anderen helfen wollen, sehr, sehr, sehr, sehr oft der Fall. Denn wir wollen im allgemeinen Leute sein, die sanft und gut sind. Deshalb haben wir unsere

aggressiven Impulse beiseite gestellt und die laufen dann ganz selbstständig herum und machen alle möglichen Dinge, die wir nicht erkennen. Wir sind alle so. Und deshalb haben wir solche Träume. Bei diesen Träumen passt die Übung mit dem Theaterspiel immer.
Da frage ich die Träumerin, ob sie eine bestimmte Person aus ihrem Traum spielen würde – wie in einem Theaterstück. Das habe ich natürlich von den Gestalt-Leuten gelernt. Aber ich mache es anders als sie. In der Gestalt-Therapie würde man die Träumerin bitten aufzustehen, sich auf einen anderen Sessel zu setzen und diese Person zu sein. Da muss sie dann etwas darstellen und vorspielen.
Das habe ich abgeändert. Der Klient soll nicht glauben, er müsse jetzt ein Schauspiel geben. Das Rollenspielen braucht man nicht. Man braucht die *innere* Energie der Person, die man spielen soll. Daher sage ich gewöhnlich: »Nächste Woche wird es ein Schauspiel geben. Da kommen alle möglichen Rollen vor und eine Rolle ist noch unbesetzt. Da geht es um eine junge Frau, die sehr verführerisch ist. Könntest du diese junge, verführerische Frau nächste Woche spielen?« Und dann sage ich noch dazu: »Du brauchst *jetzt* nichts vorzuspielen, sondern dich nur auf diese Rolle vorzubereiten. Wie würde sich diese Frau bewegen? Wie würde sie schauen? Verändere deine Sitzhaltung ein bisschen und male dir aus, du wärest auf der Bühne. Wie würdest du da körperlich dastehen? Wie bewegst du dich? Welche Energie kommt da im Körper? Fühle im Körper, wie das wäre.« Auf diese Weise kann die Klientin die Energie dieser verführerischen Frau in sich fühlen und diese Energie mitnehmen, ohne dass sie etwas tun muss und ohne dass ich etwas sehen muss.
Ich mache meinen Klienten immer klar: »Wenn du aufstehen *willst* und etwas spielen *willst*, ist das sehr willkommen.« Aber wenn das die Klienten *müssen*, würden sie sich vor allem auf das Schauspielen konzentrieren, also darauf, wie das, was sie tun, ausschaut und Bühnenangst haben. Das ist nicht notwendig. Im Moment, in dem ich sage: »Ich brauche nichts zu sehen«, lockert sich der Körper und es kommt etwas durch.

Der Körper nimmt nur das auf, was dem Leben dient

Es ist eine sehr nützliche und gute Sache, auf die andere Seite dessen zu kommen, was man von sich schon kennt. Man muss nicht immer nur die Person sein, die man immer und gewöhnlich ist. Diese »gewöhnliche« Person hat immer den Eindruck, dass bestimmte Gefühle, die der Traum ausdrückt, mit ihr nichts zu tun haben. Durch das Theaterspielen kann man sehr schnell von der anderen Seite her leben. Man kann in zwei Minuten auf der anderen Seite sein und dann von dort aus fühlen: Ah, das bin ich auch.

Kennt ihr die Theorie dahinter? Na, vielleicht kann ich die auch weglassen und einfach sagen: Wenn man sich in einen sogenannten schlechten, aggressiven Teil hineinfühlt, beginnt der Körper diesen Teil zu *verdauen*. Wir tun das nicht, der Körper tut das. Der Körper macht nämlich eine Unterscheidung, wie beim Essen: Den Teil, den er braucht, absorbiert er, und den, den er nicht braucht, lässt er auf der anderen Seite wieder hinaus. Wenn man also diesen Teil, zu dem man sagt »der bin ich nicht, der ist gefährlich«, selbst spielt, kommt eine gute Energie, eine lebendige Energie, eine lebenskräftige Energie. Es ändert sich dann, es ist dann gut.

Wenn man diesen abgespaltenen Teil *von außen* anschaut, ist er miserabel. Möchtest du dich so weiterentwickeln, dass du ein Mensch wirst, der gerne Tiere quält? Nein! Natürlich nicht! Das wird nicht der Teil sein, den der Körper braucht. Und das ist immer sehr überraschend: Wenn man diesen miserablen Teil selbst spielt, ha!, dann ist die Energie gut. Und das genügt. Das zu spielen macht einen frei.

Wenn ein Träumer das Schwarze oder Dunkle oder das Kämpfen schlecht findet, dann weiß man, dass man Arbeit haben wird. Wir sind gewöhnt, das Gute und das Schlechte zu separieren. Alles, was nicht gut ist, ist schlecht. So kommt es, dass wir für das, was wir »gut« nennen, nur eine enge, festgelegte Schablone haben, und alles andere werfen wir auf den Misthaufen. Alle Möglichkeiten, die wir noch nicht entwickelt haben, finden sich auf dem Misthaufen. Das soll nicht heißen, dass der Misthaufen gut ist. Es ist aber viel Gutes drin. Was als schwarz oder schlecht benannt wird, ist nicht nur schwarz oder schlecht. Die Energie zum Kämpfen z. B., die brauchen wir.

Besonders sensitive Focusing-Leute müssen immer ein bisschen arbeiten, um diese Kampf-Energie zurückzugewinnen. Die haben wir irgendwo verloren und zum Feind erklärt. Und diese Energie geht uns dann suchen. Dann haben wir schlechte Träume. Wir müssen sie wieder zurückgewinnen. Wenn man diese Energie schlecht nennt, geht das nicht. Es ist Energie zum Kämpfen. Wenn ich das so sage, heißt das nicht, dass man hinauslaufen und etwas Schlechtes machen muss, weil Gut und Schlecht dasselbe wären. Das sage ich nicht. In der Imagination jemandem auf den Kopf zu hauen ist ausgezeichnet. Das wirklich zu machen, ist nicht ausgezeichnet. Denn das hätte für die Person Konsequenzen – und für uns auch. Schlechtes tun – das brauchen wir nicht. Aber Schlechtes tun zu *können*, ist sehr gut.

Diese Energien sind Teil des Organismus und sie müssen alle da sein. Dass wir dann wählen können, nur Gutes zu tun, ist wichtig. Aber die Ganzheit des Organismus wollen wir haben. Wir wollen uns alle verteidigen *können* und wir wollen alle kämpfen *können* und wir wollen alle mit großer Lust jemandem auf den Kopf hauen – *können*. Man braucht keine Angst zu haben, dass man wirklich jemand wird, der Leuten auf den Kopf haut. Das geht nicht so schnell. Wir haben die liebevolle Seite schon entwickelt. Es ist die Kampf-Seite, die wir nicht entwickelt haben.

Focusing arbeitet in einem Freiraum an der Grenze des Erlebens

Das Rollenspiel in der Therapie habe ich nicht erfunden. Das habe ich von Fritz Perls übernommen und der hat es von Jacob Moreno bekommen.

Wir arbeiten doch alle, damit man unsere Ideen benützen kann, damit von uns gestohlen wird. Also, stehlt bitte alles! Es ist nicht so wichtig, wie man das dann nennt. Ich habe das von den Gestalt-Leuten gelernt, und die Gestalt-Leute haben es von den Psychodrama-Leuten gelernt. Wenn wir das wissen wollen, müssen wir nur nachlesen.

Die verschiedenen Therapiemethoden kann man aber nicht einfach so integrieren, wie sie dastehen. Wenn Klienten z. B. zum Psychodrama kommen, gewöhnen sie sich in ein paar Stunden daran, dass sie dirigiert werden und dass sie schauspielern sollen. In meiner Art von Therapie sitzen die Klienten meistens ziemlich still da und sprechen von sich selbst. Wenn ich dann nach zehn Stunden sagen würde »Steh auf und spiele ein Drama!«, wäre das etwas ganz anderes als beim Psychodrama-Therapeuten. Und vom Rogers-Stil in den Perls-Stil umzukippen, würde schon gar nicht gehen.

Wenn man also die verschiedenen Therapieformen integrieren will, muss man schon die *Essenz* aus den verschiedenen Therapien herausnehmen und an den eigenen Stil adaptieren. Auf diese Weise kann ich dann auch Gestalt-Techniken benützen. Wenn ich den Klienten auffordern müsste, aufzustehen und ein Drama zu spielen, könnte ich diese Technik nicht mehr benützen, weil ich dann ganz anders sein müsste, als ich bin. Ich müsste dann so eine Art Direktor oder Regisseur sein. Mit zwei verschiedenen Methoden könnte ich vielleicht noch eine für mich richtige Mischung finden, aber mit zwanzig verschiedenen Methoden kann man das nicht mehr. Und doch will ich alle diese Methoden, alles, was einem Menschen helfen kann, in meiner Therapie benützen. Wie das geht, habe ich angedeutet, als ich über das Fragenstellen gesprochen habe. Mehr dazu habe ich in meinem Buch »Focusing-orientierte Psychotherapie« geschrieben.

Wenn klar ist, dass ich die anderen Methoden an meinen Stil adaptieren muss, weil ich so bin, wie ich halt bin, kann ich auch sagen, dass meine Methode sehr große Vorteile hat. Stanislawskij* hat in seiner Theorie über das Drama gesagt, dass der wichtige Teil die zwei Wochen *vor* der eigentlichen Aufführung ist. Er ist zwei Wochen lang herumgegangen und Stockmann gewesen. Stockmann ist eine Figur aus einem Drama von Ibsen. Wie würde sich Stockmann bewegen? Nach zwei Wochen konnte er Stockmann wirklich spielen. *Der Prozess, sich in eine Rolle hineinzufühlen, ist tiefer, als diese Rolle zu spielen.*

Den Gestalt-Therapeuten und den Psychodrama-Leuten würde ich raten, gerade die Klienten, die ans Schauspielern gewöhnt sind, einzuladen, sich in die Rolle *körperlich* hineinzufühlen, statt sich von außen auszudenken, wie sie ausschauen sollen, wenn sie diese Rolle spielen. Das wäre meiner Meinung nach ein besserer Weg, als in Kauf zu nehmen, dass die Klienten die Rolle bloß »spielen«, oder die Klienten zum Schauspielern zu zwingen. Und das wäre auch viel besser, als aufzugeben und den Klienten, die zu scheu sind oder zu viel Angst haben, zu sagen, sie sollen halt sitzen bleiben, oder sogar zu sagen, dass diese Methode eben nur für bestimmte Klienten geeignet sei.

Im Focusing machen wir etwas Genaueres. Wenn der Klient zu viel Angst hat, wollen wir doch genau *an der Grenze dieser Angst* arbeiten und ihm nicht eine Methode aufzwingen. Im Psychodrama sagt

* Konstantin Stanislawskij, »Die Arbeit des Schauspielers an der Rolle« (dt. 1949), »Die Arbeit des Schauspielers an sich selbst« (dt. 1952)

man z. B., man solle den Klienten für das Spielen »aufwärmen«. Aber was ist denn das Aufwärmen? Hat man verstanden, dass das bedeutet, in den Körper zu gehen und da langsam zu schauen, ob der Körper die Rolle wirklich aus sich heraus hervorbringen will?
Was immer man von den anderen Methoden nimmt, mit Focusing macht man es besser. Natürlich wollen auch die Psychodrama-Leute nicht, dass ein Klient seine Rolle nur aus dem Kopf heraus spielt. Es ist mit allen Methoden so: Wenn man genau schaut, findet man immer, dass jede Methode genau das will, was durch das Focusing kommt. Nur wissen die Therapeuten nicht, wie man das herbeiführen kann, wenn es nicht von selbst da ist. Das ist aber genau das, was wir können.
Der Vorteil meiner Art, das Theaterspielen zu verwenden, ist, dass mehr und mehr kommen kann, weil *Freiraum* da ist. Wenn jemand aufstehen *will*, ist das ganz gut, und manche meiner Klienten machen das sofort. Aber wenn man aufstehen *muss*, ist das ganz etwas anderes. Dann fühlt man sich für die Rolle verantwortlich und muss schauen, dass die Rolle richtig herauskommt.
Wenn man in der Art und Weise des Focusing arbeitet, also dem Prozess wirklich Platz macht, ist es ganz charakteristisch, dass alle möglichen Spezifikationen kommen, die man nie hätte erfinden können. Der Prozess weiß selber, warum er das will. Man braucht nur auf sehr einfache Weise etwas Großem Platz zu machen: indem man den Platz nicht zumacht.

Am Anfang fühlt man sich mit einem Traum oft ganz verloren

Wenn Sie versuchen, mit Träumen zu arbeiten, wird es Ihnen zuerst immer komisch gehen mit einem Traum. Man versteht den Traum nicht. Wenn ich einen Traum höre, verstehe ich ihn zunächst nie. Wenn man dann aber ein bisschen mit dem Traum arbeitet, werden bestimmte Aspekte klarer, obwohl man noch immer nicht weiß, worum es sich handelt. Das braucht man auch nicht zu wissen.
Wenn ich einen Traum höre und jemand gleich fragt »Also, was hast du verstanden?«, dann hab' ich noch gar nichts verstanden. Ich fühle mich oft ganz verloren mit einem Traum. Das ist ganz normal. Ich bin ganz daran gewöhnt. Ich muss nur irgendeine Frage finden. Das ist alles. Dann kann ich noch zwei Minuten leben und dann wird

schon noch etwas anderes kommen. Ich weiß, dass es von außen nicht so ausschaut. Es sieht so aus, als ob ich ganz genau wüsste, was ich tue. Ich weiß es nicht.

Aber ich finde im Lauf der Zeit irgendwie immer eine Frage und dann öffnet sich etwas und dann kommt eine zweite Frage und da kommt noch etwas und immer mehr und mehr. Das ist so und ich bin gewöhnt daran. So ist es mir ganz bequem, wenn ich nicht weiß, was ich machen soll. Da warte ich nur einen Moment und ich weiß, dass schon alles gut gehen wird.

Irgendeine Frage kann ich immer finden. Denn jeder Traum, sogar nur ein einziges Traumbild allein, hat hunderte von Aspekten, und zu jedem kann man eine Frage finden. Und wenn ich dann etwas finde, was ich fragen kann, wird es sich weiter öffnen.

In der Arbeit mit Träumen und überhaupt in der Therapie suche ich immer, wo ein Schritt kommen könnte. Wenn man ein gutes Gefühl dafür hat, was ein Schritt eigentlich ist, kann man abtasten, wo er kommen könnte. Wenn man aber zuerst *wissen* muss, wo ein Schritt kommen wird, wird keiner kommen. Man kann das nicht wissen. Ich bin über den Schritt, der dann wirklich kommt, immer überrascht.

Wenn man ein Problem mitfühlen kann, kann man auch fühlen, in welcher Richtung ein Schritt kommen könnte – ohne zu wissen, welcher Schritt das sein wird. »Irgendein Schritt kommt hier«, so ein Gefühl kann man haben. Und dann kommt er manchmal nicht. Dann sucht man weiter, »ah ja, hier«. Das Suchen hilft, dass er leichter kommt. Dort, wo es hapert oder schmerzlich ist oder negativ oder ängstlich ist, kann man meistens einen Schritt fühlen, der das erleichtern oder lösen würde. Einen Schritt, der einen Weg zeigen würde, *sodass man sein kann, wo man vorher nicht sein konnte,* nicht? Aber welcher Schritt aus dem Inneren des Klienten, aus seinem Körper, tatsächlich kommen wird, weiß ich nicht.

Dass man aber nach einer Weile mit Träumen gewandter und vertrauter wird, ist auch wahr. Der nächste Traum ist wieder ganz anders und man versteht gar nichts, aber man hat ein bestimmtes Gefühl, dass man schon einmal da war. Die Art und Weise der Träume wiederholt sich. Wenn man ein paar Monate mit Träumen gearbeitet hat, kommt das von selbst. Dann sieht man immer wieder Ähnliches, wenn es auch nie dasselbe ist.

Träume sind wie Blätter im Herbst

Einmal habe ich in Japan gearbeitet, als es gerade Herbst war, und überall lagen wunderschöne bunte Blätter herum. Die Japaner haben sehr schnell verstanden: Ein Traum ist so wie ein solches Blatt. Wenn man eines anschaut, will man es ewig behalten. An etwas so Schönem kann man doch nicht einfach vorbeigehen. Aber dann sieht man: Da ist ja noch ein Blatt und noch eines, und man kann sich nicht alle aufheben. Es ist ein solcher Reichtum da! Jeder Traum ist so. In der nächsten Nacht kommen mehr Träume und in der übernächsten noch mehr. Einen Traum wirklich ganz verarbeiten kann man nicht. Hebt einen Traum auf und arbeitet zwei Jahre daran, und es wird immer mehr und mehr aus ihm hervorkommen! Je mehr man findet, desto mehr kommt.

Es gibt immer so viele Richtungen, in die man gehen kann! Die Vorstellung, es gäbe nur eine richtige Richtung, ist nicht richtig. Das ganze Leben eines Menschen – und noch mehr, z. B. wie dieses Leben hätte sein sollen – ist wie ein großer Teppich. Der besteht aus allen möglichen Fäden in verschiedenen Farben. Und in diesem wunderbaren Teppich soll man *heute* den *einen richtigen* Faden finden, damit man den ganzen Teppich jetzt aufarbeiten kann? Das geht doch nicht – Gott sei Dank!

Weiterführende Literaturempfehlungen:

Gendlin, E. T. (2009). *Dein Körper – dein Traumdeuter.* Stuttgart: Klett-Cotta

Gendlin, E. T. (1998). *Focusing-orientierte Psychotherapie. Ein Handbuch der erlebensbezogenen Methode*, S. 316–334. Stuttgart: Klett-Cotta

Wiltschko, J. (2011). *Ich spüre, also bin ich!* S. 163–177. Münster: MV-Verlag

6. Philosophische Anstöße: Über Therapie und Philosophie

Der offene Platz

Es macht mir Freude, mit euch zu sprechen. Ihr müsst mir aber mein schlechtes Deutsch verzeihen. Ich habe selten Gelegenheit, deutsch zu sprechen. Gewöhnlich lese ich nur auf deutsch. Wenn ich versuche deutsch zu sprechen, kommt es deshalb oft vor, dass ich einen Satz gut anfange, ihn dann aber nicht ..... Ich habe das körperliche Gefühl von dem Wort, welches durch den ganzen Satz, den es beenden muss, erwartet wird, sich aber am Ende doch nicht ..... Dennoch versteht ihr mich.

Ich mache aus meiner Not eine Tugend und aus meinem Fall ein Beispiel: Sprechen besteht nicht nur aus Worten. Ein ..... ist auch Sprache. So ein offener Platz kann in einem Satz wie ein Wort fungieren. Die Situation und die Worte machen diesen Platz und erhalten ihn, sodass auch dieser Platz spricht.

Ich kann jetzt fragen: Wie kommt es überhaupt, dass sich die Worte so schön ..... (einstellen)?

Sobald wir mit diesem ..... weitersprechen, ändert es sich und sagt mehr und mehr von sich – und auch vom »Verhalten« der Sprache. *Die Sprache besteht nicht nur aus einem Vorrat an festgelegten, fixierten Bedeutungen, einem Vorrat, den wir alle gemeinsam haben. Bedeutungen entwickeln sich auch als »Plätze«. Das bemerken wir leicht, wenn der Platz selbst neu spricht.* Wenn sich die anderen Worte und die Situationen rund um einen Platz ändern und sich dann ein Wort an diesem Platz einstellt, sagt »einstellen« hier, dass das Wort sich ändert und auf diesem Platz mehr und Neues sagen kann.

Wir kennen diese Art der Sprache aus der Therapie. Das gewöhnliche Gespräch bringt wenig Therapie. Der eigentliche therapeutische Prozess beginnt erst dort, wo der Klient mit dem Sprechen stecken bleibt. Das, was zu bearbeiten ist, erscheint zuerst oft als ..... Das ..... ist genauer, als man es im Augenblick sagen könnte und verlangt auch einen weiteren, *noch* genaueren Schritt, der noch gar nicht existiert.

So ein körperliches Gefühl von einem Wort oder von einem Platz nennen wir einen *Felt Sense.* In der Therapie ist oft zuerst der Felt Sense da, Worte aber noch nicht. Worte sind wohl in jedem Felt Sense implizit, aber man fühlt, wie der Felt Sense die Sprache umstellen muss. Es dauert eine Minute oder zwei, dann wird der Klient zum Dichter. Plötzlich sind Sätze da, ganz neue, die sagen, was noch nie jemand gesagt hat. In der Therapie wird oft etwas gesagt, das der Weltgeschichte neu ist. Der Körper hat zuerst gefühlsmäßig eine Änderung verlangt und sie hat sich dann eingestellt. So ein Schritt – und das ist schon ein bisschen Therapie – bringt eine konkrete körperliche Änderung. Sie ist neu, wie die neuen Sätze, und hat eine veränderte, reicher entwickelte, vielfältiger verzweigte Bedeutung.
Angeblich soll die nunmehr verzweigtere Bedeutung der Worte nur im Moment und nur für die zwei Leute (Therapeut und Klient) gelten und verständlich sein. Man sieht jedoch, dass das Neue auch universal ist, denn man kann es ziemlich gut verfolgen und verstehen, wenn man das Transkript einer therapeutischen Sitzung liest.
Dass man diese Art von Sprache erkennen kann, zeigt eine Reihe von Forschungen, in der ich fand, dass diese Art von Sprache mit dem Therapieerfolg korreliert.
Wenn wir nun diese für uns Therapeuten bekannten Phänomene vom Standpunkt der heutigen Philosophie ansehen, stellt sich heraus, dass sie revolutionär sind.

Die Sprache kann Neues sagen

Man weiß heute, dass die Sprache immer mehr sagt als ihre fixierten Formen. Das wird allerdings in der Philosophie als ein unlösbares Problem angesehen. Man meint, dass es nur in fixierten Bedeutungen möglich wäre, etwas *richtig* zu sagen. Das, was über die fixierten Bedeutungen hinaus da ist, wird, vom Standpunkt der fixierten Formen, als »Überschuss« *(excess)* betrachtet. Und der soll gar nicht sagbar sein. Mehr als das: Es soll auch keine Sprache geben können, mit der man über den Überschuss überhaupt sprechen, also die Philosophie fortsetzen könnte.
Für mich hingegen ist der Überschuss nicht ein Überschuss, bezogen auf die fixierten Bedeutungen, sondern in diesem Überschuss entwickeln sich die Wortbedeutungen erst. Die Praxis zeigt immer diese

Art der Sprache. Mit dieser Art von Sprache können wir auch über Sprache sprechen, sie weiter erforschen und in ihr philosophieren. Diese Art der Sprache muss daher weiter betrachtet und untersucht werden.

Logische Formen und Unterscheidungen

Analog zu dem Überschuss der Worte sagt man in der Philosophie heute auch von der Logik, dass sie nicht ausreiche. Das, was mehr als Logik ist, soll allerdings nur Unordnung sein können. Auch das wird nur als Überschuss angesehen. Angeblich gibt es keine andere Art von Ordnung als logische Formen und Unterscheidungen. Was diese nicht einschließen können, soll nur zum Widerspruch oder zum Chaos führen. Es soll da keinen Ausweg geben.

Klientenzentrierte Therapeuten wissen schon lange, dass der Klient nie in Begriffe/Konzepte aufgelöst werden kann. Deswegen benutzen wir die Begriffe/Konzepte der Diagnostik nicht.

Wir brauchen Begriffe/Konzepte, aber sie müssen anderer Art werden oder wenigstens anders benutzt werden. Bei uns in der Therapie geht fortwährend mehr vor, als Logik und Begriffe/Konzepte einschließen können, und doch stellt sich das nicht als Widerspruch oder als Chaos heraus. Was ist das also, das wir gut kennen und das mehr als Logik und Begriffe/Konzepte ist?

Die Subtilität

Dort, wo die Logik und die Begriffe/Konzepte nicht ausreichen, finden wir etwas Genaueres, etwas reicher Entwickeltes. Für uns ist das kein Chaos, sondern ein riesiges neues Land, ein Territorium, welches genauer, gegliederter und realistischer ist als die alten Begriffe/Konzepte und Unterscheidungen. Dieses Territorium nenne ich *intricacy* (Subtilität).

Zuerst scheint es, als ob die neuen Bedeutungen und Erlebensschritte einfach nur spezifischer, hinsichtlich ihrer Qualität aber noch dieselben wären wie die alten. Das ist aber nur das Mindeste. Es kommen auch *neue* Unterscheidungen und Begriffe/Konzepte zum Vorschein, sobald der Klient in den Felt Sense eintritt.

In der Philosophie würde man heute noch darauf bestehen, dass diese neuen Unterscheidungen (Begriffe, Formen) nicht von innen kommen können. Die Gesellschaft oder der Therapeut müsse diese neuen

Formen irgendwie in den Klienten »eingebaut« haben. Es ist ja auch tatsächlich eine wichtige Frage, welche Rolle die in uns »eingebaute« Sozialisation dabei spielt. Wir können uns aber leicht davon überzeugen, dass sich viele Bedeutungen und Erlebensschritte *neu* entwickeln.

Alte und neue Begriffe/Konzepte und Unterscheidungen spielen beim Menschen immer eine große Rolle, aber alleine bestimmen sie die Sprache und die Ereignisse nicht. Sie werden in diesem Prozess selbst verändert – so wie die Worte auch.

So erkennen wir also, dass dieses neue Territorium gar nicht aus Formen und Unterscheidungen besteht, auch nicht aus sehr spezifischen. Es trägt sicherlich viele begriffliche Formen *implizit* in sich, doch werden diese in ihm immer wieder verändert und weiterentwickelt. Dieses Weiterentwickeln hat seine eigene Ordnung, eine Ordnung, die das weitere Fortsetzen *(carrying forward)* ordnet und die man auch nur im weiteren Fortsetzen studieren kann.

Die Fortsetzungsordnung

Schauen wir uns jetzt diese Fortsetzungsordnung in meinem Beispiel vom Anfang an. Dass man ein körperliches Gefühl von Worten haben kann, zeigt: Der Körper kennt die Sprache. Mit einem Felt Sense fühlt man die Worte, die kommen müssen. Die verlangten Worte werden den Felt Sense fortsetzen *(carrying forward)*. Wenn sie brav und schnell kommen, merkt man den Felt Sense kaum. Wenn es gewohnte Sätze gibt, die den Felt Sense aussprechen, geht es glatt. Möchte man aber etwas sagen, das noch nicht klar ist, vielleicht sogar noch nie klar war, dann fehlen einem oft die Worte. Man merkt dann, dass man keine Worte bereit hat, aber doch ein körperliches Gefühl von ihnen hat.

Wenn man in einem solchen Fall schnell oder viel sagt, ohne auf den Felt Sense zu achten, sagt man etwas anderes, als man eigentlich sagen will. Damit Sätze kommen, die das sagen, was einen zum Stocken brachte, muss man auf den Felt Sense achten. Man muss dem Inneren des Körpers Aufmerksamkeit schenken, dabei bleiben und alle Sätze, die kommen, bei dem körperlichen Gefühl abrufen.

Wenn sich »richtige« Sätze einstellen, passen sie nicht nur, sie setzen auch fort. Das stockende Gefühl löst sich, der Körper ändert sich.

Vorher hat er in gewisser Hinsicht den Atem angehalten, jetzt lebt er weiter. *Wir wollen also nicht sagen, es wäre alle Weisheit schon im Körper da, nur den Ausdruck erwartend, sondern: Das Körperleben setzt sich im Verhalten und Sprechen neu fort. Es geht neu weiter. Die Sprache und die Begriffe/Konzepte sind keine Kopien dessen, was schon da ist. Sie erweitern das Erleben und setzen es fort.* Deshalb sind die Begriffe auch niemals allein und an sich wahr und sie können auch niemals ihre eigene Funktion* logisch einschließen, denn *ihre Funktion besteht darin, dass sie etwas viel Größeres fortsetzen, als sie selbst sind.* Das ist mit dem Begriff »Überschuss« nicht richtig benannt. Denn es ist die rechte Arbeit und Rolle der Begriffe und der Worte, mehr fortzusetzen, als sie alleine sagen können.

So wollen wir auch in einer neuen Weise mit Theorie umgehen. Als erstes erlauben wir, dass sich unsere eigenen Worte gemäß dieser Fortsetzungsordnung ändern dürfen. Als Beispiel nehmen wir jetzt das Wort »Körper«. In dem gerade Gesagten hat sich dieses Wort schon verändert. An diesem Platz hier sagt das Wort »Körper« schon anderes und mehr als gewöhnlich.

Der Körper

Wir wollen uns den Körper aus dem körperlichen Felt Sense denken. *Wir wollen also eine körperliche Ordnung denken – nein, besser, diese Ordnung direkt finden, eine Ordnung, die nicht nur aus Formen und Gestalten besteht, sondern die sich durch verschiedenes Tun, Sprechen und Denken fortsetzen und weiterführen lässt.* Zum Fortsetzen führt aber nicht jedes Tun oder Sprechen. Wenn man einmal eingeatmet hat, kann man alles Mögliche machen, aber schwerlich ein Fortsetzen finden, das anders wäre als auszuatmen. Das Fortsetzen geschieht also auf *sehr genaue* Weise.

Es sieht so aus, als ob die Form des Fortsetzens dem Körper schon genau vorgeschrieben wäre. Nur das Genaue dient ihm. Wenn wir ein schiefes Bild an der Wand sehen, fühlt der Körper genau, wie es in die Gerade gebracht werden kann. Das ist schon im Voraus genau bestimmt. Dem Künstler, der vor einem unfertigen Bild steht, geht es ähnlich. Der Künstler hat ein körperliches Gefühl des nächsten Pin-

* engl. *functioning*, also Funktionieren, Wirksamsein, eine Rolle spielen

selstriches, der diese Unfertigkeit fortsetzen soll. Dieser nächste Strich, der sich hier einstellen soll, wird ebenfalls ungemein genau vom Körper verlangt, dennoch ist er nicht schon formiert. Der Maler hat einen solchen Strich noch nie gesehen und wird ihn vielleicht auch nie sehen, sollte das Bild unfertig bleiben. Dennoch fühlt der Körper dieses Verlangen nach dem neuen Strich.

Die Fortsetzungsordnung ist sehr genau, auch wenn sie *nicht formiert* ist. Der Körper kann mehr verlangen, als je da war.

Wie dem Maler, so geht es den meisten Menschen auch. Die alten Lebensweisen genügen in vielen Situationen nicht mehr. Um heute Frau, Mann, Vater oder Geschäftsmann zu sein, müssen wir oft jeden Tag neu vorgehen. Und das können wir nur, wenn wir vom Felt Sense der jeweiligen Situation ausgehen. Der ist genauer und reicher gegliedert als die gewohnte, gewöhnliche Art des Verhaltens. Wenn wir in den Felt Sense eintreten, finden wir in ihm ein Netz von Details, wie bei einem Perserteppich – nur nicht so starr. Denn es handelt sich dabei um eine Ordnung *für mehr, als schon da ist.*

Der Körper kennt die Sprache – aber immer in einer Situation. *Der Körper ist in der Situation, und die Situation ist auch im Körper,* in einem Felt Sense. Gefühle sind nicht innere Dinge, sondern das in die Umwelt weitergehende, fortzusetzende Körperleben.

Wenn Sie jetzt im Augenblick auf Ihren Körper von innen achten, finden Sie das Gefühl der jetzigen Situation, meinen Vortrag, mein Benehmen, auch die Leute, neben denen Sie jetzt sitzen, und auch andere Situationen, die Ihr Körper – beklemmend oder herzaufgehend – mit dabei hat. Von innen gefühlt, ist der Körper auf die Welt hin ausgedehnt und auf das, was noch nicht passiert ist, aber passieren kann.

Sprache, Körper und Situationen sind ein und dasselbe, wie wir sehen. Unterscheidungen kann man zwar auf vielerlei Arten machen, aber erst an zweiter Stelle, und man muss dann immer das Netz von Sprache, Körper und Situation mitdenken. Begriffe und Konzepte allein sind deshalb nie die einzige Ordnung unseres Verhaltens. Begriffe/Konzepte setzen immer nur den Sprache-Körper-Situationsprozess fort.

Solange man sich nur an Begriffe/Konzepte hält und sich in der alten, vorhandenen Sprache aufhält, wird sich kaum eine erfolgreiche Therapie ereignen. Der Klient muss wenigstens manchmal so etwas wie *Focusing* machen, d. h., er muss auf das körperliche Gefühl achten und von diesem neue Schritte kommen lassen.

Die Fortsetzungsordnung im Vergleich zur Tradition

Es ist schon seit langem ein großes Rätsel, wieso eine – wie die postmoderne Philosophie behauptet – angeblich gänzlich erfundene Wissenschaft so viel Erfolg haben konnte. Man sagt, dass unsere ganze Wissenschaft von Axiomen abhängt – die Axiome selber aber seien von gar nichts abhängig. Man sagt, sie seien von uns nur postuliert und der Natur aufgezwungen. So beruht berühmterweise unsere Wissenschaft auf einem riesigen Loch.

Die großen deutschen Philosophen haben dieses Loch als das Spontane der Vernunft erklärt. Die Vernunft begründe sich selber – und damit alles andere, sogar die sogenannte Natur, sagten sie. Mit Nietzsche wurde diese Vernunft umgestürzt. Bei ihm gab es nur endlos viele, verschiedene historische Deutungen – keine eindeutige, elegante, sich selbst begründende Vernunft.

Nietzsche hat viel Verschiedenes gesagt, darunter auch, dass der Körper eine eigene Vernunft habe, die eine bessere sei als die rationale. Am Ende war er aber doch wieder der Meinung, dass der Körper ein ursprüngliches Chaos sei, ohne eigene Ordnung, und dass man ihm eine historisch bedingte Ordnung aufzwingen müsse. Es gäbe eben doch nur aufgezwungene Ordnung. Man könne höchstens selbst wählen, was für ein Kunstwerk man aus sich selbst und den anderen schaffen wolle.

In der heutigen Philosophie streiten sich noch immer zwei Gruppen. Die eine will die gute alte Ordnung auf neuer Basis wieder errichten: Ohne gute Begriffe/Konzepte kämen wir nicht aus. Habermas sagt, die Sprache und unsere Kommunikation folgten Regeln, die man aufstellen könne. Anstatt einzelner Subjekte will er den Prozess der Kommunikation studieren. Den Weg, den Habermas weist, wollen wir fortsetzen. Den Prozess zu studieren ist ausgezeichnet. Aber bei Habermas besteht Kommunikation doch wieder nur aus dem »Vorrat« an gemeinsamen Formen. Wir aber sehen in der Therapie jeden Tag neue Formen der Sprache, des Körperlebens und des Verhaltens in Situationen.

Die Gegner in dieser Debatte (die zweite Gruppe) sagen auch etwas Wertvolles: Angefangen von Husserl und Heidegger und seit einiger Zeit in Frankreich (z. B. bei Jacques Derrida), wird gezeigt, dass alle Formen und Begriffe/Konzepte zusammenstürzen und zusammenstürzen *müssen*, weil sie ihr eigenes Tun nie einschließen können. Es sei immer mehr da, als die logischen Formen und Unterscheidungen an sich umfassen. An dieser Stelle bleiben diese Philosophen stecken – so wie auch unsere Klienten stecken bleiben –, nur wissen diese Philosophen nicht, wie es vom Steckenbleiben aus weitergeht.

Was man braucht, sucht und noch nicht gefunden hat, ist eine Ordnung post-Nietzsche: Weder die rationalen Formen noch deren Bruch oder Widerspruch (Ablehnung). Das, was mehr ist als die Formen, hat auch eine Ordnung –, und mit der arbeiten wir Therapeuten jeden Tag. *Es ist die Ordnung des Fortsetzens.*

Menschliche Natur

In der Anthropologie hat man unter den verschiedenen Völkern kaum etwas allgemein Gültiges gefunden. Menschen existieren nur in der einen oder in der anderen der verschiedenen Formen (Kulturen). Die Philosophie sagt schon lange, dass es überhaupt keine menschliche Natur gäbe – nur bestimmte historische Produkte verschiedener Gesellschaften.

Heute ist man überwiegend der Meinung, dass jegliche Bedeutung mit Sprache und Kulturbegriffen beginnt. Das ist aber nur in einem engeren Sinn wahr. Die Bedeutungen beginnen nicht mit der Kultur. Manche Tiere sind schon beinahe Personen und führen ein sehr kompliziertes Leben miteinander. Die Kultur erweitert nur alles Frühere. Eine menschliche Natur, wie sie vor der Sprache war, kann man aber nicht mehr finden und konnte sie nie finden. Aber man darf deswegen nicht glauben, dass alle Bedeutung und Ordnung nur aus Sprache und Begriffen/Konzepten bestünde. *Die Verhaltensordnung des Körpers ist nach wie vor da und bringt immer wieder reicher entwickelte Fortsetzungen und Weiterführungen hervor, als es nur von den Formen ausgehend möglich wäre.*

Die Philosophen des deutschen Idealismus, Kant, Fichte und Hegel, sagten, die menschliche Natur sei universal, allerdings nur das Rationale an ihr. Die Romantiker, Nietzsche und die Heutigen, erkannten, dass der Mensch tiefer ist als das Rationale. Aber sie betrachten dies nur als ein historisches Produkt.

Bei Freud sind Bedeutungen dem körperlichen »Es« nur aufgezwungen. Das »Es«, d. h. der Körper, soll nur ein Bündel von chaotischen

Trieben sein, die selbst keinen Weg der Entlastung kennen. Bei Freud hat der Körper keine eigenen Verhaltensweisen. Das »Ich«, so meinte Freud, sei nur ein Teil des »Es«, ein Teil, der die Formen der jeweiligen Gesellschaft annehme. Das »Ich« bestehe nur aus diesen sozialen Formen. Es gibt bei Freud ein deutsches »Ich«, ein japanisches, aber kein menschliches*.

So ein verhaltensloser Körper wird aber in Wirklichkeit nie gefunden. Die Ethologie (Verhaltensforschung) findet beim Studium der Tiere immer sehr komplizierte angeborene Verhaltensweisen. Neue Forschungen zeigen, dass auch der neugeborene Mensch schon mit sehr komplizierten Kommunikationsweisen auf die Welt kommt. Die neuen Forschungen widerlegen die alten Annahmen.

Die Psychoanalytiker glauben zum großen Teil immer noch, dass die Therapie nur auf den Deutungen des Doktors basiere. Sie glauben entscheiden zu müssen, wo es beim Patienten hapert. Auch glauben sie, für den Patienten das Ziel der Therapie aufstellen zu müssen. Nachdem ja alle Ordnung nur von außen kommen soll, scheint es ihnen unmöglich, dass sich einem Menschen etwas Neues von innen her ergeben könnte, etwas Neues, das geordneter, besser und sogar heilend wäre.

Diese Kollegen sind noch immer überzeugt, es gäbe im Menschen, wie Freud gesagt hat, nur ein Bündel chaotischer Triebe, die sich entsprechend der jeweiligen Gesellschaft ordneten. Wenn die Sozialisation fehlgegangen sei, wenn den Patienten etwas fehle, müsse ihnen etwas von außen auferlegt und beigebracht werden, denn drinnen soll ja nichts sein. Mit diesen philosophischen Annahmen im Hintergrund ist leicht erklärt, warum die Analytiker uns klientenzentrierte Therapeuten für dumm halten, wenn wir glauben, Klienten verstehen zu können, ohne ihnen Begriffe/Konzepte aufzuzwingen. Von ihren eigenen Annahmen ausgehend glauben die Analytiker, wir seien uns unserer Begriffe/Konzepte nur nicht bewusst. Denn es gäbe ja nur eine begriffliche oder begriffsähnliche Ordnung.

---

* Siehe S. Freud, *Abriß der Psychoanalyse*, GW XVII, S. 128 ff; z. B.: »Den Kern unseres Wesens bildet also das dunkle *Es*, das nicht direkt mit der Außenwelt verkehrt und auch unserer Kenntnis nur durch die Vermittlung einer anderen Instanz zugänglich wird.« Er fährt fort: »Das Es, von der Außenwelt abgeschnitten ...« Mehr dazu siehe E. T. Gendlin, *A Philosophical Critique of Narcissism*, in Levin, D. M. (ed.), *Pathologies of the Modern Self: Postmodern Studies.* New York, University Press, 1987

Es ist aber ganz anders. Der therapeutische Prozess geht immer über die gemeinen (gewöhnlichen, bekannten) Formen hinaus, und doch können wir die neuen Schritte verfolgen. Wenn wir in klientenzentrierter Weise reflektierend zuhören, taucht ein Menschenwesen auf, das weder formiert (geordnet, geformt) noch unbestimmt ist, sondern mehr geordnet – mehr geordnet hinsichtlich des verlangten genauen Fortsetzens.

Der große Heidegger sagte, dass er sich mit einem japanischen Philosophen überhaupt nicht verständigen könne. Er glaubte, alles Verstehen basiere auf historisch gegebenen Sprachformen. Das ist ein Fehler. Es war immer schon mehr da als die jeweiligen Kultur- und Sprachformen. Die verschiedenen Kulturen haben nur die körperliche Fortsetzungsordnung verschieden fortgesetzt, aber danach ist immer wieder körperlich mehr und Neues da. Heidegger hat schon Recht, dass man mit den Formen einer Kultur nicht die Formen einer anderen Kultur verstehen kann. Sobald es aber eine »Fortsetzung« gibt, ist Verstehen möglich, denn die »Fortsetzung« bleibt nicht in den Formen eingeschlossen.

Die Prozessschritte, die z. B. Japaner machen, wenn man sie im Focusing begleitet, können ganz gut verstanden werden. Ich habe dort zweimal einige Wochen gearbeitet. Die Kultur und das, was die Leute als Gruppe taten, konnte ich oft nicht verstehen und in dieser Hinsicht bin ich oft fehlgegangen. Aber die einzelnen Prozesse konnte ich trotz Übersetzungsschwierigkeiten immer genau verfolgen. Die Schritte des Prozesses machten die starren Kulturformen, die mir fremd waren, flüssig. Im erlebenden Fortsetzen sagen die Worte immer etwas Neues und Verständliches, so wie bei euch und bei uns.

Es zeigt sich, dass der Prozess, den wir kennen, nicht ganz den Kulturformen untergeordnet ist. Heute haben sich uns die Philosophen sehr angenähert. Sie haben die alten Annahmen großenteils aufgegeben, doch ohne den neuen Weg zu finden. Sie sprechen viel über Therapie, meistens aber meinen sie damit Freud, weil man seine Annahmen leicht versteht, denn es sind die alten Annahmen. Die Philosophen suchen jetzt etwas anderes und sollten sich *unsere* Praxis näher anschauen.

Eine andere Art, Begriffe/Konzepte zu gebrauchen

Wir brauchen nicht nur den Felt Sense und die Begriffe, die in ihm schon implizit sind. Wir brauchen auch die systematischen Begriffe und begrifflichen Zusammenhänge. Viele von uns glauben, es gäbe ein Entweder-Oder, als ob man durch Begriffe/Konzepte sofort die erlebte Situation verlieren müsse.

Es ist aber umgekehrt: Je schärfer die Begriffe/Konzepte, desto mehr können sie die erlebte Situation fortsetzen und weiterführen. Ob sie das tun, kann man aber nur wissen, wenn man beides, Begriffe/Konzepte *und* Erleben, beibehält. Wir brauchen neue systematische Begriffe/Konzepte, die so sind, dass sie das Erleben beibehalten, so wie der Begriff »Fortsetzungsordnung« selbst.

Die alten diagnostischen Konzepte sind oft negativ verpackt, so als ob aus ihnen nichts anderes als die Krankheit selbst folgen könne. Seit Rogers lehnen wir diese Begriffe/Konzepte ab. Wir können sie aber auch benutzen, indem wir sie auspacken, sodass das zum Fortsetzen Bereite wieder hervorkommt. Alles Menschliche ist zum Fortsetzen. In einem Klienten ist zum Beispiel momentan etwas in einer bestimmten Weise formiert. Die alten Begriffe/Konzepte machen aus seiner Formierung ein Ding und versteinern es dadurch. Von so einem Begriff aus kann nichts Neues folgen. Wir aber wissen aus der Praxis, dass aus dem Erleben immer Neues und reicher Gegliedertes hervorgehen kann. So gesehen können Begriffe/Konzepte aller Art in der Therapie in positiver Weise fungieren. *Das, was ein Begriff aus einem Menschen hervorholt, ist immer und sofort mehr, als der Begriff allein und für sich sagt*, und das können auch überraschende, heilende Schritte sein. Es ist so ähnlich wie beim Sich-in-den-Finger-Schneiden: Der Körper weiß sich auf ganz feine Art und Weise zu heilen. Und so pinselt auch der Maler manchmal eine ganz neue, fein bestimmte Linie.

Begriffe und begriffliche Zusammenhänge dürfen nicht nur für sich alleine gedacht werden, sondern zusammen mit ihren hinsichtlich des Fortsetzens geordneten *erlebten* Resultaten.

Die Beziehung und »das Selbst«

Nun komme ich zu meinem letzten philosophischen Thema, das ich hier anschneiden möchte: die zwischenmenschliche Beziehung und das einzelne »Selbst«, »Ich« oder »Jemand«. Diese Phänomene können unter den alten Annahmen gar nicht einmal gedacht werden, *denn sie sind keine Formen und auch keine Inhalte*. Ich meine die lebendige Person, die euch in die Augen schaut und euch damit in Unruhe bringen kann.

Die Neugeborenen kommen mit großen Augen an und suchen sofort, wer sie hier abholt, so wie auf dem Bahnhof nach einer langen Reise. In unserer Kultur werden sie nicht abgeholt, sondern gemessen, gewogen, einmal gefüttert und dann einfach hingelegt. Endlose Stunden werden sie allein gelassen, nur als Dinge behandelt. Man glaubt nicht, dass von Anfang an in diesem »Ding« jemand drinnen ist. Angeblich soll sich dieses mysteriöse »Jemand« erst nach einem Jahr mit der Sprache entwickeln.

Die Kinder haben meistens auch noch große Augen, wenn sie in die Schule kommen, und sie schauen die Lehrerin an. Diese aber ist ganz in ihrem Thema versunken und schaut den Kindern nie in die Augen. Die Kinder gehen nicht gern in die Schule.

Wenn sie dann als erwachsene Klienten zu uns kommen, schauen sie Leuten meistens nicht mehr in die Augen. Und sie sind auch in gewisser Hinsicht nicht mehr direkt da – ich meine ja nicht nur die Augen. Man kann auch mit geschlossenen Augen jemanden ansehen. Man kann auch zur Seite schauen und doch dabei sein und sich tief gesehen wissen. Es gibt also ein ganzes Feld von Komplikationen bei diesem *Jemand, der drinnen ist.*

So ein Jemand, wie jeder von uns ist, kann in der heutigen Philosophie noch nicht gedacht werden. Man ist froh, die alte Idee vom rationalen, mathematischen Subjekt los zu sein, nach der das Subjekt eine Identität, ein Selbstgleichnis sein sollte. Heute wird die Beziehung, die Interaktion betont. Man sagt, es gäbe kein Subjekt mehr. Das ist natürlich ironisch. Ernst gesagt: Es mangelt an einer Art und Weise, über uns selbst nachzudenken.

Nach den heutigen philosophischen Konzepten kann man von der Interaktion nur unterdrückt werden. Lacan hat, indem er Freud interpretierte, gesagt, alles Leben sei Interaktion, das Leben an sich sei nur Ersatz und Verdrängung. Selbstsein soll unmöglich sein.

Aus unserer Praxis wissen wir, dass das Selbst und die Interaktion sich nicht ausschließen. Es ist nicht so, dass man entweder separater Mensch oder in einer Beziehung ist. Nein, gerade je mehr man sich als separater Mensch entwickelt, desto intensiver kann man in Beziehung

sein. Und je tiefer die Beziehung ist, desto mehr entwickeln sich die zwei Menschen als separate. Der noch Wacklige kann weder gut allein noch mit einem anderen leben.
Die Beziehung ist bei uns im Focusing immer wichtiger als alles andere und sie wird allem anderen vorgezogen. In dem Moment, wo die Beziehung trübe wird, wenn etwas Problematisches zwischen den beiden Menschen vor sich geht, müssen Focusing und jede Methode sofort aufgeschoben werden, bis sich die unmittelbare Beziehung klärt und der gute Kontakt wieder da ist. Da gibt es kein klientenzentriertes Reflektieren mehr. Der Therapeut muss bereit sein, die eigenen Gefühle anzuerkennen, auch Dummheiten und Fehler. Zu einer solchen Schwierigkeit haben gewöhnlich beide Menschen beigetragen, und die Therapie geht gut weiter, wenn beide bereit sind, sich zu öffnen. Das muss nicht immer auf beiden Seiten geschehen, es müssen nur beide bereit sein. Focusing ist kein Klient-Prozess, Focusing geht in einer Beziehung vor sich. Selbst wenn man es alleine macht, muss man dem Felt Sense mit freundlicher und verständnisvoller Einstellung gegenüberstehen. Wenn man sehr verärgert ist, muss man den Ärger anerkennen und dann erst den Felt Sense freundlich einladen. Sonst kommt er gar nicht oder er öffnet sich nicht und es kommen keine Schritte. Das ist schon in der Beziehung zu sich selber nötig, umso mehr gilt das zwischen Klient und Therapeut. In der Therapie ereignet sich Focusing im Rahmen der zwischenmenschlichen Beziehung und die Beziehung hat Vorrang.
Auch Carl Rogers wollte seine neue Technik auf neue Weise gebrauchen. Er wollte nicht, dass das klientenzentrierte Reflektieren zum Wichtigsten wird. Das Wichtigste ist immer der konkrete Mensch, der dort von drinnen herausschaut – nicht unser Begriff oder unser Gefühl über ihn. Was immer wir sonst tun, wir wollen jeden Moment den Kontakt mit ihm aufrechterhalten und ihm mit allem, was in ihm hervorkommt, echte Gesellschaft leisten. Ohne dies zu tun, hat kein anderes Vorhaben einen Sinn.

Weiterführende Literaturempfehlungen:

Gendlin, E. T. (1991). Thinking Beyond Pattern: Body, Language, and Situations. In B. den Ouden, M. Moen (Eds.), *The Presence of Feeling in Thought,* 25–151. New York: Peter Lang

Wiltschko, J. (Hg.) (2008). *Focusing und Philosophie. Eugene T. Gendlin über die Praxis körperbezogenen Philosophierens.* Wien: Facultas

7. Aspekte der focusing-orientierten Psychotherapie

Frühe Erfahrungen in der Psychiatrie

Ein Teilnehmer:

Die therapeutische Arbeit mit frühgestörten und psychotischen Menschen hat die Praxis und Theoriebildung in vielen psychotherapeutischen Schulen vorwärtsgebracht, besonders auch der klientenzentrierten Psychotherapie.
Sie haben von 1958 bis 1963 mit psychiatrischen Patienten am Mendota Hospital in Madison, Wisconsin, gearbeitet. Sie leiteten dort das von Carl Rogers begründete Projekt, die Möglichkeiten klientenzentrierten Arbeitens mit hospitalisierten Patienten zu untersuchen. Dieses Projekt ist als »Wisconsin-Projekt« in die Literatur eingegangen. Die praktischen Erfahrungen, die empirischen Studien und die daraus gewonnenen Konzepte haben damals die Entwicklung der klientenzentrierten Praxis und Theorie sehr verändert und sie sind ja auch eine der Wurzeln für das, was wir heute Focusing-Therapie nennen.
Meine Frage an Sie ist nun, wie Sie selbst heute diesen Impuls sehen, den Sie damals durch die Arbeit mit diesen sogenannten »frühgestörten« Menschen bekommen haben. Und Sie sind ja nicht nur Psychotherapeut, sondern auch Philosoph, und da bin ich auch neugierig, welche Einflüsse die Arbeit mit diesen Menschen auf Ihre Philosophie hatte.

In Diagnosen dürfen wir nicht hineinfallen

Ja, danke, ich habe schon viel zu viel zu sagen. Bevor ich auf diese Fragen antworte, möchte ich aber vorwegschicken: Man muss die diagnostischen Ausdrücke, wie z. B. »frühgestört«, mit sehr viel Skepsis betrachten. Auf der einen Seite wollen wir keine Art und Weise von Wissen wegwerfen. Wenn jemand irgendetwas Regelmäßiges beobachtet hat, wollen wir das wissen. Die ganze Diagnostik wollen wir gut kennen. Aber dann muss man noch dazu wissen, dass es da einen dialektischen Zirkel gibt. Man glaubt, man erklärt mit einer Diagnose etwas, aber wenn man genau hinschaut, bemerkt man, dass wir alle z. B. »frühgestört« sind – oder wenigstens bin ich sicher, dass ich frühgestört bin.

Diagnosen fixieren Inhalte. Ob man aber sein Leben »richtig« leben kann oder nicht, *hängt nicht von den Inhalten ab.* Es kommt auf irgendetwas anderes an, und wir wissen nicht genau, was das ist. Denn je mehr eigene schwierige Dinge man überwunden hat, desto reicher ist man und desto mehr kann man anderen Menschen helfen. Je mehr Schwierigkeiten wir haben, desto wirklicher werden wir nach einer Weile, anstatt künstlich zu bleiben.

Das DSM* – habt ihr das von uns aus den USA? Schade, mir wäre lieber, ihr hättet es nicht. Ich sage immer, dass alle seine Inhalte auch auf mich zutreffen bis auf zwei oder drei. Das ist lustig, aber trotzdem kein Witz. Wenn ihr genau schaut, werdet ihr feststellen, dass beinahe mit jeder Diagnose etwas von euch beschrieben wird, das ihr von innen kennen könnt. Warum ihr noch nicht zusammengebrochen seid, hängt also von etwas anderem ab. Was das ist, kann man suchen gehen: Wieso lebe ich eigentlich weiter, obwohl in meinem Leben nichts Gutes passiert ist? Wer hat mir irgendeine Art von Stärke mitgegeben? Wie habe ich meine schlimmen Erfahrungen überwinden können? usw.

Wenn man nur *eine* Persönlichkeitstheorie oder Typologie hat, sagen wir die vier Funktionstypen von C. G. Jung, stellt sie sich als richtig heraus, wenn man sie benützt. Jede einzelne Typologie schaut richtig aus. Aber wenn wir dann zehn verschiedene Typologien kennen, taucht eine interessante Frage auf: Wie ist es möglich, dass alle Typologien richtig scheinen, obwohl sie sich teilweise widersprechen?

Jede Typologie hat einen gewissen Wert. Sie hilft uns, das, was sie beschreibt, bei jemandem zu *bemerken*. Wenn man aber dann diesen Jemand als diesen Typ behandelt, hat man schon verloren, und es wäre besser, man hätte die Typologie nicht. Aber es ist gut zu wissen, dass jede Typologie etwas Interessantes *hervorhebt.* Wenn also jemand z. B. sagt, es gäbe sechs verschiedene Typen von Menschen, kann man

* Diagnostisches und statistisches Manual psychischer Störungen, ein psychopathologisches Klassifikationssystem

einerseits lächeln und sagen »ja, ja, ich weiß schon«, und andererseits kann man ihn auch ernsthaft darum bitten, dass er seine Typologie erklärt, denn sie wird einem helfen, etwas zu bemerken, das man bis jetzt nicht bemerkt hat.

Wie ihr seht, behandle ich Diagnosen und Typologien und das, was man von ihnen ableiten möchte, z. B. Deutungen, auf gleiche Weise, denn das sind alles *Konzepte*. Alle Konzepte, alles Wissen, alle Arten und Weisen, etwas durchzudenken, sind wichtig, denn sie bringen einen zu einem weiteren und tieferen Ort, von dem aus man mehr bemerken und verstehen kann. *Aber man darf nicht glauben, dass die Konzepte das sind, wovon sie handeln.* Wenn ihr von mir etwas hört oder an mir etwas beobachtet, das in euch irgendeine Diagnose oder irgendwelche anderen Konzepte über mich hervorruft, werdet ihr gleich mehr von mir verstehen als vorher. *Wenn ihr mich aber dann behandelt, als wäre ich diese Konzepte, ist alles verloren.* Ihr müsst wissen, dass euch da ein komplizierter Mensch gegenübersitzt mit allem Möglichen und mit hundert Millionen Dingen, die ihr nicht erraten könnt – auch, wenn euch eine Diagnose oder ein bestimmtes Konzept gerade geholfen hat, mehr von dem zu verstehen, was ihr an mir beobachtet. Wenn ihr nicht weiter geht als die Konzepte, wäre es besser, gar keine Konzepte zu haben.

»Weiter gehen als die Konzepte« heißt: Von einem gewissen Standpunkt aus passt ein Mensch schon ganz gut in dieses diagnostische Konzept, aber er passt ja auch in 20 andere Konzepte, die ich noch nicht habe. Wenn ihr das wisst, seid ihr wieder frei und wirklich auf diesen Menschen bezogen.

Ich will deutlich sagen, dass wir die diagnostischen Einsichten und Konzepte haben und kennen wollen – nur hineinfallen wollen wir nicht! Wenn man weiß, dass jeder Mensch anders ist und überhaupt kein Konzept richtig ist, helfen die Konzepte sehr. Sie zeigen einem, wo man suchen kann, und dort findet man auch etwas. Aber man findet dann oft etwas anderes, als das Konzept nahe gelegt hat. Meine Deutungen sind manchmal sehr hilfreich, obwohl sie falsch sind, weil durch sie das Richtige hervorkommt. Mit einer Klientin war ich einmal an einem heiklen Punkt, an dem sie dem Selbstmord sehr nahe war. An einer Stelle habe ich sie gefragt: »Hat das irgendetwas mit Ihrem Vater zu tun?« Da begann sie zu schluchzen und sagte: »Ich bin so froh, dass Sie das jetzt fragen. Ich kann es kaum zulassen, denn

es hat zu tun mit meiner – Mutter.« So gehen meine Deutungen. Das Konzept hat mir geholfen, aber nicht, weil es richtig war.
Die Diagnosen und die Konzepte, die man über jemanden aufstellt, schweben nicht im luftleeren Raum. Sie sind Teil der Beziehung, sie sind eine *Funktion der Situation*, in der wir uns befinden und die wir herstellen. Vor vielen Jahren habe ich mich in der Klinik mit einem sogenannten Schizophrenen sehr gut unterhalten können. Da ist plötzlich eine Schwester in das Zimmer gekommen und der Patient ist aufgestanden, hat sich ganz verrückt benommen und unverständliche Laute von sich gegeben. Kaum war die Schwester wieder draußen, hat er sich hingesetzt und zu mir gesagt: »Also, wo sind wir stehen geblieben?«

»Ihre Ohren sind zu groß«

Als ich vor ungefähr 40 Jahren im psychiatrischen Krankenhaus zu arbeiten begann, war ich ein klientenzentrierter Therapeut. Das heißt, ich war sehr scheu. In der Therapiestunde konnte ich ganz gut bestehen, aber wenn ich mit einem Patienten auf dem Weg zu meinem *office* war, auf der Treppe oder auf dem Gang, wusste ich nicht, was ich sagen könnte.
Mein erster schizophrener Patient wollte mit mir überhaupt nichts zu tun haben. Er wollte nicht in mein *office* kommen. Er ist aufgrund des Forschungsprojektes als Patient ausgesucht worden, der statistische Himmel hat ihm dieses Schicksal auferlegt, aber das hat er natürlich nicht gewusst. Aber er hat es gefühlt: Wie kommt es denn, dass gerade ich derjenige sein muss, den die ausgewählt haben? Und jetzt soll ich mit diesem komischen Doktor aus der Großstadt sprechen? Und ich war auch noch der Direktor dieses Forschungsprojektes. Es hat ihm einfach Angst gemacht.
Allmählich habe ich gelernt, etwas anderes zu machen. In dem Raum, in dem die Patienten herumsitzen, durfte und konnte ich neben ihm stehen und dort hat er auch ein bisschen mit mir gesprochen. Dort war es gut. Aber auch das ging nicht gleich. Zuerst bin ich herumgegangen und habe mit allen anderen Patienten gesprochen. Das Übliche ist ja, dass der Doktor einmal schnell herumgeht und sagt: »*Good morning, good morning, good morning, good morning, how are you? Good morning, good morning.*« Ich bin aber bei jedem Patienten ein

bisschen stehen geblieben und habe mit ihm gesprochen. Und es waren viele, die mit mir sprechen wollten. Nach einer halben Stunde bin ich dann zu ihm gekommen und dann konnte ich mit ihm sprechen. Da hat er mir gesagt: »Ich bin froh, dass Sie *auch* mit mir sprechen.« Das war ein großer Fortschritt.

Nach einer Weile bin ich mit ihm in der Halle gestanden, ein bisschen abseits von den anderen, und da waren wir beide sehr still. Denn ich war ja ein klientenzentrierter Therapeut; wenn er nichts sagt, konnte ich doch auch nichts sagen. Da waren wir sehr lange still, nur ein paar Worte haben wir ausgetauscht, und dann war die Stunde zu Ende. Diese Stunden waren für mich sehr schwer auszuhalten. Eines Tages, als wir da gestanden haben, ich still und er still, hat er mich angeschaut und gesagt: »Ihre Ohren sind zu groß!« Das habe ich gleich ganz genau verstanden, denn ich war ja nur ein paar Ohren.

Die formale Struktur der Therapie ist nichts Wirkliches

Im Lauf der Monate habe ich sehr viel von ihm gelernt. Ich habe verstanden, dass ich diese ganze eingefrorene Struktur, die wir »Therapie« nennen, wegwerfen darf und muss. Wo steht denn geschrieben, dass ich nichts sagen darf und warten muss, bis er etwas sagt? Ich konnte ihm nun sagen: »Ich würde gerne hören, was immer Sie mir sagen möchten.« Dann war ich zwei Minuten still und dann ist mir wieder etwas eingefallen.

Worauf ich hinauswill: Diese ganze formale Struktur ist aus bestimmten Gründen da, und wir brauchen sie auch oft, aber im Grunde genommen ist sie ja *nichts Wirkliches*. Im Grunde genommen ist da ein Mensch, und ich bin auch ein Mensch, und wir versuchen irgendwie Kontakt zueinander zu finden. Und sonst ist eigentlich gar nichts da. Ich habe im Grunde genommen keine Ahnung, warum er da im Gefängnis sitzt, das Spital genannt wird, und er hat von Therapie nichts gehört und nichts gelesen. Wir sind aus zwei ganz verschiedenen Kulturen und sollen uns da jetzt treffen. Und zu glauben, das würde klappen, nur weil ich mit dieser Struktur daherkomme, die »Therapie« heißt, ist doch ziemlich dumm.

Seit damals finde ich: Wir stützen uns zu sehr auf eine künstliche Struktur. Na gut, gewöhnlich brauchen wir diese Struktur und sie hilft uns wirklich. Die Struktur gibt uns eine Stunde und danach geht

der Klient schön brav wieder nach Hause. Das ist uns sehr wichtig. Und wir brauchen die Struktur auch, um den Klienten vor allem Möglichen zu schützen, das wir vielleicht ohne Struktur dummerweise tun würden.
Aber wenn man einem Kind oder einem Jugendlichen oder einem »Borderliner« oder einem »Schizophrenen« oder seiner Cousine helfen will, muss manchmal die ganze Struktur wegfallen dürfen. Dann muss man selbst wissen, wie man sagen kann: »Also, jetzt gehe ich nach Hause, weil ich nicht mehr weiterkann.« Kennen wir das nicht alle? Mit uns nahe stehenden Leuten kennen wir das. Da ist dann leider keine Struktur da, die von selbst zu meiner Mutter sagt: »Die Stunde ist jetzt um und du musst nach Hause gehen.« Die Mutter hört nicht von selbst auf zu reden. Da muss man schon selber sagen: »Ich muss jetzt gehen.« Oder: »Ich höre gerne zu, aber es wird mir jetzt zu lange.«
Auf diese Weise hat mir die Arbeit im Krankenhaus sehr geholfen.

Das Wirkliche ist, dass ich da bin

So bin ich im Lauf der Zeit von meiner scheuen Haltung, in der ich mich gar nicht bewegen durfte, zur entgegengesetzten Seite gekommen: *Das Wirkliche ist, dass ich da bin.* Wenn ich nicht wusste, was ich sagen sollte, habe ich gesagt, dass ich nicht weiß, was ich sagen soll. Und irgendetwas kann ich doch eigentlich immer sagen. Der Klient soll nicht in irgendeiner Stille hängen bleiben, bis er irgendwann herausfindet, dass wir hier klientenzentrierte Religion betreiben. Das ist nicht notwendig. Ich kann sagen: »Sie können alles sagen« oder »Wir können still sein«, und dann kann ich nach einer Weile dazufügen: »Ah, es ist für Sie nicht so leicht, still zu sein; das ist Ihnen vielleicht unangenehm.«
Man kann neben jemandem sitzen, der die ganze Stunde dahockt und auf den Boden starrt, und man kann ganz gut eine halbe Stunde oder eine ganze Stunde mit ihm sprechen. Er sagt überhaupt nichts, und ich sage einfach. »Ich möchte gern was von Ihnen hören«, und dann denke ich: Also, er wird glauben, er muss etwas sagen. Und daraus kommt schon mein nächster Satz, nach einer Weile: »Aber Sie müssen nichts sagen.« Jetzt denke ich mir, dass er glaubt, es sei mir gleichgültig, ob er etwas sagt oder nicht, und daraus kommt wieder etwas, das

ich sagen kann: »Ich fühle schon, dass Sie etwas sagen wollen, und das wäre sehr willkommen.« Oder ich sage vielleicht: »Ich leiste Ihnen still Gesellschaft.« Da denke ich gleich, jetzt wird er glauben, das sei vielleicht irgendeine sexuelle Herausforderung. Also sage ich noch etwas. Und so geht es weiter und weiter.

Auf diese Weise konnte ich eine ganze Stunde lang mit einem Patienten sprechen. Die Schwestern und die anderen Leute, die im Krankenhaus gearbeitet haben, glaubten eine Zeit lang, ich sei auch verrückt, weil ich nur vor mich hin gesprochen habe und die Patienten nichts geantwortet haben. Später hat mir einmal einer der Patienten gesagt: »Warum hast du so wenig gesagt? Weißt du nicht, dass das hilft?« Das hat mich dann in meiner Haltung sehr bestärkt.

Macht das Falsche!

Was habe ich im Spital noch gelernt? Zum Beispiel Folgendes: Wenn ich nur zurückgesagt habe, was der Patient ausgedrückt hat, und auch, wenn ich es ganz klientenzentriert und nicht künstlich, sondern wirklich echt versucht habe, sagten viele Patienten: »Was ist mit dir? Du bist so komisch. Ich fühle dich nicht. Ich weiß nicht, wer du bist.« Wenn ich dann etwas von mir gesagt habe, war aber erst recht alles verloren. Der Patient hat irgendetwas Schlechtes darauf projiziert. Kennt ihr dieses Dilemma? Wenn man etwas von sich sagt, entsteht daraus etwas Schlechtes, und wenn man nichts von sich sagt, wird man nicht wirklich gefühlt.

Da habe ich mich einige Monate lang gefragt: Was macht man da? Dann ist mir eingefallen: Ich kann doch tausend andere Dinge sagen und tun! Es gibt doch nicht nur mich oder den anderen! Ich kann sagen: »Schau, diese Blume!« oder: »Sie haben heute ein schönes Halsband an« oder »Ach meine Socken! Das sind schon wieder die, die ein Loch haben.« »Wo sind meine Schuhe? Ah ja, hier.« Ich kann über das Wetter sprechen, und ich kann Dummheiten sagen. Wenn man Dummheiten sagen darf, wird man frei.

Das rate ich euch sehr: Macht das Falsche! Zwölf- oder 15-mal, eine Woche lang oder zwei. Bis man frei wird. Dann ist man plötzlich wieder da, und mehr da als vorher. Ich bin sehr dafür, Dummheiten zu sagen – aber nur, damit man freien Raum bekommt. Ich bin sehr dafür, dass sich der Therapeut ausdrückt, aber ohne dem Klienten den

Raum zu stehlen. Ich würde also nicht sagen, was ich über den Klienten denke oder was meine Meinung ist oder dass meine Tante etwas Ähnliches erfahren hat. Das würde ich nicht tun. Aber mich selbst auszudrücken ist schon gut. Es macht mir nichts, wenn ich so aus mir herausrolle und dann sehe, dass es falsch war. Dann nehme ich es selber wieder zurück. Das ist viel besser, als als Therapeut immer still zu sein.

Die Basis der klientenzentrierten Therapie

Was mir die Erfahrungen im Krankenhaus gezeigt haben, widerspricht dem Klientenzentrierten nicht. Aber es hat mir den Unterschied gezeigt zwischen der klientenzentrierten Basis und all dem Formalen, das nicht notwendig ist. Die klientenzentrierte Basis ist: Ich arbeite jetzt für *diesen* Menschen; ich möchte jetzt hören, was *er* oder *sie* kommunizieren will; ich möchte verstehen, was *er* oder *sie* mir überbringen will, was *er* oder *sie* sagen will. Ich gehe jedes Stück, das ich kann, mit dem Klienten oder der Klientin mit. Das ist eine wirkliche *Basis*. Es ist ein Mensch da, der mit dem anderen mittut ohne einzugreifen oder ihm irgendetwas aufzuzwingen. *Wie* ich das mache, ist nicht sehr wichtig. Ob ich zurücksage »Was Sie meinen, ist das und das … Ist das richtig?« oder ob ich sage »Zum Teufel, das wäre mir auch so gegangen!«, ich will wirklich mittun.

Und natürlich lernen wir auch von der klientenzentrierten Methode, dass wir jeden Fehler, den wir gemacht haben, immer sofort ausbessern. Klientenzentriert heißt nicht, dass man keine Fehler macht oder machen darf. Es heißt, dass man vom Klienten verbessert und korrigiert wird – und man ist froh darüber. Man braucht nicht immer gleich alles richtig zu sagen. In dem Moment, in dem der Klient weiß, dass *ich sagen will, was er gemeint hat,* sind wir schon klientenzentriert.

Wenn ich sage »Zum Teufel, das habe ich auch so gefühlt«, und der Klient sagt darauf »Bitte benützen Sie nicht diese schrecklichen Wörter«, o.k., das habe ich gleich von ihm gelernt. Oder wenn er sagt: »Ich hab' mit meinen Gefühlen genug zu tun; Ihre brauche ich nicht auch noch«, o.k., das habe ich gleich gelernt. Im Lauf der Jahre bin ich ganz locker geworden. Da sage ich gleich: »Ah ja, meine Gefühle brauchen Sie nicht, Ihre sind schon schwer genug. Und ich hab' meine, die haben Sie ja gesehen, aber die brauchen wir hier nicht.« Wenn ich einen Fehler gemacht habe, habe ich gelernt, ihn gleich ganz klar beiseite zu schieben.

Ich unterbreche den Klienten oft. Wenn ich sehe, dass ich es nicht tun soll, dann lasse ich es eine Weile. Aber man muss unterbrechen *können*. Man kann nicht immer warten, bis der Klient eine Pause macht. Dann ist man verloren. Wenn jemand die ganze Zeit redet »pkadjfoaihdföoajshdföojashfoöasnfoanfon«, unterbreche ich sehr schnell: »Moment. Moment! Moment!! Moment!!! – *Hello.*« Dann kann ich wieder genau zuhören und genau zurücksagen und dabei fühle ich mich immer sehr aktiv. Aber sich passiv zu fühlen ist nicht gut. Wenn ich mich passiv fühle, gehe ich in mir nachschauen, warum. Das bringt dann meistens eine Frage auf, die ich vielleicht in mir dreimal umändern muss, aber dann kann ich sie auch dem Klienten stellen.

Die klientenzentrierte Basis wird wichtiger und echter, wenn man nichts Formales machen muss. Carl Rogers ist zu demselben Schluss gekommen, selbstständigerweise. Er ist auf einer anderen Straße zum selben Resultat gekommen. Wir haben viel zusammen gearbeitet, aber wir haben nicht viel darüber gesprochen. Wir haben vor allem Texte ausgetauscht.

Carl Rogers wollte immer das Echte. Es hat ihn sehr gestört, dass viele seiner Schüler automatisch zurücksagen, wie ein Papagei oder ein Tonbandgerät. Da hat er dann einen Artikel geschrieben, um zu sagen: Wichtig sind Empathie und positive Wertschätzung und Echtheit – als Haltungen. Das ganze Zurücksagen sei nicht wichtig. Er wollte es ganz wegwerfen. Da bin ich viel klientenzentrierter, als er es war. Denn ich glaube, dass es wirklich wichtig ist, jedesmal präzise zurückzusagen, damit man mit dem Klienten genau im Kontakt bleibt. Und dieses Zurücksagen muss nicht automatisch sein. Bevor man zurücksagt, wartet man eine Sekunde, bis das, was der Klient ausgedrückt hat, wirklich im eigenen Körper angekommen ist. Das macht dann so ein innerliches Nicken, das kommt, wenn man etwas wirklich körperlich verstanden hat. Und dann kommt das, was man zurücksagen möchte, schon richtig heraus. Da muss man dann nicht mehr aufpassen, wie man es ausdrücken soll.

Der Kontakt bringt den therapeutischen Prozess in Gang

Einmal hatte ich einen Klienten, der hat wie wild herumgeschrien und lauter schreckliche Dinge darüber erzählt, wie man ihn überall gequält hat. Nach einer Weile habe ich zu ihm gesagt: »Sie sind böse auf alle Menschen ...«, und ich wollte schon dazusagen »... und auf mich auch.« Aber dazu bin ich gar nicht mehr gekommen, denn er wurde plötzlich ganz still und sagte: »Nein, nicht auf *alle* Menschen. In der Klinik in Oklahoma gab es *einen*, auf den ich nicht böse bin.«

Der Mensch, den er gemeint hat, weiß das wahrscheinlich gar nicht. Der sitzt jetzt vielleicht gerade in einem Workshop – so wie ihr hier – und fragt: »Wie arbeitet man denn mit solchen schwierigen Klienten?«

Es hat also irgendeinen Menschen gegeben, mit dem er eine Verbindung haben konnte. Da wusste ich gleich: So ein Mensch möchte ich als Therapeut sein. Denn das ist *an sich* etwas Wertvolles.

Es ist wichtig zu wissen: Wenn man – auch nur für ein paar Minuten – einfach ein Mensch mit einem anderen Menschen ist, ist das etwas Wirkliches, das einen Unterschied macht. Wir sind so auf das Kurieren und auf das Machen von therapeutischen Fortschritten fixiert, dass wir leicht vergessen: Wenn man einfach als Mensch da ist und einem anderen Menschen echte Gesellschaft leistet, ist das etwas Wichtiges und Wertvolles.

Als ich im Krankenhaus gearbeitet habe, bin ich jeden Tag mehrmals einen langen Korridor entlang gegangen und da stand immer ein Patient herum. Ich bin oft stehen geblieben und habe fünf Minuten mit ihm gesprochen. Dann bin ich weitergegangen, und er ist in die andere Richtung gegangen. Und da habe ich gehört, wie er einmal leise zu sich gesagt hat: *»I can still make sense.«* Da wusste ich: Diese fünf Minuten waren gut genutzt. Man kann auch ganz kurz etwas Einfaches machen.

In dem Moment, in dem Klient und Therapeut zusammen in Kontakt sind, ist der Prozess schon da. Ob der schnell ausschaut oder langsam, ist mir nicht wichtig. Mir kommt es darauf an: Ist der Prozess da? Tun wir das Richtige? Und das muss ich den Klienten auch fragen: »Ist das richtig, wie wir es machen?«, »Tun wir das Richtige?« Ich suche, was das Wirkliche ist. Das ist oft nicht leicht zu finden. Aber jedenfalls sollen meine Ideen nicht im Weg stehen. Etwas Richtiges

und Wirkliches macht Kontakt. Nicht nur zwischen dem Klienten und mir, sondern auch zwischen dem Klienten und dem, was er gerade innerlich erlebt.
Dieses Prinzip gilt für jeden Menschen. Wenn man Kontakt hat, kommt man durch, auch wenn es nur ein Augenblick ist. Man kommt durch zum anderen Menschen und zu sich selbst. Und das bringt körperlich etwas Echtes.

Der Mensch ist nicht nur psychologisch

Es gibt keine rein psychologischen Probleme. Psychische Probleme sind immer eins mit Situationen, mit anderen Menschen, mit den Familienmitgliedern und mit dem sozialen System, z. B. der gesellschaftlichen Klasse, der man angehört.
Die Tradition der Psychotherapie aber nimmt an, dass ein psychisches Problem an sich existiere und alles andere sei in Ordnung. Dieses psychische Problem, glaubt man, müsse dann psychologisch behandelt werden. Das ist immer falsch. Die Menschen sind nicht nur psychologisch. Sie sind auch chemisch und elektrisch und sozial und ökonomisch und spirituell und alles andere, was man denken kann.
Die Löcher, die im Denken existieren – der Unterschied zwischen Körper und Geist, z. B. –, kommen daher, dass wir in den verschiedenen Lebensfeldern verschiedene Konzepte haben. Zwischen den Konzepten der Physiologie und Biologie und den Konzepten der Psychologie gibt es wirklich einen Unterschied. *Aber im Menschen selbst ist kein Unterschied.*
So ist es auch mit den verschiedenen therapeutischen Orientierungen. Die einen arbeiten mit dem Körper, die anderen mit Gefühlen oder mit Gedanken oder mit Träumen oder mit Familien usw. Aber im einzelnen Menschen sind diese Dinge alle zusammen. Die Therapeuten, die sich auf einzelne Felder spezialisiert haben, können einander nicht verstehen, und man weiß nicht, wie man diese Felder zusammensetzen soll. *Aber im Menschen sind sie bereits alle zusammengesetzt.*
Wir wissen also nicht besonders gut, wie wir den Körper und den Geist zusammen denken können oder das Familiensystem und das Individuum oder das Ökonomische und den einzelnen Menschen. Das macht uns ein großes Problem. Aber wir müssen gleich wissen:

Hier im Sessel sitzt einer, bei dem schon alles zusammen ist. Man braucht sich nur auf sich selbst zu beziehen, und schon hat man ein Laboratorium, in dem man alles zusammen hat und studieren kann.

Auch wir sind komisch

Als wir mit sogenannten Schizophrenen gearbeitet haben, hat es lange gedauert, bis wir verstanden haben, dass auch *wir* komisch sind und nicht nur die Patienten.
Da kommt einer von uns einmal in der Woche in die Klinik und trifft für eine Stunde eine Frau, die hier eingesperrt ist. Er ist ein junger, netter Mensch, und es freut sie, dass er sie im Spital besuchen kommt – und nur wir wissen, dass das ein klientenzentrierter Therapeut ist. Sie weiß das nicht. Sie weiß nur: Da kommt ein netter, junger Mann und sitzt da und ist ziemlich still und doch kommt er immer wieder. Und nach einem Jahr sagt sie ihm ganz traurig: »Am Anfang habe ich geglaubt, dass du mir helfen wirst. Aber jetzt sehe ich, dass du mir nicht helfen willst.« Das ist eine traurige Geschichte, nicht wahr?
Er war ein netter Mensch und hat immer gut zugehört – und dann hat sich herausgestellt, dass das alles war, was er machen wollte. Er wollte nur kommen und da sitzen und ein bisschen zuhören und dann wieder weggehen. Er hat sich für die Situation dieser Frau – warum sie z. B. hier eingesperrt ist und wie sie wieder herauskommen könnte – gar nicht interessiert! Ist das nicht komisch?
Nachdem wir gute Forscher waren, hatten wir damals natürlich auch eine Kontrollgruppe, die aus sogenannten normalen Menschen bestand. Die Kontrollgruppe hatte dieselbe Geschlechts-, Alters- und Sozialstruktur wie die Patientengruppe. In der Kontrollgruppe waren also auch einige Bauern. Mit denen haben wir natürlich auf dieselbe Art gearbeitet wie mit den Patienten in der Klinik. Und diese »normalen« Menschen haben genauso wie die Klinikpatienten nicht verstanden, was in einer sogenannten Therapie vor sich gehen soll.
Der Bauer, mit dem ich gearbeitet habe, hat mir viel über Landwirtschaft erzählt. Und das hat mich auch sehr interessiert, und seither verstehe ich ein bisschen etwas davon. Ich habe also gut zugehört. Aber etwas Therapeutisches oder Psychologisches ist nicht vorgekommen. Ich konnte ihm damals nicht erklären, worum es hier eigentlich geht. Jetzt könnte ich es vielleicht besser, aber im Prinzip wäre es noch immer so.

Ich erzähle das alles, weil ich möchte, dass wir uns bewusst werden, wie komisch *wir* sind: dass wir da sitzen und uns nur für diesen einen Faden des Teppichs interessieren. Jeder Mensch ist ein ganzer Teppich, und kein Faden des Teppichs ist nur für sich alleine da. Es interessiert uns nur das, was *wir* als psychologisches Problem betrachten. Der Mensch als Ganzes und seine Situation interessieren uns gar nicht. Nichts interessiert uns, nur dieser eine Faden. Wir sind aber die einzigen auf dieser Welt, die nur an diesen Faden denken.

Leute aus der Arbeiterklasse oder aus traditionellen Lebensverhältnissen wissen nicht, was ein psychologisches Problem ist. Wir glauben, dass wir sehr gescheit sind und ihnen das beibringen müssten. Das kann schon sein. Aber lasst uns die ganze Geschichte auch umdrehen und bemerken, wie komisch wir sind: dass wir nicht verstehen, dass ein Mensch Probleme haben kann, die nicht psychologischer Art sind. Weil das menschliche Leben viel komplizierter ist als alle unsere psychologischen Theorien zusammen, ist das klientenzentrierte Prinzip so richtig und so wichtig.

Viele Therapeuten glauben, sie müssten immer speziell lernen, wie man mit bestimmten sogenannten Störungen oder mit bestimmten Gruppen von Menschen arbeiten muss. Sie fragen z. B.: Wie arbeitet man mit psychosomatisch Kranken? Oder: Wie arbeitet man denn mit Homosexuellen? Aber hat uns Carl Rogers nicht schon vor 50 Jahren gezeigt, dass diese Fragen falsch gestellt sind? *Man muss dem Klienten erlauben uns zu unterrichten, wie man mit ihm und seiner speziellen Situation umgehen kann!* Jeder Therapeut muss sich von jedem Klienten immer frisch und genau instruieren lassen, wie man mit dem, was gerade da ist, umgehen kann. Es ist so, als wäre der Klient in einem Boot, das Löcher hat, und er muss hier ein Loch zuhalten und dort ein anderes zuhalten. Wenn man das vom Klienten nicht lernen will, sollte man lieber nicht in sein Boot steigen.

Der einzelne Mensch ist komplizierter als die Kultur, die ihn hervorgebracht hat

Eine Teilnehmerin: Es erstaunt mich, wie heiter du aus deiner Zeit in der Psychiatrie erzählst. Du hast dabei die ganze Zeit so ein Lächeln im Gesicht. Wenn ich an meine Arbeit in der Psychiatrie zurückdenke, ist schon noch eine Menge Verbitterung und Wut in mir da.

Ja, gar kein Zweifel, man bekommt Wut, wenn man in einer Institution wie einem Krankenhaus arbeitet. *Die Wut bekommt man aber meistens schneller, als man die ganze Situation versteht.* Deshalb bin ich so heiter. In engen Beziehungen geht es uns auch so: Man wird viel schneller wütend auf den Menschen, mit dem man zusammenlebt, als man die Situation versteht. Zuerst hat man eine Wut und dann dauert es Jahre, bis man sich endlich auch von der anderen Seite sieht. Und dann hat man weniger Wut.

Die Psychiatrie ist ein schreckliches System. Aber es ist ja alles so. Die menschliche Kultur ist sehr primitiv im Vergleich zum einzelnen Menschen. Der einzelne Mensch ist viel komplizierter und viel interessanter. Das wissen aber die meisten nicht, weil sie glauben, der einzelne Mensch sei ein Produkt der Kultur und deshalb könne er ja nicht reichhaltiger und subtiler sein als die Kultur, die ihn hervorgebracht hat. Man hat uns dieses Denken beigebracht, aber es ist nicht richtig.

Unsere Organisationen sind viel primitiver als die Einzelnen. Ein Komitee ist viel dümmer als das Dümmste seiner Mitglieder. Und eine große Organisation wie eine Klinik ist noch viel ärger. Das ist so, weil die Zivilisation sehr neu ist. Sie ist ja nur zehntausend Jahre alt, aber die Menschheit gibt es schon seit Millionen von Jahren. Die Idee der Zivilisation ist also noch sehr jung. Das zu wissen hilft einem, langsam geduldiger zu werden mit den Systemen und Organisationen. Wenn etwas nicht so, sondern anders organisiert wäre, wäre es deshalb noch lange nicht besser. Und wenn man im System der Psychiatrie langsam eine Änderung zustande brächte, muss das nicht heißen, dass es dadurch wirklich besser würde.

Man muss unterscheiden lernen zwischen dem eigenen, persönlichen Thema, das zu Verbitterung und Wut führt, und dem, was man versucht zu erforschen oder zu verstehen und wo man helfen möchte. Wenn man diesen Unterschied kennt, kann man heiter werden und lächeln: Also, ich möchte der heilige Georg sein, der da mit der Lanze daherkommt. Das wäre schön! Aber ich habe ja auch Verantwortung, den Patienten zu helfen, und die Lanze wird ihnen nicht helfen.

Man soll nicht glauben, dass die anderen *alle* dumm sind. Es sind nicht alle dumm, Gott sei Dank. Es zahlt sich immer aus, bereit zu sein, selbst viel zu lernen. Ein Psychiater, der von Psychologie nichts

versteht und die Menschen nicht versteht und alles sehr negativ sieht und schon dreißig Jahre in der Klinik arbeitet, hat uns noch immer viel zu lehren, weil er die Situation kennt. Er weiß, was hier vorgeht. Er ist schon dreißig Jahre hier, wir sind erst voriges Jahr gekommen. Wenn wir ihm nicht zu viele Unannehmlichkeiten machen, unterrichtet er uns schon ganz gern. Wenn er auch nicht dieselbe Anschauung hat wie wir, irgendeine Anschauung hat er auch. Er hält es hier dreißig Jahre aus, wir sind schon bald davongelaufen.
Das ganze Bild muss man immer auch von der anderen Seite anschauen, dann erleichtert es die ganze Sache.

Schau immer genau!

Eine Teilnehmerin: Mir kommt so vor, dass du mit der Realität genau so umgehst wie mit einem Traum oder mit einem Felt Sense: mit einer ein bisschen distanzierten und zugleich liebevollen Art.

Ja, liebevoll und ein bisschen distanziert – und dann genau hinschauen und Unterscheidungen treffen und die Unterscheidungen anerkennen. Was ich zu allen Phänomenen, Fragen und Themen bringe, ist das Unterscheidungen-Treffen. Deshalb und dazu ist ja auch das Focusing da. Es hat immer existiert, ich habe nur eine Sprache dafür erfunden.
Alle diese üblichen Fragen lassen sich nicht einfach mit Ja oder Nein beantworten. Bin ich für Psychopharmaka oder dagegen? Nein, man kann nicht einfach nur dafür und oder nur dagegen sein. Bin ich dem System gegenüber verbittert oder bin ich ein Teil von ihm? Nein, weder noch. Schau genau, was du zu all diesen Fragen in dir findest, und horche dann auf die genauen, differenzierten Antworten. Sollen wir in der Psychiatrie arbeiten oder nicht? Ja und nein, man muss Unterscheidungen machen. Wenn es dich wirklich verrückt macht und du es nicht aushalten kannst, lauf davon, das ist schon gut. Aber du musst wissen: Solange du dort arbeitest, bist du eine Wohltat für viele Menschen, die in diesem System sein müssen. Solange du es dort aushältst, bleib bitte dort, denn dort einen Menschen wie dich zu haben, der zu wirklichem Mitgefühl fähig ist, ist sehr wichtig. Du bist dort sehr wichtig, viel wichtiger als hier. Hier sind alle so wie du. In der privaten Psychotherapiepraxis bist du nur noch irgendeiner. Aber wenn du es dort aushältst, bist du sehr speziell.

Das ist an der Universität genauso. Man fragt mich oft, wie ich es dort aushalten kann. Ich halte es dort sehr gut aus. Teilweise weil ich privilegiert bin, aber auch, weil ich weiß, dass man mich engagiert hat, um die Universität zu verbessern. Jeder Professor ist dort im Prinzip dazu angestellt, die Universität besser zu machen. Die Universität soll besser werden, weil ich da bin. Ich bin dort wichtig, *weil ich nicht hineinpasse.* Ich halte viele Studenten an der Universität, weil ich da bin. Das kann ich nur zustande bringen, wenn ich die Universität auf *meine Weise* besser mache. Wenn ich es genauso mache, wie die anderen Professoren, mache ich sie nicht sehr viel besser. So ist die Tatsache, dass so jemand wie ich da ist, wertvoll.

Das Ich

»Es ist immer jemand drinnen«

Schon vor der Zeit, als ich im Krankenhaus gearbeitet habe, hat mit jemand beigebracht: Es ist immer ein Ich da. Du kannst dich darauf verlassen, dass ein Ich da ist. Aber man sieht manchmal nichts davon und es ist oft der Fall, dass es nicht sprechen kann und sich in einer Ecke versteckt hat. Aber im anderen ist – wie ich das ausdrücke – immer jemand drin.

Das Ich ist nie wirklich ganz verloren, es ist immer da. Du kannst ihm Gesellschaft leisten, damit es nicht allein ist und damit jemand da ist, der noch weiß, dass es »drin ist«, obwohl es so aussieht, als wäre es schon verloren gegangen. Du kannst immer etwas sagen, das der da drinnen hören kann. Wenn man zu kompliziert spricht, geht der da drinnen natürlich leicht wieder verloren. Aber man kann z. B. sagen: »Ich glaub', du bist traurig«, und dann eine Weile warten und sagen: »Ich weiß es ja nicht, du hast es mir ja nicht gesagt.« Das stellt Kontakt her.

Du kannst den anderen als Mitmenschen behandeln. Auf einfache Weise, die ihn daran erinnert: Ah ja. ich bin ja noch da. *I can still make sense.* Man benimmt sich so, dass derjenige, der da ist, berührt wird und wieder zu sich und zum Leben kommt. Das dauert eine Weile. Da bekommt man nicht gleich Feedback, sondern vielleicht erst drei Monate später.

Eine Teilnehmerin: Woher nehmen Sie die Sicherheit, dass das Ich immer da ist?

Das selbstbewusste Ich ist nicht immer da, aber es ist immer jemand »da unten« (im Körper) da. Wie weiß ich das? Das ist eine gute Frage. Ich habe mit vielen Menschen gearbeitet, bei denen es scheinbar nicht da war. Meine Sicherheit, dass da doch jemand drin ist, hat sich aber immer als richtig herausgestellt. Es ist kein Glaube, sondern es ist eine Erfahrung geworden.

Als ich noch ziemlich jung war, hat mir das – wie gesagt – jemand beigebracht. Wenn man mir etwas sagt, das ich nicht gleich verstehe, behalte ich es in einer separaten Schachtel. Ich glaube nicht daran, aber ich werfe es auch nicht weg. Und inzwischen scheint es mir das einzige zu sein, das ich sicher weiß: In jedem Menschen ist immer jemand drin. Und wie sich das dann gestaltet, das lernen wir mehr und mehr. Ich könnte jetzt eine ganze Theorie über das Ich aufstellen, aber das wäre dann noch immer nur eine Theorie.

»Oben« und »unten«

Nachdem ich klar gemacht habe, dass uns jede Theorie hilft etwas Bestimmtes zu bemerken, dass das aber die entgegengesetzte Theorie genauso tut und es also ganz klar ist, dass ich nicht an *einer* Theorie hänge, darf ich jetzt selbst eine Theorie aufstellen. Ich präsentiere euch jetzt also in zwei Minuten meine Theorie über »das Ich«.

Oben im Menschen ist jemand, der mich anschaut. Natürlich kann er auch wegschauen. Derjenige, der mich anschaut und wegschaut, ist der, mit dem und für den ich arbeite. Unter Umständen sitzt er am Plafond wie eine Fliege und kann kein Wort sagen, aber ich weiß, er ist dort und mit dem kann ich arbeiten und für den bin ich engagiert. Vielleicht sagt mir der da oben: »Ich bin schon verloren gegangen, ich hab' kein Selbst mehr. Ich bin nicht da.« Das glaube ich, weil ich weiß, dass das bedeutet, dass er die Verbindung verloren hat mit dem, was immer da *unten* ist. Wenn er mir sagt, er sei gestorben, weiß ich: *Etwas* ist gestorben.

Ich weiß aber auch, dass der Teil, der gestorben ist, wieder zum Leben kommen kann. Es ist wie in Märchen: Jemandem wird der Kopf abgehauen, aber dann kommt ein anderer zum Vorschein, und der ist noch besser als der alte.

Da *oben* ist immer jemand. »Oben« heißt körperlich oben, im Kopf, in den Augen. Der da oben ist immer da und der sagt mir, wie die Situation ist: »Ich bin ziemlich wacklig« oder »manchmal habe ich eine Verbindung nach *unten*« oder »die Verbindung ist verloren gegangen« usw.

Unten im Menschen ist auch etwas, etwas, das man nur durch die *Kontinuität*, durch die Verbindung damit erfahren kann. Allerdings wäre es zu vereinfacht zu sagen, es sei ein Teil oben, das ist der Beobachter, und es sei ein Teil unten, das ist das wirkliche Selbst. Denn dieses sogenannte wirkliche Selbst dort unten besteht offenbar nicht aus einem Stück, sondern aus einem Verbundensein. Wenn man diese Verbindung nach unten hat, ist man nicht mehr nur so ein hilfloses Stück da oben, das von allem Möglichen, das man nicht wahrnehmen kann, umhergetrieben wird. Man kommt dann echt aus sich heraus, man kommt durch, man »rollt aus sich heraus«, wie ich das manchmal nenne. Eine Klientin hat mir einmal nach ein paar Jahren gesagt: »Wenn ich jetzt etwas mache, mache *ich* es.« Zum ersten Mal hat sie das erlebt, als sie eine Plastiktüte in einen Papierkorb geworfen hat. »*Ich* tu das.« Das war vorher nicht der Fall.

In diesem Sinn weiß ich: Wenn jemand da oben ist und mir sagt, er sei verloren gegangen oder gestorben, kann ich sagen: »Ich weiß, es ist so, wie du sagst, aber ich weiß auch, dass es noch möglich ist dich wiederzufinden. Ich weiß, dass du noch da bist, irgendwo. Aber dass du gestorben bist, das glaube ich … Wie meinst du das? Wie fühlt sich das an?« Es dauert dann eine Weile, bis man »das da unten« wiederfindet. Und wenn man es dann findet, verbindet es sich mit allem anderen.

Eine Teilnehmerin: Warum sprechen Sie von oben und unten und nicht z. B. von vorne und hinten?

Jede Metapher ist nur eine Metapher. Jeder kann sich seine eigenen Metaphern machen und keine ist richtig. Warum benütze ich *diese* Metapher? Weil der Obere in den Augen und der Untere tief im Körper zu finden ist.

Es ist mir aus philosophischen Gründen wichtig, Konzepte immer wieder hineinzustecken und wieder herauszunehmen. Die *allgemeine* Figur eines Konzeptes ist nicht sehr interessant. Aufgrund der Art und Form unserer Sprache sind wir gewöhnt, die Welt so anzusehen,

als bestünde sie aus Dingen (Hauptwörter) und aus in der Zeit verlaufenden Aktivitäten (Tätigkeitswörter), und die Dinge und das, was wir tun, seien aus bestimmten Eigenschaften zusammengesetzt (Eigenschaftswörter) und das alles sei durch die Adverben miteinander verbunden. *Aber die Welt ist doch nicht wirklich nach unserer Grammatik konstruiert!*
Es ist also kein Mysterium, wenn ich sage: Einerseits ist dieses *Untere* immer da, aber es zu finden ist oft nicht so leicht. Ich drücke das, was ich meine, also durch ein Hauptwort aus. Aber zu sagen, das da unten sei ein *Was*, ein Ding, scheint mir nicht ganz richtig. Es ist ein *Wie*. Es ist eine Verbindung, die von da unten, tiefer als ich sehen kann, hinaufgeht zu dem, was ich sage oder tue. Einerseits ist es also ein Etwas, von dem man sagen kann, *es* ist immer da, andererseits ist es kein Etwas in dem Sinne, dass man es als einen Inhalt definieren könnte. Es ist ein In-Kontinuität-Sein, ein Verbundensein.

Die Teile dazwischen

Zwischen dem da oben und dem da unten gibt es verschiedene Teile, die man in sich finden kann: Jeder hat in sich mehrere innere Kinder mit verschiedenen Altersstufen und andere Teile: Ah ja, das ist mein Vierjähriger, von dem kommt alles Spontane. Und da ist mein innerer Kritiker, der immer von oben angreift. Den muss man kennen, sonst wird man sein Opfer. Und es sind verschiedene andere Teile da, die man in sich kennen lernen kann, und durch dieses Kennenlernen hindurch kommt man dann zu diesem *Unteren*, das *nicht ein Teil ist.*
Es ist wichtig, diese Teile zu finden, und wenn du sie noch nicht gefunden hast, ist das schade. Bitte finde sie. Es ist bei uns allen so, dass es verschiedene Teile gibt.
Bei den sogenannten *multiple personality disorders* besteht die Pathologie darin, dass diese Teile voneinander nicht wissen dürfen oder dass sie nicht auf derselben Ebene sind oder dass man nicht da ist, wenn sie da sind. Die Verbindung zwischen diesen Teilen nach oben und unten existiert nicht. Man gleitet dann von einem Teil in den anderen, ohne es zu wissen. In den einzelnen Teilen ist verschiedenes Schlechtes gespeichert und das darf nicht zusammenkommen.
Wir sollten als Therapeuten nicht die Verantwortung übernehmen, diese Teile entweder getrennt zu halten und ihnen z. B. verschiedene

Namen zu geben oder sie zusammenzubringen. Beides ist falsch. *Wir müssen dem Prozess selbst erlauben uns zu lehren, wie das geht und wie das gehen soll.* Und soweit mich diese Prozesse bis jetzt unterrichtet haben, ist das Integrieren nicht richtig. Werfen wir dieses gut klingende Wort weg und schauen wir lieber genauer, was da sein soll. Vielleicht kann man sagen: Diese Teile sollen auf derselben Ebene sein oder man soll hin und her können zwischen ihnen und man soll wissen, dass man hin und her geht. Nach langer Arbeit habe ich bei einer meiner Klientinnen plötzlich gemerkt: »Ah, du sprichst jetzt von diesem Teil – *und du bist auch da*!« »Du« ist für mich diese Kontinuität von unten nach oben. Die Klientin war da und sie hat diesen Teil ausgedrückt. Vorher war das nicht so. Vorher ist immer alles verloren gegangen und dieser Teil war alleine da.

Das Offensichtliche

Die Metapher »es ist immer jemand drinnen« könnte man so verstehen, dass der Körper von »dem da drinnen« getrennt wäre. Der Körper würde dann gar nicht zählen, er wäre nur wie ein Auto, in dem der da drinnen herumfährt. Nur das Innere wäre dann das, worum wir uns kümmern. Natürlich will ich nicht, dass diese Metapher so verstanden wird.

Wenn ich sage »es ist immer jemand drinnen«, meine ich etwas ganz Offensichtliches. Ich habe lange Zeit geglaubt, dass das, was ich damit ausdrücken möchte, jeder weiß. Und doch schauen die meisten Menschen einander so an, als wüssten sie das nicht. Wenn man nicht weiß, dass *das* der Mensch ist, folgen daraus viele Schwierigkeiten: in der Philosophie, in den Wissenschaften, in der Psychotherapie, in Beziehungen und überhaupt in der Gesellschaft. Ich stelle überall fest, dass die Leute immer jemanden Gescheiten oder Dummen oder einen Großen oder einen Dünnen oder einen aus Serbien oder einen Psychologen oder einen Kollegen oder einen Klienten sehen, aber nicht den Menschen.

Dass das so ist, habe ich lange nicht verstanden und lange nicht glauben wollen. Soll nur ich geerbt haben, was so wertvoll und so offensichtlich ist? Ich sage das Offensichtlichste von der Welt, und doch ist es für die meisten nicht selbstverständlich.

Wie könnte ich das besser ausdrücken? Wenn man von einem Kind angeschaut wird, sieht man doch: Man wird ganz ehrlich, ganz da, ganz klar angeschaut. Das ist doch sehr leicht zu verstehen! Wie kann man denn das vernachlässigen! Ich schaue dich (eine Teilnehmerin) an und ich sehe da *jemanden,* und es ist ganz etwas anderes, wenn ich z. B. auf diese Lampe hier schaue. Da schaut nichts zurück und in mir bleibt es ganz ruhig. Aber wenn ich dich anschaue, bewirkt das in mir alles Mögliche, denn du schaust zurück. Wenn du mich anschaust, werde ich ein bisschen nervös. Das gebe ich natürlich normalerweise nicht zu, denn in unserer Gesellschaft soll man sich ja immer stark fühlen. Ich weiß natürlich, wie ich mit dir umzugehen habe, denn wir haben hier ja eine Struktur: Ich bin derjenige, der hier vorträgt, und du bist diejenige, die mir eine Frage stellt, und ich brauche sie nur zu beantworten und alles ist in Ordnung. Aber wenn ich dann doch sehe: Du bist da und schaust mich an, dann …

Stellt euch vor, außerhalb der Stadt befindet sich ein großer Misthaufen, in dem alles Mögliche drin ist: alte Autos und Abfall und alte Möbel usw., und ich bin auch in diesem Misthaufen drin. Du gehst an diesem Misthaufen vorbei und siehst ein Paar Augen, die dich anschauen. Das bin ich. Da kannst du doch gar nicht anders: Du wirst auf jeden Fall den Unterschied merken zwischen dem anderen Mist und mir. Du brauchst keine metaphysische Theorie, um diesen Unterschied zu erkennen. *Man braucht keine metaphysische Theorie über das Ich.* Wenn du eine haben willst, habe ich nichts dagegen, aber man braucht keine.

Dasselbe Problem gibt es auch mit dem Universum. Wozu brauchst du denn eine Theologie, mit der du dir irgendetwas vormachst, und dann hast du große Zweifel, ob das, was du dir vormachst, wirklich existiert? Wozu brauchst du das? Du bist doch da! Schau dich um! Es ist doch ganz klar!

Dieses große Thema ist ganz klar, ganz offensichtlich, und doch ist es mit Worten nicht lösbar. Wir werden hier auseinander gehen, ohne es zu lösen.

Das Ich ist nichts anderes

Über diese Offensichtlichkeit müssen wir also weiter nachdenken. Wenn etwas so sicher ist wie das, können wir doch *davon* ausgehen und davon ausgehend alle anderen Konzepte ändern! Alle Konzepte basieren darauf, dass wir nicht existieren und nicht da sind. Da können sie doch nicht richtig sein! Wenn wir von uns ausgehen und alle diese Konzepte so ändern, dass *wir da sind*, wie können wir da fehlgehen? Das ist die Arbeit, die ich in der Philosophie versuche.

Wenn ich mit der Art und Weise, in der ich denken will, mit Focusing also, über das Ich nachdenke, bemerke ich sehr schnell, dass man *»das Ich« überhaupt nicht definieren kann.* Denn etwas zu definieren heißt – so hat man uns das in der Schule gelehrt –, dass das, was man definiert, in der Definition nicht enthalten sein darf. Man darf nicht sagen: Ein hölzerner Tisch ist ein Tisch.

Mit dem Ich ist das aber nicht so. Wenn man versucht es zu definieren, hat man es schon verloren. Das Ich ist nichts anderes. Wenn man es durch etwas anderes definieren will, verliert oder zerstört man es. Das Ich kann nicht aus etwas anderem erklärt oder definiert werden. Man kann das Ich mit nichts anderem gleichsetzen.

Das bedeutet zunächst, dass man über das Ich gar nichts sagen kann. Wenn wir aber *mit dem Erleben* denken, experientiell denken, phänomenologisch denken, also Focusing als Methode des Denkens anwenden, brauchen wir das Ich nicht zu definieren und es nicht mit etwas anderem gleichzusetzen. Wir müssen uns also auf uns beziehen, während wir über das Ich nachdenken.

So können wir dann von vielen Aspekten des Erlebens sprechen, weil wir uns auf das Erleben *direkt* beziehen. Die Worte, die wir gebrauchen, können und dürfen dann etwas Neues sagen. Ob die Worte etwas Sinnvolles sagen, entscheiden wir von unserem Erleben aus. Wenn die Worte unser Erleben wirklich weitertragen, sagen sie mehr, als sie bisher gesagt haben.

Jetzt könnt ihr alle anfangen, über die Metapher »es ist immer jemand drinnen« weiter nachzudenken. Fragt euch selbst, wie das ist.

Verschiedene therapeutische Situationen

Eine scheinbar paradoxe therapeutische Einstellung

Wenn man therapeutisch arbeitet, besonders mit Menschen, mit denen es schwierig ist, auf einen grünen Zweig zu kommen, bedarf es einer bestimmten Einstellung, die ein bisschen kompliziert ist. Die eine Seite dieser Einstellung ist: Es muss ja nicht besser werden. Die andere Seite ist: Wir wollen aber auch nicht aufgeben.

Vor vielen, vielen Jahren hatte ich einen Klienten, bei dem ich diese Einstellung gelernt habe. Deshalb ist er mir noch gut in Erinnerung. Ich habe mit ihm zwei Jahre lang gearbeitet und es hat sich nichts bewegt, gar nichts. Nie ist irgendetwas Wirkliches zur Sprache gekommen; das Gespräch war oberflächlich, und ich war immer versucht zu fragen: »Warum kommst du eigentlich zu mir in die Therapie?«
Nach zwei Jahren hat er mir dann einen Traum erzählt, und dadurch war plötzlich etwas da, woran man endlich arbeiten konnte. Da habe ich etwas bemerkt, das mich sehr überrascht hat. Ich stellte fest, dass ich von ihm schon müde geworden bin. Jetzt, als er endlich bereit war, an etwas zu arbeiten, hatte *ich* keine Lust mehr. Ich habe darüber nachgedacht und mir dann selbst versprochen: Also, von nun an werde ich nicht mehr mit aller Energie alles hineinstecken, bis ich ganz müde werde. Denn es kann ja zwei Jahre dauern, bis etwas kommt, woran man arbeiten kann.
Seitdem weiß ich: Ja natürlich, wir werden alles versuchen, und wir werden *jetzt* alles versuchen – aber es kann ja zwei Jahre dauern. Es kann auch nie kommen. Man soll sich also auf der einen Seite nicht verbluten; man darf nicht von sich erwarten, dass man die Klienten rettet könne wie ein Zauberer, andererseits darf man die Menschen auch nicht aufgeben. Im Gegenteil, wir wollen jeden Moment studieren: Warum ist das so schwierig? Wie ist das eigentlich genau? Was kann ich anders machen? Wir wollen alles probieren. Aber die eigene Energie und die eigene Liebe muss auch ein bisschen beschützt werden.
Wenn man sich dafür interessiert, warum es nicht vorwärtsgeht, wird man ganz von selbst zum Forscher. Denn es geht bei dieser Frage nicht nur darum, was man selbst anders machen könnte, sondern auch darum, was das allgemeine Problem dabei ist. Man muss Forscher werden und zwar nicht deshalb, weil man so eingebildet ist zu glauben, man könne etwas Bedeutendes entdecken, sondern weil wir als Menschheit noch nicht so weit sind, mit gewissen Menschen auf richtige und angemessene Art zu arbeiten. Wir haben noch nicht verstanden, was da eigentlich wirklich fehlt.

Die Aufgabe aufgeben, etwas zu tun

Eine Teilnehmerin: Es fällt mir schwer, mich nicht zu verausgaben und auszubluten. Da hätte ich gern noch ein paar Tips.

Es geht nicht so sehr darum, was man macht. Es geht um einen *Unterschied im Inneren*, in einem selbst. Zu meinem ersten Arbeitsplatz bin ich immer zu spät gekommen. Ich saß im Auto und habe das Lenkrad ganz fest in meinen Händen gehalten, und mit meinem Bauch habe ich die Autos, die vor mir viel zu langsam fuhren, angeschoben. Es hat lange gedauert, bis ich das gemerkt habe und damit aufhören konnte. Danach bin ich nicht mehr so oft zu spät gekommen. So etwas Ähnliches meine ich auch für unsere Arbeit als Therapeuten. Wir wollen, dass es dem Klienten besser geht, aber wir wollen innerlich nicht so viel Energie verschwenden. Nicht nur, weil es um nutzlos vergeudete Energie schade ist, sondern auch, weil es dem Klienten nicht hilft. Es behindert und verlangsamt den Prozess.

Eine Teilnehmerin: Wenn ich mit einer solchen Haltung an meine Klienten herangehen würde, käme mir das wie ein Nicht-ernst-Nehmen der Klienten vor. Ich bekomme doch für meine Arbeit Geld, und meine Arbeit ist, etwas zu tun, damit es ihnen besser geht.

Ja, schauen wir uns das genauer an. Wir versprechen uns, dass wir nichts unterlassen werden, was wir tun könnten. In keiner Weise werden wir weniger versuchen, als wir können. Nur das Verschwenden der Energie wollen wir nicht. Als Nächstes wollen wir unterscheiden zwischen unserem eigenen Interesse, nämlich dass *wir* das Gefühl haben wollen, erfolgreich zu sein und dem Klienten wirklich zu helfen. Das sind zwei verschiedene Dinge. Können Sie diesen Unterschied fühlen? Wenn wir diesen Unterschied kennen, können wir anfangen zu lächeln: »Also, ein bisschen Erfolg muss ich schon haben. Ich brauche mindestens zwei Klienten, mit denen es gut geht, sonst kann ich es nicht aushalten.« Das sage ich auch immer meinen Studenten: Es ist nicht richtig, mit einem Klienten anzufangen. Dann hängt alles an dem einen armen Klienten.

Ein Teilnehmer: Sie sagen, man dürfe den Klienten nicht aufgeben. Bei manchen Klienten, bei denen nichts vorwärts geht, verfalle ich aber immer wieder in Hoffnungslosigkeit. Es ist schwierig, von innen eine Haltung zu finden, in der man die Hoffnung nicht verliert.

Ich will nicht sagen, man dürfe die Hoffnung nicht aufgeben. Die Hoffnung wirklich aufzugeben, gibt einem frische Energie. Können wir den Klienten nicht aufgeben, können wir aber die Aufgabe, hier etwas zu tun, aufgeben?

Den Versuch, jemanden zu kurieren, kann man aufgeben. Dann ist man nur da, zwei Menschen, ohne zu erwarten, dass da etwas vor sich gehen muss, das man »Therapie« nennt. Ich bin doch keine Therapiemaschine! Es braucht sich nichts zu ändern, ich brauche nichts zu machen – aber ich muss da sein!
Wenn Sie mit einem Freund spazieren gehen, machen Sie dann immer Therapie? Nein! Aber nicht deshalb, weil Sie aufgegeben haben. Wenn menschlicher Kontakt da sein kann, ohne dass sich scheinbar etwas ändert, ist das für den Klienten eine Wohltat. Dabei mache ich noch immer meine Arbeit – indem ich da bin. Das Problem der meisten Klienten ist ja, dass für das, was sie zu Klienten macht, niemand da ist. Und dann versuche ich noch immer etwas zu tun, damit sich etwas ändern kann. Insofern gebe ich die Hoffnung nie auf. Aber im Prinzip habe ich die Hoffnung schon lange aufgegeben. Dadurch bin ich frei geworden und kann da sein.
Im Krankenhaus bin ich mit einem bestimmten Patienten oft herumgestanden und nichts ist passiert, gar nichts. Auf einmal ist mir eingefallen: Was zum Teufel tu ich denn da! Wie kommt jemand wie ich dazu, mit diesem Bauern aus der Prärie die ganze Zeit herumzustehen! Das ist doch verrückt! In diesem Moment habe ich das alles fallen lassen. Ich habe ihn angeschaut, und auf einmal war er *dieser* interessante Mensch. Da war ich plötzlich wieder ganz frisch da.
Ich will also nicht sagen, man soll nicht aufgeben. Denn das Aufgeben lässt alles fallen – *crash!* – und man ist wieder frisch da. Das Aufgeben ist daher nicht schlecht.
Was ich von Ihnen höre ist, dass Sie die Idee noch nicht aufgegeben haben, *Sie* müssten eine Änderung bringen. Wir wollen eine Änderung bringen, aber wir müssen nicht.
Solange man glaubt, man habe auf das Problem des Klienten eine Antwort, hat man den Klienten gewöhnlich noch nicht verstanden. Denn wenn man jemanden wirklich versteht, hat man nicht viel Weisheit. Je mehr man den anderen versteht, desto hoffnungsloser wird man, weil man dann immer weniger Antworten findet, die passen könnten. Es gibt also zwei Löcher, in die man hineinfallen kann. Das erste ist: Man glaubt, man habe die richtige Antwort, und der andere sei ja nur dumm und sieht sie nicht. Das zweite ist die Hoffnungslosigkeit: Wenn es mir so ginge wie dem Klienten, würde ich auch

keine Lösung finden. Da muss man dann zum Dritten kommen: *Der Prozess wird etwas bringen und ich wahrscheinlich nicht.*

Die therapeutische Situation wird vom Klienten und vom Therapeuten gleichermaßen definiert

Es ist für mich in der Therapie immer ein grundlegendes Prinzip, dass zwei Leute, Klient und Therapeut, *da sind.* Es sind zwei Menschen da und jeder hat dasselbe Recht, die gegenwärtige Situation zu definieren. Nur weil die Therapiestunde in meiner Praxis stattfindet, ist sie deshalb nicht meine Situation. Aber ich bin auch da. Es ist auch nicht nur die Situation des Klienten, denn er will ja, dass ich für ihn da sein soll. An der therapeutischen Situation sind zwei Menschen beteiligt, und jede der beiden Personen hat einen Anteil an dem, was hier vorgeht.

Wenn der Klient nichts von Psychotherapie weiß, ist es meine Arbeit, das irgendwie hereinzubringen, zu erklären, zu tun. Und auch zu sagen: »Ja, du hast Recht, das ist das, was *ich* will. Deswegen bin ich hier. Ich glaube, dass dir das helfen kann, aber ich höre auch, dass du das nicht glaubst.« Solche Konversationen habe ich gerne, denn sie bringen ans Licht, was im Untergrund ohnehin da ist. Ich übernehme also die Verantwortung für das, was ich weiß und was meine Rolle ist. Wenn ein Klient z. B. eine andere politische Meinung hat als ich, lasse ich das vorbeigehen. Wenn ich dann aber herausfinde, dass er glaubt, ich stimme mit ihm überein, nur weil ich meine Meinung nicht mitgeteilt habe, sage ich, was ich denke. Aber nur kurz, denn es soll seinem Prozess nicht im Weg sein. Ihr kennt sicherlich auch folgendes Phänomen: Man sagt dem Klienten zurück, was man von ihm verstanden hat, und der Klient geht nach Hause und sagt zu seiner Frau: »Mein Doktor hat gesagt, dass ich Recht habe.« Da muss man dem Klienten natürlich schon sagen: »Deine Frau kenne ich nicht; ich will nur verstehen, was deine Seite ist. Aber es gibt natürlich auch immer eine andere Seite … Du jedenfalls fühlst das so und so …«

Ich bin gewöhnlich immer auf der Seite des Klienten oder der Klientin. Und wenn ich etwas Eigenes in die Konversation hineinbringe, so gehe ich in der Regel doch gleich wieder auf der Seite des Klienten, damit er auf seinem Weg weitergehen kann. Aber meine Seite drücke ich manchmal klar und kurz aus, damit ich ehrlich da sein kann und damit der Klient mich nicht anders sieht, als ich wirklich bin.

Wenn ich in der Beschwerdeabteilung eines Kaufhauses arbeitete …

Wenn eine Klientin oder ein Klient zu mir kommt und sich beklagt, bin ich auf ihrer bzw. seiner Seite. Ich will nicht Anwalt der Organisation sein und auch nicht der gesellschaftlichen Struktur, die wir Psychotherapie nennen.

Stellt euch vor, ich würde in einem Kaufhaus in der Beschwerdeabteilung arbeiten. Da kommt eine Frau herein und sagt: »Schauen Sie, ich habe diese Tasche im dritten Stock gekauft und jetzt ist sie schon auseinander gegangen. Sie hat nicht einmal auf dem Weg herunter gehalten.« Soll ich sagen: »Also meine Dame, das ist unmöglich, wir verkaufen doch keine Taschen, die locker sind. Unsere Taschen halten alle. Sie müssen sie irgendwie selbst zerrissen haben.« Warum soll ich nicht sagen: »Das ist wirklich eine Schande, dass die Tasche gleich auseinander fällt, das tut uns leid. Man sollte Ihnen eine andere Tasche geben. *Ich* weiß zwar nicht, ob wir das wirklich tun können, denn ich habe nicht die Kontrolle darüber.« Das ist doch viel besser. Besonders dann, wenn ich vom Kaufhaus gar nicht bezahlt werde. Wenn ich wenigstens den Job hätte, die Welt zu verteidigen, O.k., dann würde ich es vielleicht tun.

Aber in meiner Praxis bin ich doch vom Klienten angestellt und nicht vom Kaufhaus. Wenn sich eine Klientin beschwert, dass es ihr noch immer nicht besser geht, kann ich doch sicher sagen: »Ja, natürlich sollen Sie Hilfe erhalten. Man soll nicht zweimal zu einem Psychologen kommen und überhaupt keine Hilfe verspüren. Das ist nicht gut.« Und natürlich kann ich dann auch noch von meiner Seite her dazu sagen: »Es dauert manchmal lange, und das sollen Sie wissen, und man kann nicht ganz sicher sein, dass sich überhaupt etwas verändern wird usw.« Der Klient hat ein gewisses Recht, etwas zu verlangen. Man ist so gewöhnt daran, die Welt *gegen* den Klienten zu verteidigen. Warum tut man das?

Gib den Klienten keine ungedeckten Schecks!

Wenn man als Therapeut nur die Wahrheit benützt, fallen alle möglichen dummen Sachen weg, die Therapeuten manchmal machen. Man fragt sich »Wie fühle ich mich wirklich?«, und aus dem, was ich dann in mir finde, kann ich einen Satz bauen, den ich zum Klienten sagen kann. Das kann vielleicht eine Minute dauern. Alles Künstliche, alles,

was nicht wahr ist, kann wegfallen. Man braucht dem Klienten keine ungedeckten Schecks zu geben.
Wenn ich dem Klienten gegenüber z. B. etwas Wertschätzendes ausdrücken möchte, aber in mir gerade nichts Wertschätzendes zu finden ist, sage ich eben zunächst nichts, sondern gehe in mir suchen, bis ich etwas finde. Sagen wir, ich langweile mich schrecklich und bin ungeduldig, weil ich vom Klienten nichts höre, was mich interessiert. Was sage ich jetzt? Ich weiß es nicht! Also sage ich nichts. Ich gehe in mir nachschauen, was da in mir gerade wirklich ist: Ich spüre Ungeduld, weil er mir nichts Interessantes erzählt. So kann ich ihm das aber nicht sagen. Also muss ich bei mir bleiben und weitersuchen. Da merke ich als nächstes: Ich wünsche mir, dass er mir etwas von sich sagt. Oh! – da habe ich jetzt etwas. »Ich möchte gern mehr hören von Ihnen.« Das kann ich jetzt ganz gut sagen.
Was habe ich da gemacht? Ich wusste, dass ich nichts Künstliches sagen werde; ich werde mir nichts Künstliches einfallen lassen, nur damit ich etwas sagen kann. Ich werde nur sagen, was ich wirklich in mir finde. Und nach einer Weile kann ich immer etwas finden. Und das dann zu sagen fühlt sich immer sehr gut an. Es ist schön, das zu sagen. Wenn man also nur die Wahrheit benützt, findet man immer etwas.

Ein Teilnehmer: Da musst du aber einen sehr freien Raum in dir haben, dass alles, was da kommt, so durch dich durchfließen kann.

Ja. Diesen freien Raum bekomme ich, wenn ich für jemanden *anderen* arbeite. Wenn ich für mich, mit meinen eigenen Dingen arbeite, dann ist es in mir nicht so frei. Aber wenn ich bei dir angestellt bin und diese Stunde nur für dich arbeite, merke ich gleich: Deine Probleme sind mir nicht so schwer. Da kann alles durch mich durchfließen – das ist da und das ist da und der Teil von mir ist beleidigt und der ist böse und der versinkt – aber das ist jetzt nicht wichtig. Später kann ich dann bei mir nachschauen gehen, aber jetzt bin ich da.
Wenn ich für dich arbeite, habe ich in mir die Erlaubnis, dass alles durchfließen darf: verrücktes Zeug, alle möglichen Erinnerungen und vieles andere. Alles darf da durchfließen. Manchmal muss ich darüber lächeln, was da alles in mir vorgeht. Diese Freiheit soll man sich geben. Dann wächst man selber. Es ist sehr angenehm, dass man selber weiterkommt, wenn man mit schwierigen Leuten arbeitet. Aber

wenn man die Arbeit macht, um selber zu wachsen, wird es schon wieder kompliziert und die Arbeit wird nicht gut werden.

Therapie ist das Gegenteil einer Methode

Eine Teilnehmerin: Im Zuge der Verhandlungen mit den Krankenkassen wurden wissenschaftliche Gutachten erstellt, die die Wirksamkeit der gängigen therapeutischen Verfahren untersucht haben. Eine Aussage einer dieser Studien ist, dass eine Therapie nutzlos ist, wenn in den ersten vierzig Therapiestunden nichts passiert. Das setzt mich ziemlich unter Druck. Ich finde, das, was Sie gesagt haben, ist nicht so leicht zu verwirklichen.

Ja, diese Studien haben wir in Amerika auch.

Es gibt immer wieder Leute, die etwas Neues, das angeblich schnell funktioniert, verkaufen wollen. Diese Leute greifen dann das an, was angeblich langsam geht. In den letzten Jahren wollten bei uns z. B. die kognitiven Therapeuten ihre einfache Sache verkaufen und haben behauptet, sie könnten in drei Stunden etwas bewirken.

Natürlich wollen auch wir nicht mit einer Therapie zufrieden sein, die langsam ist und keine Fortschritte bringt. Das Problem wollen wir also nicht fallen lassen. Wir wollen nicht Therapeuten sein, die mit ihrer Methode daherkommen und ewig dieselbe eigene Methode anwenden, ohne bemerken zu wollen, dass da etwas nicht gut geht. Man darf nicht glauben, dass schon irgendwann irgendetwas herauskommen wird, wenn man seine eigene Art zu arbeiten nur stur weiter betreibt. Andererseits soll man aber das, was daran echt ist, nicht aufgeben. Aber man soll es erweitern.

Viele glauben, eine Methode sei etwas Wirkliches, und wenden sie dann wie ein Medikament an. Da bin ich dagegen. Ich glaube, *Therapie ist das Gegenteil einer Methode*. Methoden wollen wir lernen. Zum Lernen sind sie gut. Jemand hat etwas strukturiert und auf diese Weise zu einer Methode gemacht, damit man es unterrichten und lernen kann. Aber wenn man dann mit einem Menschen arbeitet, ist er immer wichtiger als jede Methode.

Viele Therapeuten kommen mit ihrer Methode daher wie mit einer Haartrocknungsmaschine. Sie sind vielleicht nette Menschen, aber sie glauben, die Maschine mache die Haare trocken, nicht sie. Aber die psychotherapeutische Situation ist grundsätzlich anders als die beim

Friseur. Die therapeutischen Methoden sind nicht wie eine Maschine, die allein etwas bewirken kann. *Ich* komme, und ich habe vielleicht sechs Methoden und ich würde gern noch acht lernen, und *ich* muss fühlen, welche Methode ich jetzt mit diesem Klienten in dieser Situation anwenden kann. Ich habe in meinem großen Rucksack alle Methoden dabei, die ich gelernt habe, und ich muss mit jedem Klienten frisch erforschen, was und wie und wann ich etwas davon benützen kann.

Auch mit Focusing ist das ganz sicher so. Der Mensch, der hier sitzt, ist immer wichtiger als Focusing. Focusing soll doch etwas *von diesem Menschen* bringen. Das wichtige Prinzip ist: jeden Moment aufmerksam sein auf die Reaktion des Klienten. Man muss das Feedback, die Reaktion des Klienten in jedem Moment ernst nehmen und berücksichtigen. Und dann kann man Focusing und alles andere anwenden.

Das meiste, das dem Klienten Schwierigkeiten macht, braucht nur, dass ich dabei bin. Ich kann gewöhnlich ohnehin nicht viel machen, aber auch wenn ich Verschiedenes versuche – am Ende stellt sich dann oft heraus: Das Dabeisein war das Wesentliche. Wenn man das einmal weiß, bekommt man eine gewisse innere Ruhe.

Mit unserem eigenen inneren Prozess ist das auch so. Wir müssen Focusing und dies und das machen, damit wir *finden*, worum es wirklich geht. Und was machen wir dann dort? Können wir das, was dort ist, ändern? Nein, man muss nur dabeisein, nur immer wieder aufmerksam sein darauf! Ich habe oft so eine typische Konversation mit meinem eigenen Inneren. Diese Konversation kennt ihr wahrscheinlich auch: Etwas Inneres besteht darauf, dass ich es mit meiner Aufmerksamkeit besuchen komme. Dann gehe ich dorthin und frage: »Was willst du denn?« – »Gar nichts, bleib nur da!«

Was soll man also dort machen? Ach, gar nichts soll man dort machen! Nur dabeibleiben. Dann kommt der nächste Schritt von innen. Und dann ändert es sich.

Suizidale Klienten

Wir wollen uns als Therapeuten so benehmen, dass wir vertrauenswürdig sind. Das ist ein wichtiges Prinzip: Es soll richtig sein können mir zu vertrauen – unabhängig davon, ob mir der Klient vertraut oder nicht. Wenn man mir etwas sagt, werde ich es niemandem anderen sagen. Wenn man mir etwas sagt, das die Polizei wissen möchte, werde ich es nicht weitersagen. Ich brauche nicht plötzlich Polizist zu werden. Wir haben genug Polizisten, wir haben nicht genug Therapeuten. *Wer frei zu mir kommt, geht frei von mir weg.* Ich bin jemand, dem man etwas mitteilen kann. Wegen *mir* wird nichts passieren. Man kann mir vertrauen, man kann mich ausprobieren. So kann vielleicht im Klienten allmählich eine neue Art von Vertrauen entstehen.

Ich bin gegen das Vertrauen *im Allgemeinen,* weil es eine Falle ist. Man kann anderen Menschen nur so vertrauen, wie sie eben sind. Sie werden so sein, wie sie immer sind. Das allgemeine Vertrauen lasse ich nicht gelten.

Viele Leute haben schon schlechte Erfahrungen mit Therapeuten oder Psychologen gemacht. Was für die meisten Leute ein Psychologe ist, wollen wir nicht sein. Sonst müssen wir uns nicht wundern, dass Klienten einem zunächst nicht vertrauen.

Eine Teilnehmerin: Sie sagen: Wer frei zu mir kommt, geht auch wieder frei. Was mache ich aber, wenn ich jemanden für selbstmordgefährdet halte?

Es ist sehr wichtig, echten Kontakt herzustellen. Nicht nur mit Worten, gefühlsmäßig soll wirklicher Kontakt da sein können. *Der Kontakt ist immer wichtiger als der Inhalt.* Wenn dieser Kontakt da ist, kann man sich versprechen lassen, dass die Person anrufen wird, wenn sie dem Selbstmord nahe ist, und dass sie sich nicht umbringen wird, ohne vorher mit mir zu sprechen. Gewöhnlich denkt dann so jemand lange nach, ob er das wirklich versprechen kann oder nicht. Und dann ist es immer noch so für mich: Er ist frei gekommen, er muss auch frei gehen können. Aber leicht ist das nicht. Es ist auch für mich immer eine schwierige Entscheidung.

Dieselbe: Frei kommen und frei gehen ist also Ihr oberstes Prinzip?

Ja. – No, ich weiß nicht. In fünf Minuten wird mir vielleicht ein anderes Prinzip einfallen, das noch höher ist.

Eine Teilnehmerin: Eine meiner Klientinnen hat in einer Stunde mit Suizid gedroht: Sie habe ein Messer dabei und außerdem werde sie sich jetzt aus dem Fenster stürzen. Ich habe Angst bekommen und gesagt, ich werde jetzt das Krankenhaus anrufen und sie einweisen lassen; ich kann das nicht tragen.

Frei kommen und frei gehen heißt nicht, mit einem Messer zu kommen. Das deutet auf ein wichtiges Thema hin: Wir müssen unsere Arbeit so arrangieren, dass wir keine persönliche Angst haben müssen. Das ist sehr wichtig. Wir wollen keine Angst haben, aber das heißt nicht, dass wir dann, wenn wir Angst haben, sagen, wir hätten keine.
Wir müssen unsere Phantasie einspannen, um eine Art und Weise zu finden, wie wir keine Angst haben müssen. Man kann z. B. arrangieren, dass jemand anderer im Nebenzimmer ist, oder man kann darauf achten, dass man die Tür auf seiner Seite hat.
Angst auf sich zu nehmen ist Verschwendung von Energie. Der Körper muss sich sicher fühlen. Sich nur im Kopf zu sagen, dass man sich sicher fühle, ist nicht genug. Man muss ein freier Mensch sein und dann dem anderen helfen, ein freier Mensch zu sein.
Wenn man als Therapeut Focusing kennt, weiß man, dass man in das, was einem Schwierigkeiten macht, hineingehen kann – in den Felt Sense dieser Schwierigkeit: »Was fällt mir denn daran schwer?« Oder: »Was ist das denn für eine Angst, die ich da habe?« Und dann darf man sich nicht mit der ersten Erklärung, die vom Kopf kommt, zufrieden geben.

Depressive Klienten

Eine Teilnehmerin: Wenn jemand sehr depressiv ist, kann ich mich nicht ganz klientenzentriert auf den Prozess einlassen. Ich habe Angst, mich in diese Abgründe führen zu lassen und mitzugehen. Ich muss dann immer wieder aus dem Prozess herausgehen, um für mich wieder ein Stück Sicherheit zu gewinnen. Dann kommt in mir die Beraterin zum Vorschein. Ich habe keine Sicherheit, mich da wirklich ganz hineinzubegeben.

Meine Sicherheit kommt daher, dass ich weiß: Wenn ein Mensch wirklich anwesend ist, kann der Prozess vorwärts gehen. Wenn ich wirklich da bin, weiß ich, dass ich ein *anderer* Mensch bin. Über mehr bin ich mir nicht sicher, und manchmal bin ich mir dessen auch nicht sicher. Aber wenigstens im Kopf weiß ich, dass ich ein anwesender Mensch sein kann. Wenn jemand da ist, wird der Prozess möglich. Und so bin ich dann sicher, dass das Mitgehen gut gehen wird.
Wenn ich nur die klientenzentrierte Zurücksage-Methode hätte, würde ich diese Unsicherheit auch haben, die Sie beschreiben. Aber

wenn ich beim Zurücksagen da sein kann, weiß ich: Der Anker ist schon da, und so können wir beide nicht verloren gehen.
Dieselbe: Sie meinen, dass ich wirklich ich selber sein und als Mensch mitgehen kann?
Ja. Stellen Sie sich vor, ich bin in einer hoffnungslosen Situation und ich erzähle sie Ihnen. Da sitzen wir dann beide zusammen da draußen im Wald auf irgendeinem Stück Holz und wir sitzen einfach da. Wir sind zusammen. Wir haben keine Lösung, aber wir sind da. Das ist etwas ganz anderes, als wenn ich alleine wäre. Wenn Sie das wissen, können Sie eine tiefe, dicke Ruhe in sich haben. Es macht dann nichts, dass Sie vielleicht ein scheuer Mensch sind, der sich gerne verstecken möchte, oder dass Sie sich dumm fühlen und Angst haben, Fehler zu machen, oder dass Sie mit Ihrem eigenen Leben vielleicht gerade nicht gut zurechtkommen. Das macht gar nichts. Wenn Sie einfach nur da sind und nichts zwischen uns stellen, ist es *mehr*. Es ist viel mehr, als mir eine gute Beratung zu geben.
In früheren Jahren, als die Studenten noch häufig Drogen genommen haben, hat man oft jemanden gebraucht, damit derjenige, der auf einem Trip war, nicht zum Fenster hinausspringt oder andere dumme Sachen macht. Es musste einfach nur jemand dabei sein und gar nichts tun, nur da sein. Und das konnte jeder. Es war gar nichts dabei. Das war sehr einfach und angenehm, denn man wusste, dass man das kann.
Das, wovon ich hier spreche, ist dem sehr ähnlich. Was ich sage, ist zwar das Ende einer langen, komplizierten Entwicklung und doch ist es einfach. Es kommt nicht darauf an, was Sie sagen, es kommt nicht darauf an, was Sie wissen. Die verschiedenen Methoden können zwar alle helfen, aber sie allein kurieren niemanden. Auf alle diese Dinge kommt es nicht an, obwohl man sie wissen muss, denn sie bereichern und erweitern einen. Ankommen tut es darauf, dass Sie bereit sind, da zu sein als ein anwesendes menschliches Wesen.

Eine Teilnehmerin: Aber depressive Menschen haben doch immer den Wunsch, dass man sie aus ihrer Depression herausholen soll. Was macht man da?

Ja, sicher. Und das werde ich auch versuchen. Alle zehn Minuten probiere ich etwas. Aber trotzdem weiß ich, dass das Dasein das Wichtigere ist. Es ist das, was mir die Sicherheit gibt. Nur zurückzusagen, wie schlecht sich die Klientin fühlt, ohne dabei wirklich da zu sein, genügt nicht. Ich versuche immer alles Mögliche, ich stelle alle diese Focusing-Fragen, aber ich darf das Zurücksagen und all die anderen Methoden nicht dazu benützen von dort wegzugehen, wo die Klientin innerlich ist. Ich möchte wirklich ein paar Minuten mit diesem anderen Menschen da sein, wo es schlecht und schrecklich ist. Mit jemandem zu sitzen und auszuhalten, was da passiert, ist ein bestimmtes Erlebnis, das wertvoll ist. Man braucht einen, der das kann. Und das kann jeder sein. Wenn gerade niemand anderer da ist, muss es halt ich sein.

Der da mit dem Klienten sitzt, ist ein sehr großer, sehr stabiler Mensch. Und in ihm drinnen ist ein sehr kleiner, der Angst hat, und der schaut dann durch diese zwei Fenster heraus, die wir Augen nennen. Wenn ich mich mit diesem großen, stabilen identifizieren müsste oder wollte, geht das alles nicht. Denn der bin ich ja nicht. Es ist der Prozess, sozusagen der Sessel, in dem ich sitze, der diesen Großen hervorbringt. Bevor der Klient geklingelt hat, war ich ja nur ich. Ich bin im Wohnzimmer mit meinen eigenen Schwierigkeiten gesessen und war ganz klein. Dann klingelt es und ich öffne dem Klienten die Tür; er kommt herein und setzt sich auf seinen Sessel und ich auf meinen – und dann bin ich dieses große System: Gene und Sessel. Und da ist dann in mir wirkliche Ruhe. Da weiß ich, dass ich dasitze und dableibe und innerlich nicht wegschaue und davonlaufe. Dann haben wir menschliche Gesellschaft. Und die bringt einen Prozess, der alles, was da ist, nimmt und mitnimmt und weiterträgt. Was da dann alles kommt – *ich* erfinde es nicht. Ich weiß nur, dass wir da sitzen. Wenn ich will, dass es gleich weitergeht, wird kein Prozess kommen. Wir müssen hier also sitzen und anerkennen, dass es in einer gewissen Hinsicht nicht weitergeht – und dann geht es weiter, in einer anderen Hinsicht.

Dazu ist es nicht notwendig, kognitiv zu wissen, ob das, was der Klient ausdrückt, wirklich wahr ist oder nicht, es ist nicht notwendig zu wissen, wie es passiert ist. Das kann man mir erzählen oder auch nicht. Aber notwendig ist es anzuerkennen, dass es so ist oder so gewesen ist, wie es der Klient gerade erlebt. Ich nehme immer alles mit einer gewissen Skepsis, sodass es mich nicht überrascht, wenn sich später herausstellt, dass es gar nicht so gewesen ist. Das macht mir

alles nichts. Im Moment ist es wahr und es ist auch wahr. Irgendwie ist es wahr.
Das ist die Basis, die Unterlage der ganzen therapeutischen Arbeit. In der liegt eine gewisse innere Freiheit: Ich habe das, was hier passiert, nicht hergebracht und ich brauche auch nicht zu wissen, wie es weitergeht. Ich brauche nur zu wissen, dass das Dasein, das Gesellschaftleisten und der Prozess, der daraus kommt, das Größere ist. Das Kleinere ist all das, was ich noch dazu probieren kann.

»Endogen-depressive« Klienten

Eine Teilnehmerin: Ich höre das wohl, was du sagst, und ich finde, das stimmt auch. Aber bei endogen-depressiven Patienten komme ich eben nicht dorthin, wo sie innerlich sind.

Du willst da nicht hin? Es wäre nicht gut, da hin zu kommen?
Dieselbe: Nein, ich kann *da nicht hin. Es ist wie ein Türchen, durch das ich gar nicht durchpasse. Diese Patienten sagen, sie wüssten gar nicht, warum sie traurig seien. Es ist eben nicht einfach traurig, es ist depressiv.*
Ich muss überprüfen, ob ich dich richtig verstanden habe: Du fühlst in dir als Therapeutin einen gewissen Abstand zum Erleben der Klienten, den du nicht gutheißt?
Dieselbe: Nein. Das hat mit Gutheißen nichts zu tun. Ich komme an das, was diese Patienten beschreiben, nicht heran.
Ja, deshalb sage ich: Du musst dort durch – für dich. Und du kommst nicht durch, weil du Angst hast, die Sicherheit zu verlieren, wenn du selbst fühlst, wie schlecht es einem gehen kann?
Dieselbe: Ich erlebe keine Angst. Das ist es nicht. Es ist mehr eine Unfähigkeit, durch dieses Türchen zu kommen. Ich kenne den Weg nicht, ich weiß nicht, wovon sie reden. Es ist mehr als eine abgrundtiefe Traurigkeit, es ist eine existentielle Schwere. Mein Erleben findet diese Gegend nicht, die sie mir versuchen zu vermitteln.
Dein Erleben weiß also nicht, wie schlecht es werden kann? Aha. Und jetzt frage ich dorthin, oder besser, ich bitte dich dort drin zu fragen: Ist da etwas, das das nicht wissen möchte?
Dieselbe: Mein Kopf sagt sofort: Ich kann das gar nicht wissen.
Ja, ja, der Kopf kommt schnell und will helfen. Und genau dort, ein bisschen unterhalb von dem, das sagt »Das kann ich ja gar nicht wis-

sen«, dort hast du den Eintritt, den Eingang. Wenn du da hineingehst, findest du, warum das so schnell kommt. Es will etwas verhüten. Es wäre gut, da ein bisschen dabeizubleiben.
Wir haben alle die Fähigkeit zu fühlen, wie schlecht es sein kann und wie leicht das menschliche Leben zerreißt. Wenn es das nicht wissen will, dann sei sanft damit, damit es sich langsam durch kleine, gute Schritte öffnen kann. Du musst nur innen finden, was immer an dieser Stelle richtig ist, was im Moment von dort aus der nächste richtige Schritt ist für dich. Es ist ganz gleich, ob es sechs Schritte bedarf oder zwei. Was immer da richtig wäre ... dass es so schnell kommt und sagt: Das kann ich nicht. Da drunter ist das Nächste und dann wieder das Nächste und das Nächste und dann kommt es schon. Dann öffnet es sich mehr und mehr.
Dieselbe: Wenn man jahrelang eingeimpft kriegt, die Psychose markiere eine Grenze, über die man nicht drüber könne ...
Ja. Du sagst sehr gut: »Sie haben uns *unterrichtet* und *eingeimpft*, dass man über diese Grenze nicht gehen kann ...« Ich unterrichte das Gegenteil, aber sehr vorsichtig.
Wenn ich eine neue Gruppe von Studenten habe, gehe ich mit ihnen immer in den großen Saal, in dem die Patienten herumstehen, und ermutige jeden einzelnen: »Geh ein bisschen herum. Jemand wird schon kommen, der mit dir sprechen will. Wenn du mit einem Patienten sprichst, wirst du sehr schnell fühlen können, dass zwischen ihm und dir kein so großer Unterschied besteht. Die Patienten werden dir helfen, alle deine eigenen inneren Themen zu finden. Sei also nicht überrascht, wenn du dich eine Zeit lang ganz zerfallen fühlst. Es kommt dir dann vielleicht so vor, dass du eigentlich genauso gut Patient sein könntest. Dieses Gefühl kann kommen, sei darauf vorbereitet. Das ist ganz normal, man muss es nur im Voraus wissen. Sorge dafür, dass du jemanden hast, mit dem du dann darüber sprechen kannst. Wenn man all die Dinge, die Menschen, Klienten, Patienten haben und fühlen, in kleinen Schritten in sich findet, bereichern einen diese Erfahrungen sehr und machen einen stärker.«
Wenn man mit Klienten arbeitet, besonders mit sogenannten schwierigen Klienten, fühlt man von innen den eigenen Teil, der ähnlich ist. Es sind nur fünf Groschen Unterschied, dass ich nicht auf dem Klientensessel sitze. Denn alles, was in den Klienten vorgeht, habe ich ja auch in mir. In jedem von uns ist all das drinnen, was auch in jedem

anderen Menschen drinnen ist. Und das wird dann aufgewühlt. Und deshalb bauen sich dann viele Therapeuten und die meisten, die in psychiatrischen Kliniken arbeiten, eine Mauer und fühlen gar nichts mehr.

Borderline-Klienten

Eine Teilnehmerin: Ich würde gerne von dir etwas über die Arbeit mit Borderline-Patienten hören.

Ich selbst benütze die Borderline-Diagnose eigentlich nicht. Menschen, die man so nennt, sind oft solche, bei denen die therapeutische Struktur, z. B. die auf eine Stunde begrenzte Arbeit, nicht genug ist. So jemand wird vielleicht nicht von selbst am Ende der Stunde schön brav nach Hause gehen oder er oder sie wird zwischen den Stunden anrufen, meistens gerade dann, wenn man keine Zeit hat, in der Nacht oder am Wochenende. Mit diesen Klienten passiert gewöhnlich mehr als die angenehme Therapiestunde. Klienten, die uns Schwierigkeiten machen, aber nicht in der Klinik sein müssen, bezeichnen wir dann als »Borderline«. Dazu würde ich mich selbst zählen. Es ist ein Begriff, der eigentlich unsere Schwierigkeiten als Therapeuten beschreibt.

Viele Leute haben mir berichtet – und ich habe es auch selbst festgestellt – dass Focusing eines der wenigen Dinge ist, die mit diesen Klienten geht. Wie kann man sich erklären, dass Focusing bei ihnen so gut geht? Diese Menschen haben oft die Schwierigkeit, bei ihren Gefühlen dabeizubleiben. Die Gefühle gehen mit ihnen durch, sie werden von ihnen überschwemmt, sie werden von ihnen mitgenommen, und daher sagt man, sie würden die Gefühle »ausagieren«. Focusing gibt ihnen die Möglichkeit, sich selbst zu finden und *neben* den Gefühlen zu bleiben.

Unsere typische Focusing-Frage »Wie fühlt sich das an? Wie ist dir hier im Körper?« wird von diesen Leuten ganz gut verstanden. Die meisten Klienten, die brav kommen und zahlen und wieder nach Hause gehen, schauen einen bei dieser Frage komisch an. Aber diese Leute wissen gleich, was wir damit meinen. Es ist für sie eine angenehme Frage, denn niemand sonst will das von ihnen wissen. Und wenn dann eine Antwort kommt, muss man gleich ganz klientenzentriert zuhören und nicht Focusing unterrichten. Denn jede Struktur, die *wir* bringen, wird ihnen nicht passen.

Wichtig ist auch, dass wir nicht am Symptom hängen bleiben. Wir wollen als Therapeuten nicht genau so sein wie die anderen Menschen, mit denen ein solcher Klient zu tun hat. Wir wollen nicht bei der Frage hängen bleiben, ob er oder sie gegessen hat oder nicht oder ob sie sich wieder geschnitten oder sonstwie selbst verletzt hat oder nicht.
Diese Klienten greifen einen oft an und stellen einen als schlecht hin. Um das auszuhalten und damit arbeiten zu können, ist ein Konzept nützlich: Jemand, der über andere immer schlecht spricht und immer wegen Kleinigkeiten zu kämpfen anfangen muss, hat ein »inneres Kind« in sich, das ständig schrecklich angegriffen wird. Der laute Ärger auf die anderen ist nur ein erfolgloser Versuch, diesen Angriff umzudrehen und nach außen zu kehren. Da sage ich zunächst immer: »Der Ärger ist etwas Lebendiges. Ihren Ärger können wir zumindest respektieren.« Denn der Ärger ist irgendwie ein Versuch zu leben. Und dann, sehr schnell, schaue ich, was innen vorgeht: »Ja, die anderen haben wahrscheinlich schäbig gehandelt. Aber *in Ihnen* ist jetzt auch ein unangenehmes Gefühl?« Ich sage nicht: »Aber Sie haben doch sicherlich auch irgendetwas dazugetan.« Das so herumzudrehen ist mit diesen Leuten natürlich sehr schwer, aber man muss es immer wieder versuchen.
Ich habe zu diesem Thema also nicht mehr zu sagen, als ohnehin jeder weiß. Aber ich könnte euch vielleicht später mehr darüber zeigen, wenn jemand von euch einen sogenannten Borderline-Klienten spielt und ich mit ihm arbeite.

Grenzen überschreiten

Eine Teilnehmerin: Ich habe eine Klientin, die mehrmals missbraucht worden ist. Sie möchte häufig nicht reden, sondern spazieren gehen. Sie wünscht sich dann, dass mein Hund mitkommt. Manchmal denke ich, der Hund ist der bessere Therapeut als ich.

Ja, ja! Das kann gut sein.
Dieselbe: In meiner Supervision wird mir aber gesagt, dass das nicht richtig sei, weil ich Grenzen überschreite.
Der Supervisor oder die Supervisorin arbeitet wahrscheinlich nicht mit solchen Klienten?
Dieselbe: Nein.

Das denke ich mir. Das Grenzen-Überschreiten ist ein großes Thema. Es niemals tun zu dürfen, können wir als allgemeines Prinzip gleich wegwerfen. Man muss immer genau schauen: Warum hat man eine solche Grenze? Warum hat man uns eine solche Grenze empfohlen? Die Grenzen, die man uns beigebracht hat, haben ja einen Grund. Aber dieser Grund ist nicht immer wichtiger als der, eine Grenze zu überschreiten. Man hat uns gesagt, welche Schwierigkeiten kommen werden, wenn wir eine bestimmte Grenze überschreiten. Das ist im Allgemeinen auch wahr. Wenn man einmal spazieren geht, kann die Arbeit schwieriger werden, weil die Klientin dann vielleicht immer spazieren gehen will und nicht mehr schön brav in die Praxis kommen und auch wieder gehen wird. Das heißt aber nicht, dass man nie spazieren gehen darf. Die Grenze ist wie ein Zeichen, das warnt: Denk zuerst nach, denn das Überschreiten der Grenze kann Schwierigkeiten bringen.

Mit dem Hund spazieren zu gehen ist wunderbar. Daran kann an sich nichts Verkehrtes sein. Die Schwierigkeit ist: Wie können wir die Klientin dabei unterstützen, dass sie etwas von sich in die Therapie hineinbringt. Das ist die Frage und nicht, ob wir mit dem Hund spazieren gehen sollen.

Dieselbe: Beim Spazierengehen spricht sie dann, und wir setzen uns dann meistens auf eine Bank, sie krault den Hund und erzählt von sich.

Dann ist es schon gut. Das ist doch ausgezeichnet. Und was fehlt da?

Dieselbe: Dass ich nicht in der Praxis bleibe, dass ich hinausgehe, dass ich den Hund mitnehme. Das findet mein Supervisor ganz verkehrt.

Also, das ist ein perfektes Beispiel für das, was ich meine. Hier fehlt gar nichts! Diese Klientin hat genau gespürt und herausgefunden, was für sie richtig ist. Der Hund ist ein wirklich existierendes Wesen und sie kann ihm vertrauen. Er wird sie nicht missbrauchen, er ist immer wieder da. Und wenn er da ist, kann sie körperlich ausatmen – hah – und sie sitzt auf der Erde und ist wirklich da. Wir brauchen alle einen Hund.

Man muss sich von seinen Klienten instruieren lassen. Da muss man dann manchmal als Therapeut etwas machen, das man vielleicht normalerweise nicht tun würde. Die Klienten wissen viel besser als wir, was nötig ist. Ich bin gleich dabei, wenn ich jemanden berühren soll, die Hand halten oder spazieren gehen. Wenn das aber etwas ist, das die Beziehung konfus macht, wenn es sich z. B. so auswirkt, als wäre es ein sexuelles Angebot, dann natürlich nicht. Dann muss ich das klarmachen.

Sexuelle Gefühle und Handlungen in der Therapie

Mir scheint ganz klar, dass sexuelle Handlungen nicht in die Therapie gehören. Wenn es da etwas Unklares gibt und eine Klientin oder ein Klient sich etwas Sexuelles wünscht, würde ich ganz klar sagen: »Das ist ganz richtig und gut, was du da fühlst, aber ich mache das nicht. Hier werden wir das nicht machen.« Auf diese Weise sagt man, dass das, was er oder sie sich wünscht, nichts Schlechtes ist, wir werden es nur hier nicht tun.

Von mir aus deklariere ich ganz klar die Grenze. Und gleichzeitig begleite ich die Klientin mit der Botschaft: »Es ist etwas Gutes, wenn du sexuelle Gefühle hast. Sexuelle Gefühle sind immer gut. Hier sind alle Gefühle willkommen, aber *tun* werden wir das nicht. Alle Wünsche und Phantasien und Gefühle sind willkommen.« Wenn eine Unklarheit da ist, spreche ich das sofort an. Sonst nicht.

Ein Teilnehmer: Die heiklere Situation ist, wenn beim Therapeuten oder der Therapeutin auch solche Gefühle aufkommen.

Da gibt es keine gute Regel. Wenn der Therapeut oder die Therapeutin sexuelle Gefühle hat, muss das in ihm oder in ihr irgendwie o.k. werden. Denn es ist für mich grundsätzlich so: Wenn ich für jemanden anderen arbeite, sind alle Gefühle, die mir kommen, erlaubt. Das ist ein Übereinkommen, das ich mit mir getroffen habe. In dem Moment, in dem ich für jemanden anderen arbeite, muss ich alles, was in mir losgeht, erlauben, sonst kann ich nicht gut arbeiten. Wenn ich sexuelle Gefühle habe, hm, dann hab' ich sie halt. Wenn ich ungeduldig werde – ah, ich bin ungeduldig. Wenn ich mir wünsche, der Klient würde endlich in eine andere Stadt übersiedeln – hm, das ist sehr interessant. Wenn ich ein inneres Bild bekomme, in dem ich mit einer Axt gegen die Wand haue – hm, ich bin wütend auf ihn. Was immer da in mir vorgeht, es ist alles erlaubt – *innerlich*.

Aber ob man das dann auch ausspricht, ist eine ganz andere Frage. Wenn mir eine Klientin auf irgendeine Weise sagt: »Du, ich glaube, du hast sexuelle Gefühle für mich«, werde ich sie nicht verneinen, wenn sie Recht hat. Wenn sie schon gesehen hat, dass ich sie auf eine gewisse Weise angeschaut habe, werde ich doch nicht sagen »nein, das ist nie passiert«.

Eine Teilnehmerin: Und dann?

Dann ist es ganz klar, dass wir das nicht machen werden. Weil wir von Anfang an gesagt haben, alle Gefühle sind hier erlaubt und sind auch sicher. Es wäre nicht richtig zu sagen: Ich habe alle Gefühle eingeladen und alle erlaubt – aber mit der Sexualität ist das etwas anderes. Wenn wir solche Gefühle haben, dann müssen wir gleich ins Bett gehen.

Eine Teilnehmerin: Was ist, wenn der Klient oder die Klientin fragt, warum denn das nicht geht?

Sexualität ist etwas Gutes, da ist nichts Schlechtes dran. Sie bringt Leben. Und wir wollen solche Gefühle nicht zurückdrängen, nur weil sie nicht hierher passen. Die Situation in der Therapie ist so strukturiert, dass wir *nicht* aufgrund unserer Gefühle *handeln*, denn sonst wäre die Situation nicht sicher und wir könnten viele Gefühle nicht willkommen heißen. Die sexuellen Gefühle kommen ja oft deshalb, weil es hier sicher ist und Vertrauen da ist, und das werden wir nicht brechen.

Ich verstehe sehr gut, warum wir in der Therapie keine Sexualität leben, aber das einem Klienten zu erklären ist nicht so einfach. Es kann zehn Minuten dauern, bis mir einfällt, was ich da sagen kann.

Das alles ist natürlich nur dann wichtig, wenn das sexuelle Gefühl auf beiden Seiten da ist. Sonst kann man sagen: »Dass Sie sich so fühlen, ist nichts Schlechtes für mich. Aber ich habe diese Gefühle nicht.« Und dann kann man ganz klar und offen suchen gehen, wie wir nun mit diesen Gefühlen umgehen sollen: »Wie würde es jetzt auf richtige Weise weitergehen?« »Wie können wir das jetzt für die Therapie nutzen?« »Was braucht es jetzt?« »Sie erzählen mir das doch, weil es irgendwie hierher gehört.«

Negative Gefühlsreaktionen auf den Klienten

Eine Teilnehmerin: Ich reagiere oft mit negativen Gefühlsreaktionen und Bewertungen auf das, was mir ein Klient sagt. Unlängst hat mir ein Klient erzählt, er schlafe jeden Tag bis zwölf und sei dann zu faul, sich die Zähne zu putzen. Da habe ich gedacht: Was ist das nur für eine Schlafmütze, wie kann man so passiv sein.

Ich hatte einmal eine Studentin, die war 24 Jahre alt und hatte Krebs. Sie wusste, dass sie bald sterben müsse. Da kam sie zu mir und sagte: »Wenn ich sterben werde, werden die Menschen, die bei mir sein werden, so viele Gefühle *über mich* haben und *wegen mir* traurig sein, dass ich gar nicht dazukommen werde, *meine eigenen* Gefühle zu haben. Ich möchte so gerne mit meinen Gefühlen sterben. Deshalb brauche ich jemanden, der bei mir sein kann und dessen Gefühle ich nicht auch noch aushalten muss. Glauben Sie, dass Sie so jemand sein könnten?« Da habe ich geantwortet: »Ja, ich werde das können.« Im selben Moment habe ich genau gewusst, dass ich es nicht können werde, aber ich habe gedacht: Bis die Zeit kommt, werde ich es können. Daraufhin habe ich einige Monate schwer an diesem Problem gearbeitet. Schließlich habe ich von innen gefunden, dass es doch lächerlich wäre, wenn sie sich mit *meinen* Gefühlen über ihre Gefühle beschäftigen muss. Das ist doch zum Lachen. Es ist schlimm genug zu sterben, und dazu soll man dann noch meine Gefühle aushalten! Diese Lächerlichkeit zu fühlen hat mir viel gebracht.
Aber zu Ihrem Beispiel: Solche Reaktionen wie Sie habe ich manchmal auch, aber die gehen ja wieder vorbei. Und dann interessiert mich, wie ein Mensch so sein kann, dass er sich nicht die Zähne putzen will. Meistens finde ich dann in mir irgendetwas dazu, z. B.: Manchmal gehe ich erst schlafen, bis ich so müde bin, dass ich mich gar nicht mehr rühren will, und dann will ich mir auch nicht mehr die Zähne putzen. Aber ich weiß natürlich gleich, dass es bei ihm nicht so sein muss, denn das ist bei *mir* so. Aber es gibt mir Material, weiter hineinzufragen. Ich hatte einmal eine Klientin, die in sich den tiefen Wunsch gefunden hat, ohne Bedingungen willkommen geheißen zu werden, ohne irgend etwas dafür tun zu müssen. Und das hat sie so beschrieben: so, wie man ins Bett gehen darf, ohne sich die Zähne zu putzen. Ist es so? Da wird doch dieser Klient sicher sagen: »Nein, nicht so, aber so …« Kein Klient ist nur dumm. Niemand ist nur dumm. Es ist immer etwas Menschliches da.
Es ist nichts Schlechtes daran, als Therapeut gefühlsmäßige Reaktionen zu haben. Wenn ich jemandem zuhöre, ist in mir alles erlaubt. Alle möglichen inneren Stimmen dürfen den Klienten beleidigen. Das ist im privaten Inneren alles erlaubt. Aber dann will ich weitergehen. Dann will ich in mir suchen, wie ich meine Reaktion benützen kann.

Wenn wir mit anderen Leuten, vor allem mit schwierigen, arbeiten, müssen wir immer darauf gefasst sein, dass wir innen, in uns selbst, Arbeit finden werden. Als Therapeut muss man den eigenen Körper immer befragen, was er braucht, um sich in jeder konkreten Situation mit einem Klienten wohl zu fühlen.

Ein Teilnehmer: In solchen Fällen ist es besonders wichtig, dass man in einer kontinuierlichen Supervision ist und Unterstützung hat.

Ja, ganz sicher. Aber es muss ja nicht jemand sein, der Autorität hat und Geld nimmt. Es kann auch ein Kollege sein. Aber irgendwo muss man sich aussprechen können. Das ist wichtig. Ich möchte das betonen. Man soll sich Gesellschaft verschaffen als Therapeut. Wir arbeiten zu einsam. Es ist daher wichtig, dass wir uns selbst auch immer wieder eine Stunde geben mit jemandem, mit dem wir wirklich sprechen können. Mit jemandem, der zuhören kann und bei dem es sicher ist.

Das sogenannte Blockieren ist dazu da, die Gefühle aushalten zu können

Viele Menschen sind ohne Hoffnung, weil sie entdeckt haben, dass bereits das Versuchen von etwas, das schwierig ist, schon zu viel ist. Nehmen wir an, ein Klient beginnt körperlich zu zittern. Das Zittern kann für den Klienten ein Grund sein, den gerade vor sich gehenden Prozess abzubrechen und nicht weiter hineinzugehen, weil er das Zittern nicht aushalten kann. Das Zittern ist aber gerade auch das, wo es weitergehen würde und muss. Das Zittern muss also befragt werden. Aber wenn man das Zittern befragt, zittert es noch mehr. Das erzeugt im Klienten oft ein hoffnungsloses Gefühl.

Als Therapeuten werden wir aber deshalb nicht hoffnungslos. Was machen wir da? *Wir bleiben dabei. Das ist alles.* Wir sagen: »Ich verstehe das. Das ist jetzt so und wir bleiben dabei.« Wir verstehen das Zittern auf klientenzentrierte Weise: »Nur die Idee, hier irgendetwas zu versuchen, ist momentan schon zu viel.« Dieses »momentan« werfe ich da immer hinein. »Momentan fühlt es sich hoffnungslos an, aber wir bleiben ein bisschen dabei.« Und in ein paar Minuten oder in ein paar Wochen kann sich das dann ändern.

Ein anderes Beispiel für dieses Phänomen ist folgendes: Viele Menschen halten immer dann, wenn ein Gefühl kommt, den Atem an. Da habe ich einmal einer Klientin gesagt: »Wenn Sie den Atem anhalten, können Sie doch kein Gefühl haben.« Darauf sagte sie: »Nein, ich halte den Atem an, *damit* ich das Gefühl aushalten kann.« Da habe ich etwas gelernt, das ich seither auch bei vielen anderen und bei mir selbst beobachtet und verstanden habe. Wir blockieren die Gefühle, aber der Ort, an dem wir sie blockieren, ist ja genau der Ort, an dem die Gefühle sind. Das Blockieren ist also nie nur ein Blockieren, denn es findet genau dort statt, wo Gefühle kommen können. Wir blockieren die Gefühle nicht deshalb, weil wir sie nicht haben wollen, sondern weil das sogenannte Blockieren die Gefühle aushaltbar macht.

Ein Teilnehmer: Hat das auch mit Ihrem Verständnis vom Konzept des Widerstandes zu tun?

Der Begriff »Widerstand« muss *experientiell,* also vom Erleben her, verstanden und benützt werden. Das bedeutet: Widerstand soll nicht irgendein Konzept sein, z. B. dass gerade das, was passieren soll, nicht passieren darf, weil der Widerstand immer das Gegenteil von dem ist, was *wir* als Therapeuten wollen. Das ist ein leeres Konzept, das nur Negativität erzeugt. Aber man kann das Wort »Widerstand« für etwas benutzen, das da und gleichzeitig im Weg ist. Es wäre schön, wenn wir geradeausgehen könnten, aber es ist etwas da, das es kompliziert macht. Dieser »Widerstand« soll sich öffnen. Er muss anerkannt werden, damit er sich öffnen kann, und dann zeigt sich meistens irgendeine Bedeutung, die wir vorher nicht bemerkt haben. Und danach kommen vielleicht auch verschiedene Schritte, die erst jetzt gemacht werden können. Das ist der Weg, dem »Widerstand« nicht als Widerstand zu begegnen, sondern gerade als das, von dem wir am meisten hören wollen.

Statt das Wort »Widerstand« experientiell zu benützen, sagen leider viele klientenzentrierte Therapeuten, es gäbe keinen Widerstand. Die Therapeuten, die das Wort »Widerstand« benutzen, glauben dann nicht zu Unrecht, dass wir dumm sind. Und wir glauben natürlich, dass die dumm sind, und schon haben wir ein Problem auf der konzeptuellen Ebene. Aber natürlich ist *etwas* da. Wenn man dieses Etwas »Widerstand« nennt, können daraus schon gewisse Probleme entstehen, weil man dann glaubt, man müsse mit diesem Etwas kämpfen. Statt mit dem Widerstand zu kämpfen, ist es aber viel besser, vom Widerstand zu hören, ihn sprechen zu lassen. Wenn man von ihm hören will, muss man seinen potentiellen Sinn anerkennen. Dann spricht er und es geht dann weiter und weiter … und dann war es gar

kein Widerstand. Aber es war noch immer das, was man Widerstand nennt, wenn man »Widerstand« *experientially* benützt.
Das ist eine Art und Weise, Konzepte zu benützen, die ich gerne erklären möchte. Anstatt z. B. zu sagen, es gibt kein Unbewusstes, kann man fragen: Was benennt denn dieser Begriff? Als Konzept ist »das Unbewusste« nicht sehr gut. Man glaubt dann, das Unbewusste sei so ein Gefäß mit verborgenen Dingen drin. Aber etwas, das man wirklich erfahren und erleben kann, benennt dieses Wort. So herum betrachtet haben wir natürlich alle ein Unbewusstes oder mehrere Unbewusste. Denn sicher ist es nicht *ein* Unbewusstes oder *das* Unbewusste. Und von diesem Erlebbaren aus kann man dann neu und frisch überlegen, wie man es ausdrücken will oder wie man darüber nachdenken kann.
So ist es auch mit dem »Widerstand«. Es ist dann in Wirklichkeit kein Widerstand. Es ist gerade das, was wir am meisten bearbeiten wollen. Sigmund Freud sagte das meiste auf eine Weise, die ich nicht anerkennen kann. Bei ihm wird immer alles so negativ verpackt. Ich kann viel von Freud lernen und es gut benützen, aber ich muss es zuerst auspacken. Das, was Freud mir zeigen möchte, ist immer etwas Wirkliches. Aber es ist von ihm negativ eingewickelt. Wenn ich es auswickle, stellt sich heraus: Es will ja vorwärts, es will etwas Positives, es will leben.
Für mich ist es so, dass der Organismus leben will. Diese Idee findet man in Freuds System auch, aber verkleidet, z. B. als »Wunscherfüllung«. Wenn man sagt, jeder Traum sei eine Wunscherfüllung, beginnt man sich dem, was ich sagen will, anzunähern. Der Traum will etwas, tut etwas, macht etwas – aber nicht im Sinn von Widerstand gegen das, was man sich schon vorher ausgerechnet hat. Es ist umgekehrt: Dieselbe Stelle, die sich als pathologisch darstellt, ist die Stelle, an der der Organismus etwas im Sinne des Lebens, des Weiterlebens will. Wir interessieren uns für das, was es will. Wenn man nur eine Fotografie von dieser Stelle macht, erscheint sie pathologisch. Wenn man sie aber atmen lässt, dann will es dort gleich wohin, und wo es hinwill, ist mehr Leben und mehr Gesundheit als dort, wo es im Moment ist.

Mehr als ein Mensch zu sein werden wir nicht

Eine Teilnehmerin: Und wie halten Sie es mit der »Übertragung«?

Genau so. Das ist ja auch nur ein Wort, ein Konzept. Aber es meint etwas, das wir wirklich erfahren. Es ist wichtig, dass der Klient alles

Mögliche auf mich projizieren kann. Übertragung, oder wie immer man das nennen will, soll möglich sein. Es ist sehr wichtig, dass der Klient alles Schlechte auf mich werfen kann und er soll auch die gute, endlose Mutter in mir sehen können, die viel Milch gibt. Aber bitte, nehmt beides immer mit viel Salz, mit viel Skepsis, mit viel Lächeln hin. Wir dürfen in keine dieser Rollen hineinfallen. Ich darf nicht glauben, dass ich das eine oder das andere wirklich selbst bin. Ein Heiliger mit einem Heiligenschein zu sein, ist auch eine Rolle, die ich manchmal spielen muss. Vielleicht ist in mir auch einer drinnen, der gern ein Heiliger sein möchte und den ich nicht loswerde. Den muss ich dann halt streicheln – und schmunzeln.

Dieser Humor ist wichtig. Humor kommt, wenn man etwas von zwei Seiten ansehen kann. Der Humor ist immer mehr als das Ernste allein. Wenn das Ernste nicht da ist, gibt es auch keinen Humor. Man schaut das Ernste von einer anderen Seite an, man sieht es auf einmal zweideutig und dann lacht man. Man lacht ja nur, weil das Ernste da ist.

Am Ende ist man immer wieder nur der Mensch, der man ohnehin ist. Mehr als ein Mensch zu sein werden wir nicht. Wenn wir glauben, dass wir mehr sind als ein Mensch, sind wir weniger. Dann sind wir irgendwo hineingefallen.

Weiterführende Literaturempfehlungen:

Cornell, A.W. (2013). *Die Kunst des Annehmens. Leben und Arbeiten mit Focusing.* Norderstedt: Books on Demand

Gendlin, E. T. (1998). *Focusing-orientierte Psychotherapie. Ein Handbuch der erlebensbezogenen Methode.* Stuttgart: Klett-Cotta

Kersig, S. (2014). *Im Dialog mit dem Körper. Wie Sie mit Achtsamkeit Krankheitssymptome entschlüsseln und heilen.* München: Kösel

Ringwelski, B. (2003). *Focusing – Ein integrativer Weg der Psychosomatik.* Stuttgart: Klett-Cotta

Wiltschko, J. (2009). »Patientenautonomie« in der personzentrierten und focusing-orientierten Psychotherapie. *PiD Psychotherapie im Dialog. Zeitschrift für Psychoanalyse, Systemische Therapie und Verhaltenstherapie, 2/2009,* S. 308–313

Wiltschko, J. (2010). *Hilflosigkeit in Stärke verwandeln. Focusing als Basis einer Metapsychotherapie,* Band I. Münster: MV-Verlag

Wiltschko, J. (2011). *Ich spüre, also bin ich! Focusing als Basis einer Metapsychotherapie,* Band II. Münster: MV-Verlag

8. Philosophische Anstöße: Über die Fortsetzungsordnung

Die moderne und die postmoderne Anschauung

Es ist lange Zeit üblich gewesen, eine logisch formierte Ordnung der Welt anzunehmen, dieselbe Ordnung, die in der Wissenschaft herrscht. Wenn man nämlich diese Art von Ordnung nicht annähme, sagten die meisten Philosophen, könne man nichts studieren – und das sagen die Wissenschaftler heute noch immer. So sind wir daran gewöhnt, alles zu beobachten, und wenn wir dabei etwas Regelmäßiges finden, schreiben wir es auf. Wenn man genug beobachtet hat, stellt man – *immer im Rückblick* – eine Ordnung auf und sagt dann: Das ist die Ordnung, die im Beobachteten selbst enthalten ist.

Die Beobachtungen werden immer nach rückwärts verarbeitet. So scheint es dann, als ob alles, was wir jetzt sagen und was wir jetzt wissen, logisch abhängig sei von bestimmten Postulaten und Prinzipien und Hypothesen. In Wirklichkeit ändern wir die Postulate und Hypothesen aber immer *von jetzt nach rückwärts,* und dadurch schaut es so aus, als ob alles in Ordnung wäre.

Seit einiger Zeit gibt es aber in der Philosophie auch Leute, die *nicht* an eine solche Ordnung glauben. Sie sagen, dass die Ordnung von den Menschen nur konstruiert würde und dass man ja auch ganz anders konstruieren könnte, und dann hätte man eine andere Ordnung. Daher sei alles relativ. Dies ist die sogenannte postmoderne Anschauung.

Die Natur antwortet immer ganz genau

Ich gehe mit beidem nicht konform. Es ist wahr, dass man mit verschiedenen Hypothesen und verschiedenen Anschauungen Verschiedenes findet, also verschiedene Ergebnisse bekommt. Wenn man mit anderen Ansichten beginnt, kommt etwas *anderes* heraus. Das ist die große Tatsache, an die sich die postmodernen Denker halten, die sagen, es gäbe eigentlich keine Ordnung.

Ich halte das für zu sehr vereinfacht. Die Natur sagt etwas zurück und sie sagt immer *genau* zurück. Wenn man unsere gängigen physi-

kalischen Hypothesen nimmt und ein Flugzeug bauen will, muss man es *genau so* bauen.
Das, was ich sage, ist eigentlich ganz klar, aber die Leute, die behaupten, alles sei konstruiert, beachten das nicht. Wenn ich zu einer philosophischen Tagung fahre und dort gesagt wird, die Wissenschaft sei nur ein Spiel und es sei alles konstruiert, sage ich immer: Das sagst du *hier.* Aber wenn du dann mit dem Flugzeug nach Hause fliegst, sagst du das nicht mehr. Wenn du im Flugzeug sitzt, hoffst du, dass es ganz genau so konstruiert ist.

Die Natur ist reicher als jede formulierte Ordnung

Die Frage ist jetzt, wie wir uns eine Ordnung denken können, die *so* ist. Eine Ordnung, die nicht einfach eine schon *formulierte* Ordnung ist. Es ist klar: Die Natur hat eine schon formulierte Ordnung nicht. *Sie ist reicher als das.* Die Natur kann auf jede Formulierung antworten, sie tut es aber immer *genau.* Was ist das also für eine Ordnung, die ordentlich und regelmäßig zurückspricht, aber verschieden auf verschiedene Fragen, verschieden auf verschiedene Hypothesen, verschieden auf verschiedene Vorgehensweisen? Es ist eine Ordnung, *die sich auf viele verschiedene Weisen fortsetzen lässt, aber immer nur genau.*
Es ist auch gar *nicht leicht,* eine Art und Weise zu finden, wie es sich fortsetzen lässt. Es ist nicht so, dass wir ganz leicht eine andere Art zu fliegen finden können. Wir haben keine andere, und wenn sich jemand auf die Suche nach einer anderen Art machte, würde er sie nicht leicht finden.
So ist es auch mit einem Felt Sense. Wenn man einen Schritt bekommt, einen *Felt Shift,* kann man sich denken, dass auch auf eine andere Weise ein *shift* gekommen wäre, aber leicht ist es nicht, eine andere zu finden. Es ist also nicht nur so, dass man etwas anderes bekommt, wenn man anders anfängt, nein, am häufigsten bekommt man gar nichts. Es lässt sich fortsetzen, aber nicht so einfach und nicht auf irgendeine Weise. Es ist schwere Arbeit, eine Art und Weise zu finden, die es wirklich fortsetzt.

Die Ordnung der Natur ist nicht fertig

Das alles gibt uns die Idee von einer Ordnung, die *nicht fertig* ist. Diese Idee brauchen wir aus vielen Gründen.

Die Logik ist immer fertig. Logisch gesehen schaut es so aus, als ob man alles Folgende ausrechnen könnte, wenn man all das wüsste, was jetzt ist. Das hat Laplace* ganz schön gesagt: Wenn man mir sagen könnte, wo all die Atome jetzt sind und in welche Richtung sie sich bewegen, dann kann ich alles ausrechnen, was vorher war und was noch kommen wird. Wenn er Recht hätte, würde das heißen: Es gibt im ganzen Universum nichts Neues, es ist immer dasselbe, es wird nur ein bisschen anders kombiniert. Das ist nichts anderes als Logik und Mathematik – aufs Kosmische übertragen.
Die Mathematik ist so. Wenn wir kleine Einser machen, können die dann herumarrangiert werden, aber sie selbst bleiben immer gleich. Sie bleiben gleich, *weil wir sie gleichhalten.* 237 kann man auf viele verschiedene Weisen aufteilen: in 200 und 37 oder in 100 und 137 usw. Es gibt viele Arten, wie man das aufteilen kann, aber die Einheiten sind immer dieselben. Beim Dividieren und Multiplizieren und bei allen anderen Operationen hält man die mathematischen Einser immer konstant. Das ist die Mathematik. Aber warum die Mathematik den Kosmos beschreiben soll, steht nirgends geschrieben.
Wenn man die Wissenschaft an einem bestimmten Tag anschaut, sieht die Welt so aus, als ob die Wissenschaft und die Welt mathematisch arrangiert wären, aber wenn man sie alle paar Jahre anschaut, ist das alles gar nicht so mathematisch. Ein paar Jahre später sind zwanzig andere Termini da, und alles ist wieder ganz anders. Wenn man von vor fünf Jahren auf jetzt logisch-mathematisch kommen wollte, könnte man das nicht. *Die Einser verändern sich. Die Welt ist nicht in Einsern gegeben*, nicht in *units*, in Einheiten, die so bleiben, wie sie sind.
Die Welt, die Natur, der Mensch ist nicht nur so, wie wir es vom Kinderspiel »Schifferl versenken« her kennen. In diesem Spiel ist es ganz sicher, dass A5 derselbe Platz ist wie 5A. Das ist ganz offensichtlich. Das ist aber nur so, weil man es so eingeteilt hat. Diese Einteilung ist sehr nützlich, um etwas zu finden. Wenn man einmal annimmt, dass alles in Einheiten daherkommt, dann kann man die Mathematik und die Logik schon benützen, und es ist oft wertvoll, das zu tun. Natürlich kann man fragen: Was kommt, wenn man nur Logik benützt?

---

* Pierre Simon Marquis de Laplace, französischer Physiker, 1749 bis 1827

Das bringt einem immer irgendetwas. Wenn man in einer bestimmten Art auf der Erdkugel Linien einzeichnet, kann man ausrechnen, dass Lindau genau soundso viele Stunden, Minuten und Sekunden von New York entfernt ist. Das ist alles sehr gut. Die Natur hält das aus und verändert es nicht. Morgen wird Lindau wieder am selben Platz sein, und das ist ganz angenehm.
Das zeigt, dass wir nicht einfach nur etwas erfunden und konstruiert haben. Die Natur antwortet auf unser Meridiansystem und sie antwortet ganz genau. Wenn es wirklich nur von uns erfunden wäre, dann könnten sich die raumzeitlichen Entfernungen auch ändern. Aber sie ändern sich nicht.

Die Natur gibt immer mehr zurück, als wir gefragt haben

Die Ordnung ist so, dass sie immer genau zurückgibt. *Und sie gibt immer mehr zurück, als wir hineingeben.* Sie antwortet immer mit mehr Details, als aus unseren Annahmen, mit denen wir fragen, folgen könnte. Es ist immer mehr da, als man schon definiert hat. Wenn man dann mit Definitionen A, B, C und 1, 2, 3 kommt, hilft einem das, etwas zu halten, aber das, was von der Natur zurückkommt, ist immer mehr als das. *Sie hat immer mehr Möglichkeiten weiter fortzusetzen.* Das ist die Fortsetzungsordnung.
Die Fortsetzungsordnung ist nicht beliebig. Es kommt, was kommt, und du kannst das nicht einfach verstellen, wie du es willst. Und doch antwortet sie auf genau die Weise, in der du anfängst und fragst.
Meine Studenten, die von der Wissenschaft her kommen, wollen immer glauben, dass es eine Ordnung gibt, der wir uns immer mehr annähern, asymptotisch sozusagen. Sie glauben, dass die Ordnung der Natur (der Welt, des Universums, des Körpers, der Person .....) dieselbe Ordnung sei wie die, die wir ausrechnen und aufschreiben. Es ist aber eine Ordnung, die reich genug ist, um auf all die Ordnungen, die wir schon formuliert haben, genau zu antworten – und darüber hinaus auch noch auf all die vielen Theorien, die wir noch gar nicht haben und kennen.
»Näher« kommt man, indem man mehr und mehr und immer Genaueres von der Natur erhält *und in die Konzepte einbaut.* Genauer werden kann man aber auf verschiedenen, von unterschiedlichen Postulaten ausgehenden Bahnen. Diese verschiedenen Bahnen können die Fortsetzungsordnung auf verschiedene Weisen fortsetzen.

Keine Theorie kann sagen, was der Mensch ist

Wenn wir annehmen, dass wir als Menschen nicht eine mathematische Ordnung sind, wenn wir also annehmen, dass wir eine Fortsetzungsordnung sind, können wir alle die verschiedenen Theorien, die existieren, benutzen. Sie helfen uns alle.
Z. B. ist die behavioristische Theorie von Skinner eine sehr gute, hilfreiche Theorie, denn sie erweitert unsere Möglichkeiten. Wenn man einmal weiß, dass man leichter einschläft, wenn man nur dann im Bett liegen bleibt, wenn man wirklich bereit ist zu schlafen und im Bett nie liest und dort nie liegt, um nachzudenken, dann schläft man sehr bald und leicht ein. Es gibt hundert andere Anwendungen dieser Theorie. Wenn man aber glaubt, dass man wirklich als Mensch so ist, wie es diese Theorie sagt, ist alles verloren, und es ist besser, man hat schlaflose Nächte.
Wenn wir glauben, oder wenn wir es so sagen, dass das, was immer wir konstruieren, der Mensch sei – das greift zu kurz. Wenn man einmal weiß, dass man *so* eine Ordnung überhaupt nie ist, dann kann einem jede Fortsetzung helfen.

Eine Teilnehmerin: Das bedeutet im Grunde: Immer, wenn ich gerade herausgefunden habe, wer oder wie ich bin, bin ich schon wieder ein bisschen anders und hab' mich schon wieder ein bisschen weiterbewegt.

Ja genau. Derjenige, der etwas herausgefunden hat, das ihm passt, ist schon wieder weiter.
Dieselbe: Ganz schön anstrengend!
Ist es anstrengend? Ach, es ist auch ruhegebend. Man ist nie gefasst, nie eingesperrt. Es ist anstrengend, wenn man sich erwischen will. Aber warum soll man das? Warum soll man sich mit Konzepten zu fassen kriegen? Konzepte sind nur Werkzeuge, hilfreiche Vorgehensweisen.

Es kommt immer auf die Haltung an

Als Therapeuten, besonders als Focusing-Therapeuten, sind wir an das, was ich Fortsetzungsordnung nenne, natürlich ziemlich gewöhnt. Aber die meisten Menschen sind das nicht. Sie glauben: Ich bin so, wie ich bin, und das kann sich nicht ändern. Aber das ist nicht die

Ordnung, die wir sind. *Wir sind eine Ordnung, die immer für Fortsetzung offen ist.* Nur aus logisch-mathematischer Sicht kann es so ausschauen: Wenn ich zwei Dreiecke und ein Kreis bin, kann ich daraus kein Viereck machen. Aber wir sind nicht nur Formen. *Wir sind auch etwas, das auf Geformtes antwortet.* Es kommt nicht nur so, wie es die Logik sagt.

Was ist eine Fortsetzungsordnung? Es ist eine Ordnung, die ganz genau auf das antwortet, was und wie man fragt. Diese Antwort ist nicht beliebig, aber sie ist immer reicher als jede logische Form. In zwei Negativa kann man das leicht ausdrücken: *The order of carrying forward is not determined and not arbitrary**.

Das kennen wir alles aus dem Focusing, aus der Praxis. Da wissen wir: Es geht darum, wie, mit welcher Haltung ich mich oder den Klienten befrage. Jedes Wie führt zu einer ganz spezifischen Antwort, die nicht willkürlich ist, sondern genau zu der Art, wie ich frage, passt – und zugleich ist diese Antwort mehr als die Frage.

Vom Felt Sense her sind wir ganz gewöhnt an die Idee, dass es eine Fortsetzungsordnung gibt. Der Felt Sense hat eine Fortsetzungsordnung. Und das ist die einzige Ordnung, die er hat. Wir sind gewöhnt daran. Wir sind z. B. gewöhnt daran, dass sich der Felt Sense anders fortbewegt, wenn wir in einer guten Beziehung sind. Es macht einen Unterschied, *wie* wir etwas anschauen, welche Fragen wir stellen. Aber alles andere in der Welt sind wir gewöhnt, auf die alte Weise zu denken: dass es schon formiert und mathematisch ist, und dass wir es nur noch nicht genau wissen – aber nächste Woche oder jedenfalls irgendwann einmal werden wir es dann wissen.

Der ganze Kosmos ist eine Fortsetzungsordnung

Ich will jetzt sagen: Nein, *das Ganze ist so.* Der Körper, der Blutstrom und draußen die Bäume und der ganze Kosmos sind so. Und man erkennt das leicht, wenn man sieht, dass die vielen verschiedenen Anschauungen, die wir haben, alle – nicht alle, aber die, die wir beibehalten – etwas bringen und alle irgendwie erfolgreich sind, alle etwas herausheben. »Herausheben« ist eine Idee der Phänomenologen, die dem, was ich sage, schon ähnlich ist. Aber das »Herausheben« ist eine

* Die Fortsetzungsordnung ist nicht festgelegt und nicht willkürlich.

sprachliche Metapher, die noch immer ausdrückt: Es ist eigentlich schon da und man muss nur versuchen, es so, wie es ist, hervorzuholen. Aber die neue Weise, in der der Organismus weiterleben wird, ist nicht vorauszusagen und folgt nicht logisch aus der alten Weise. Wenn er nicht abstirbt, kommt etwas Neues, und oft kommt etwas Komplizierteres, das man aus dem, was vorher da war, nicht ableiten kann.

Manche sagen, in der Wissenschaft gäbe es eine bestimmte Art von Ordnung und in der Ethik gäbe es eine andere und in der Poesie noch eine andere usw. Sie behaupten, die jeweiligen Ordnungen sollen diesen verschiedenen Gebieten entsprechen. Habermas z. B. sagt: Hier ist die Ordnung der Wissenschaften und hier ist die Ordnung der Poesie – und so habe ich alles gerettet. Er hat also die Welt ganz bequem in verschiedene Teile geschnitten, und dann kann er natürlich ganz angenehm hier Wissenschaft betreiben und dort ganz angenehm Poesie. Aber er hat nicht genügend über das Dividieren des Ganzen in eine derartige »Geographie« nachgedacht. Denn aus der *einen* Welt kann man nicht so einfach verschiedene »Länder« machen. Wenn die Welt dieselbe Welt ist, dann ist es *eine* Ordnung, die es sich erlaubt, z. B. Poesie oder Wissenschaft zu haben.

Diese eine Ordnung postuliere ich nicht. Sie postuliert mich. Das heißt aber nicht, dass ich sicher bin, dass ich Recht habe. Aber ich habe wenigstens einen Schritt hinein gemacht, zu denken, wie das geht, dass mehr als eine Geschichte die Natur fortsetzen kann und dass die Natur *eine* Ordnung hat, die das erlaubt. Natürlich kann man jetzt sagen: Die Geschichte, die *ich* da erzähle, ist halt noch eine Geschichte. Die Natur ist reich genug, *diese* Geschichte auch noch auszuhalten.

Die Fortsetzungsordnung an einem Beispiel aus der Psychotherapie

Das folgende Beispiel aus einer Therapiesitzung soll zeigen, wie man die neuen Schritte, die in der Fortsetzungsordnung kommen, in der Praxis sehen kann. Beachten Sie dabei, dass vor jedem Schritt ein <u>.....</u> (Schweigen) kommt. Diese Lücke ist natürlich nicht leer. Sie ist ein Felt Sense. Da man ihn noch nicht ausdrücken kann, sagt der Klient lieber nichts, als etwas Falsches zu sagen. Nachdem er eine Zeit lang schweigend mit <u>.....</u> verweilt hat, kommt daraus etwas Neues und Subtileres.

Der Klient erzählte mir, dass sein Leben ein einziges Warten sei. »Ich warte nur. Ich stecke fest«, sagte er wieder und wieder. Er klagte, dass er zwei Jobs habe, die ganze Zeit arbeite, keine Zeit habe, das Leben zu genießen, und er schrieb all dies seiner »Unsicherheit« zu. Er wünschte sich sehr, er könnte einen seiner Jobs aufgeben, aber er bringe es nicht fertig. Nichts änderte sich.
Er fängt an, über den Besuch seiner Schwiegermutter zu berichten. Ich unterbreche ihn und sage:
T: Magst du vielleicht einen Moment lang den Teil von dir spüren, der dir nicht erlaubt, einen der Jobs fallen zu lassen? Nur ein paar Sekunden. Stell dir vor, du hättest wirklich beschlossen, einen Job aufzugeben. Dann warte und schau, was in deiner Brust oder deinem Bauch auftaucht. Ich werde dir das, was du gesagt hast, jetzt ganz langsam zurücksagen: ›Du hättest gerne nur einen Job und stattdessen mehr Zeit für dich.‹ Stell dir vor, du würdest so entscheiden – was taucht da in deinem Körper auf, das diese Entscheidung nicht erlaubt?
K: ..... (Schweigen)
Es ist wie ein Zementblock. Ich weiß, was es ist. Und dahinter ist eine riesige Energie. Ich könnte wirklich alles tun, wenn ich mich davon befreien könnte. Und ich bin sehr ärgerlich.
T: Du ärgerst dich über den Block. Oder ist der Block da, um den Ärger zu bremsen?
K: Ich glaube, beides.
T: Du spürst das halb und nimmst es halb an?
K: Hauptsächlich nehme ich es an.
T: Ist es schwierig, den Zement zu spüren?
K: ..... (Schweigen)
Es ist mir unbehaglich.
T: Können wir ein bisschen bei dem Unbehaglichen bleiben?
K: Ich möchte den Block durchbrechen, und ich bin tierisch wütend. Aber ich bin ein verdammter Angsthase, zu abhängig und unreif.
T: Du bist wütend und nennst dich »Angsthase« und »unreif«. Würde es sich richtig anfühlen, zu dem Unbehagen von dem Zement zurückzugehen? Ist das Unbehagen noch da? Ist es das, was du gerade »abhängig« und »unreif« genannt hast?
K: Ja.
T: Kannst du diese Stelle in deinem Körper spüren?
K: ..... (Schweigen)

Es ist verletzlich. Ja, das ist genau das richtige Wort.
T: Wenn es geht, bleib ein bisschen bei dem »verletzlich« in deinem Körper.
K: ..... (Schweigen)
(Nachdem er eine Weile dem verletzlichen Teil Gesellschaft geleistet hat, taucht eine Kindheitserinnerung auf:) Als ich vier Jahre alt war, habe ich mich immer im Schrank versteckt, wenn die Erwachsenen stritten. Ich habe mich nicht bewegt, habe total stillgehalten. Wenn ich mich nur ein bisschen bewegt habe, habe ich sofort Angst gekriegt, dass sie mich sehen würden und ich auch was abkriegen würde. – (Atmen) – Das ist der Zement. Er hält so total still, damit sie mich nicht sehen, damit ich nicht sichtbar werde.
..... (Schweigen)
Das macht mich wirklich wütend, um meiner selbst willen und für alle Kinder auf der ganzen Welt. Verdammte, dumme Erwachsene, die Kindern so was antun. Jetzt bin ich wirklich wütend.
T: Du bist wirklich wütend auf sie und du könntest für dieses Kind kämpfen.
K: ..... (Schweigen)
Dieser empfindsame Teil ist der beste Teil von mir.
..... (Schweigen)
Ich muss ihn abhärten. Ich kann nicht wie eine Gummipuppe hier rausgehen.
T: Vor einem Augenblick ist dein Ärger nach vorne gegangen, um das Kind zu beschützen und für es zu kämpfen; jetzt scheint er sich gegen das Kind zu richten.
K: Ja, er dreht sich. Es ist wie bei den Nazis, die Angst vor ihrer eigenen Schwäche haben und deshalb die Schwachen angreifen. Ich hasse es.
..... (Schweigen)
Ich hasse es, verletzlich zu sein. – (Seufzen) – Es wird noch ein hartes Stück Arbeit, bis ich bereit bin, verletzlich zu sein, und meinem Ärger erlaube, rauszugehen und für mich zu kämpfen.

Die Rolle der Vergangenheit in der Therapie

Therapie ist viel mehr als die Wiederentdeckung der Vergangenheit. Denn in unserer Art der Therapie kommt die Vergangenheit in einer neuen Gegenwart an. Der Felt Sense umfasst das Ganze des gegenwärtigen Lebens, und dieses Ganze schließt die augenblickliche Interaktion ein. Die Erinnerung erscheint innerhalb dieses Ganzen, als Teil davon. Deshalb hat die Vergangenheit, wenn sie auftaucht, sich schon *hinsichtlich der Rolle, die sie spielt*, verändert.

Hier kam die Kindheitserinnerung aus einer bestimmten Art, *da* zu sein, die neu für den Klienten war: zuzulassen, dass er »verletzlich« ist. Zusammen mit der Erinnerung änderte sein Ärger seine Richtung. Aus einem Menschen, der sich selbst angreift, wurde ein Erwachsener, der kämpft, um ein Kind zu beschützen. Bevor das geschah, bedeutete »verletzlich« schwach, jetzt hingegen wird der Angriff auf das Kind als schwach und ängstlich erlebt. Er spürt, dass er, wenn er stärker wäre, in der Lage wäre, verletzlich zu sein, und dass er noch nicht stark genug ist, das aufrechtzuerhalten.

Statt entweder hart oder verletzlich zu sein, kann er in beide Richtungen hineinspüren. Er kann spüren, wie wertvoll ihm dieser verletzliche Teil ist, und wie er das hasst, was diesen angreift. Aber er kann auch das spüren, was er »ich hasse es, verletzlich zu sein« nennt: das Gefühl, das es ihm schwer macht, diesen verletzlichen Teil da sein zu lassen. Dieses Gefühl ist teilweise zurückgekommen, aber er kann Angst und Schwäche darin spüren.

Wie konnten all diese Schritte kommen? Aus dem Felt Sense, ja, aber lassen Sie uns ihre Entstehung genauer verfolgen. Der vorwärts gerichtete Ärger und die Wertschätzung dieser neuen Seinsweise (»Dies ist der beste Teil von mir«) kamen zusammen mit der Erinnerung. Sie kamen aus dem, was er »verletzlich« nannte, welches seinerseits aus dem entstanden war, was er »Unbehagen« genannt hatte. Und dieses wiederum war aufgetaucht, als er auf den Zementblock fokussiert hatte. Und wo war der hergekommen? Aus der Vorstellung, dass er einen seiner Jobs aufgeben würde, um mehr Zeit für sich zu haben, was er sich so sehr wünschte.

Wir machen regelmäßig die Erfahrung, dass man Schritte unterstützen kann zu kommen, wenn man sich lebhaft vorstellt, so zu handeln oder so zu sein, wie man es sich wünscht, und dann abwartet, was im Körper auftaucht. Was auftauchen wird, ist genau das, was im Weg ist, und das kann dann in den Prozess kommen, also *Teil des Prozesses* werden. Oder vielleicht kommt ein körperliches Gefühl der neuen Seinsweise, in der man zwar noch nicht leben und handeln kann, die der Körper jedoch bereits körperlich haben und erschaffen kann, wenigstens für ein paar Augenblicke. Beides geschieht in diesem Beispiel. Zunächst, während sich der Klient vorstellt, dass er weniger Geld verdienen wird, kommt das, was im Weg steht – der Zementblock. Dann, nach einer Weile, kommt die verletzliche, offenere Daseinsform.

Felt Sense als unentfaltete Komplexität von Lebensaspekten

Focusing kann auf vielerlei Weise herbeigeführt werden. Manchmal braucht der Therapeut nur langsamer zu antworten oder einen Moment innezuhalten, um das, was gerade gesagt worden ist, spürbar zu machen. Was immer durch eine Methode ermöglicht wird, hat bessere und tiefere Wirkungen, wenn es sich auf den Felt Sense des Klienten bezieht. Jeder menschliche *Inhalt* erweist sich als komplexes Gebilde mit einer ihm innewohnenden Fortsetzungsordnung, *wenn er mit dem dazugehörigen Felt Sense verbunden ist.*

Diesen besonderen Vorgang, bei einer zunächst unklaren körperlich spürbaren Resonanz auf eine Situation achtsam zu verweilen, kann man lernen. Das ist nicht nur für die Psychotherapie wichtig, sondern auch für kreative Prozesse, für Entscheidungen und für viele andere Lebensbereiche. Wenn dieser Vorgang formell unterrichtet oder in der Therapie angewandt wird, nennt man ihn »Focusing«. Aber viele Menschen entdecken ihn spontan, ohne Anleitung.

Es ist nicht immer leicht, ein ..... kommen zu lassen und immer wieder zu ihm zurückzukehren. Aber wenn man es macht, und sei es auch nur für dreißig Sekunden, können sich neue Schritte daraus entfalten. Sie zeigen sich nicht nur in der Therapie, sondern in jedem beliebigen menschlichen Prozess, wenn man nach der körperlichen Resonanz Ausschau hält und sie willkommen heißt.

Wir nennen sie »körperlich«, weil sie nur auftaucht, wenn man die Aufmerksamkeit auf die Mitte seines Körpers lenkt. Jeder macht das, beispielsweise um zu prüfen, ob man hungrig ist oder nicht. Manche Leute blicken vielleicht auf ihre Uhr, um das festzustellen, aber die meisten spüren dahin, wo der Hunger ist. So ähnlich fängt man es an, wenn man einen Felt Sense kommen lassen will: Man schickt seine Aufmerksamkeit in den Körper, in den gewöhnlichen Körper, der im Sessel sitzt, und erspürt ihn von innen.

Obwohl der Ort, in dem der Felt Sense auftaucht, der Körper ist, ist das, was auftaucht, die *Resonanz auf die Situation*, eine *unentfaltete* Komplexität von Lebensaspekten. Und natürlich *impliziert* jede Situation Sprache. Durch das ..... fühlt man sich Schritt für Schritt körperlich ein bisschen anders, es entstehen neue Sätze und manchmal neue Handlungen, mit denen sich die ganze Lebenssituation verändert.

Jede Situation ist, was aus ihr folgt

Die Fortsetzungsordnung wohnt dem Leben und der Praxis inne. Jede Situation *ist* wirklich das, was aus ihr folgt. Jede Situation *ist* die Fortsetzung, die sie impliziert. Wie in der Ordnung von Laplace scheint also das, was folgt, durch die Situation determiniert zu sein. Aber wenn wir feststecken und nicht weiterwissen, kommt das daher, dass wir spüren, was folgen wird, wenn wir nichts tun oder eine schon bekannte Richtung einschlagen, und deshalb beides verwerfen. Das Steckenbleiben (.....) *verlangt und impliziert eine Veränderung dessen, was die Situation jetzt impliziert.* Das ..... impliziert eine Veränderung in der vorbestimmten Ordnung von Laplace. Ein solcher Lauf der Dinge mag kommen oder auch nicht, so wie der nächste Strich eines Malers kommt oder nicht kommt – dennoch ist er schon impliziert und gespürt.

Die Therapieschritte folgen nicht auf logische Weise, gleichwohl sind sie nicht diskontinuierlich. Jeder vorherige Schritt spielt eine Rolle beim Auftauchen des nächsten, aber nicht indem er ihm seine Form aufzwingt. Wenn wir auf den vorigen Schritt zurückblicken, sehen wir vielmehr, dass er durch den folgenden Schritt verändert wurde. Zurückblickend können wir ihn so verstehen, dass der nächste Schritt aus ihm folgen konnte. *Jeder Schritt erneuert den vorherigen, sodass er aus diesem folgen kann.*

Solche Schritte mögen Anlass zur Vorstellung von Dialektik gegeben haben, aber sie in diesem Licht zu betrachten ist ein Fehler. Die Dialektik arrangiert die Schritte um, *nachdem* sie geschehen sind – zum Zweck einer eleganten, logischen Reihe von Widersprüchen. Dann schreibt sie die Schritte den existierenden Formen zu – *deren* Widersprüchen. Hegel konnte diese sauberen Widersprüche also nur rückwirkend kreieren. Die Dialektik ist ratlos, wenn es um das Voranschreiten geht. Im Hinblick auf das Voranschreiten und die subtilere Ordnung solcher Schritte eröffnet sich ein ganz neues Feld.

Soziale Formen werden durch die Schritte selbst verändert

Überschreiten diese Schritte die gesellschaftlich aufgezwungene Ordnung? Wieder behaupte ich, alle menschlichen Belange sind zwischenmenschlich und sozial, aber es ist nicht nur die bestehende soziale Ordnung, die dem Körper seine Ordnung gibt. In uns ist immer auch ein fundamentaleres körperliches Voranschreiten *(carrying forward)*, egal wie viel gesellschaftliche Ordnung wir aufgesogen haben. Sie spielt zwar eine Rolle; sie ist Teil jedes Felt Sense, und – der Körper will einen Schritt, der den ganzen Felt Sense fortsetzt. Aber wenn wir feststecken, erzeugen die Formen allein keinen neuen Schritt. Vielmehr verändern sie sich in gewisser Weise mit, wenn der Körper einen solchen Schritt kreiert. Werte, Begriffe und implizites soziales Training spielen sicherlich in jedem Felt Sense eine Rolle. Jedoch sind es nicht sie, die die neuen Schritte kreieren. Vielmehr werden sie selbst in diesen Schritten gewandelt.

Soziale, politische und wirtschaftliche Entwicklungen beeinflussen den einzelnen Menschen auf vielerlei Wegen, die er nicht einfach umkehren und auch nicht ohne weiteres wahrnehmen kann. Aber wenn wir nicht einfach annehmen, dass es nur diese Einbahnstraßen-Beziehung *von der Gesellschaft zum Individuum* gibt, können wir wenigstens fragen: Wann vollzieht sich Veränderung nur in dieser einen Richtung, und wann geht sie auch in die andere Richtung oder könnte in die andere Richtung gehen?* Tatsächlich ist es viel schwieriger herauszufinden, *wie Personen und Körper gesellschaftliche Systeme beeinflussen* können.

Die Prozessschritte der Fortsetzungsordnung können im Vergleich zu bloßer Wiederholung oder Aufzwingen befreiend sein. Den Unterschied zwischen Prozessarten kann man erkennen. Sie unterscheiden sich in ihrer Art und Weise.

Für manche Frauen ist es beispielsweise befreiend, außerhalb des Hauses zu arbeiten, während andere Frauen durch finanziellen und

* Dieses Thema behandelt Gendlin ausführlich in *A Philosophical Critique of the Concept of Narcissism.* In Levin, D.M. (Ed.), *Pathologies of the Modern Self: Postmodern Studies.* New York, University Press, 1987

sozialen Druck gezwungen sind, arbeiten zu gehen und ihre Kinder zu verlassen. Aus dem Inhalt allein kann man nicht darauf schließen, ob es befreiend ist oder nicht, erwerbstätig zu sein oder zu Hause zu bleiben. Der Unterschied zwischen Befreiung und Kontrolle hängt auch davon ab, was für ein Prozess es ist.
Vielleicht ist kein Schritt in *jeder* Hinsicht befreiend. Tatsächlich gibt es »jede Hinsicht« im Sinne einer begrenzten Vielfalt überhaupt nicht. Das würde die Annahme erfordern, dass die Natur und die menschliche Natur einer Ordnung festgelegter Formen und einem festgelegten Satz von »Hinsichten« unterliegen, die vergleichbar wären. Stattdessen finden wir eine Natur, die bereit für das Fortsetzen ist.

Schritte sind überraschend

Zurück zu meinem Therapieausschnitt: Wurde dieser neue Schritt dem Mann von außen, von der Gesellschaft aufgezwungen? Geht es hier nicht um den gegenwärtigen Wandel von sogenannten »Werten«? Vielleicht hat sich der Mann tatsächlich schon vorher irgendwie zu der Vorstellung bekannt, dass Männer eher imstande sein sollten, ihre »Verletzlichkeit« zu leben als ihr »Macho-Sein«. Wusste er nicht schon aus der Frauenbewegung von dieser Nicht-Macho-Möglichkeit? Vermutlich, aber auch in der Frauenbewegung musste der Schritt in Personen auftauchen. Weder für Männer noch für Frauen ist dieser Wertewandel sozial *im Sinne eines ausschließlich gesellschaftlichen Musters, das dann von außen aufgezwungen wird.* Vielmehr ist es eine deutlich erkennbare *Art und Weise* des Erlebens, in der alte und neue Werte, Formen und Muster sich in Schritten verändern, die subtiler sind als diese Muster selbst. Wir müssen darauf warten, dass der Körper den Schritt hervorbringt. Der Begriff davon, der schon vorher da ist, spielt eine Rolle – eine unterstützende oder eine behindernde. Aber der Begriff allein kann den Schritt nicht produzieren. Auf keine Weise ist der Therapeut – oder der Klient selbst – imstande, diesen Begriff auf das, was kommt, lediglich aufzudrücken. Der Unterschied zwischen einer bloßen hohlen Behauptung und einem Veränderungsschritt im Körper und in der Körperenergie ist nicht zu übersehen. Wie viel Klient und Therapeut auch wissen, ein Schritt ist immer subtiler als das, was man vorher gedacht hat.
Solange er nur den Begriff hatte, machte sein Körper so weiter wie vorher. Sein Körper setzte »verletzlich« mit »schwach« gleich und

»unverletzlich« mit »stark«, sodass beides zusammen nicht möglich war. Jetzt, bei diesem Schritt, ließ er sich »verletzlich« sein; das bedeutete, seinen Gefühlen zu erlauben durchzukommen, besonders seinem Gefühl von Schwäche, und wie er als Kind unterdrückt worden war. *Zu seiner Überraschung* merkte er bald, dass sich als Reaktion darauf eine echte Energie des Sich-Wehrens aufbaute. Bei diesem Schritt fühlte er sich auf eine Weise, die er nicht erwartet hatte, stärker als vorher, als sein Ärger feststeckte und Schwäche durch Unverletzlichkeit ausgeblendet war. Dieser Schritt ist viel subtiler als das, was zuvor von seinem ideologischen Bekenntnis allein hätte kommen können.

Jetzt könnten wir *rückblickend* eine Dialektik konstruieren: Wir könnten uns eine Definition von gefangener Kraft ausdenken, die zu Schwäche führt. Wir könnten den Schritt fälschlich diesen definitorischen Formen zuschreiben, als ob *sie* den Schritt durch *ihren* Widerspruch bewirkt hätten. Aber widersprüchliche Formen allein heben sich auf; nichts entsteht allein aus ihnen. Die Schritte kommen erst aus dem breiteren, neu und gegenwärtig körperlich erlebten Felt Sense. Dann ist immer alles komplexer als vorher. Dann entsteht neue Energie, und die ganze körperlich gefühlte Situation ist ein bisschen verändert.

Der körperliche Prozess ist ein Beziehungsprozess

Diese Schritte kommen im Kontext einer bestimmten Art von Interaktion viel leichter. Ist das nicht schließlich doch eine Beeinflussung? Die mag dabei sein, aber Interaktion besteht nicht aus Inhalten. Ihre hauptsächliche Wirkung ist nicht Einfluss auf den Inhalt. Vielmehr sind wir aufeinander bezogene Geschöpfe, unser gesamter körperlicher Prozess *ist* Interaktion, und in unterschiedlichen Situationen sind wir auch körperlich verschieden. *Dieser* Unterschied berührt alles, aber keinesfalls in der Weise, dass die Inhalte eines anderen auf uns übertragen würden. Vielmehr ist es genau der Unterschied zu der Art von Prozess, in dem es nur Inhalt, aber weder Raum noch Aufmerksamkeit für ..... gibt, noch für das, was daraus aufsteigt, durch welchen alles, was beide Personen vorher gedacht haben, verworfen und auf subtilere Weise erneuert werden kann.

In unserem Beispiel kam der Schritt in der Interaktion mit dem Therapeuten, aber nicht von ihm. Man kann sagen, dass der Therapeut ihn gedrängt und dahingehend indoktriniert habe, ein ..... kommen zu lassen und darauf zu fokussieren. So ein Drängen blockiert den Prozess manchmal auch. Aber es ist weit entfernt davon, jemandem einen Inhalt aufzuzwingen. Es lässt den Inhalt aus (mit, in) dem ..... kommen, und weitere überraschende Inhalte können auf dieselbe Weise folgen.

Eine Interaktion ohne Zwang, eine, die der anderen Person Gesellschaft leistet und auf alles antwortet, was auftaucht, hilft dabei, solche Schritte hervorzurufen – mit oder ohne Focusing-Instruktionen. Ja, Interaktion hat sicher einen Einfluss darauf, ob weitere Schritte kommen oder nicht, aber sie bestimmt sie nicht.

Wir sehen, dass es eine körperlich-menschliche Subtilität gibt, die über Annahmen, Postulate, Gelerntes oder Interpretationen hinausgeht. Erfahrungen leiten sich nicht einfach aus diesen ab. Das soll keinesfalls heißen, dass gesellschaftliche Muster, theoretische Annahmen und Therapeuten den Inhalt unberührt lassen. Aber ebenso wenig sollten wir ihre Wirkung simplifizieren und verabsolutieren.

Nichts Menschliches ist genau so wie die Form, die es jetzt hat. Sogar bevor die Focusing-Schritte kommen, können wir behaupten, dass »verletzlich« und »Zementblock« oder *jeder beliebige menschliche Inhalt* nicht wirklich der festgelegte, geformte Inhalt – der Zement sozusagen – ist, der er zu sein scheint. Da der Körper ihn hat, kann sich mehr daraus ergeben als aus der Form, in der der Inhalt jetzt erscheint.

Weiterführende Literaturempfehlungen:

Gendlin, E. T. (1997). The Responsive Order: A New Empiricism. *Man and World, 30,* pp. 383–411 und www. focusing.org

Gendlin, E. T. (1997). *A Process Model.* www.focusing.org (Deutsch): *Ein Prozess-Modell.* Freiburg: Karl Alber 2014

9. Partnerschaftliches Focusing*

Aus dem Amerikanischen übersetzt von Teresa Junek

Eine Beschreibung der Focusing-Partnerships

In vielen Ländern gibt es bereits Menschen, die miteinander *Partnerschaftliches Focusing* praktizieren. Das bedeutet, die Partner helfen sich gegenseitig jeweils eine halbe Stunde lang, Focusing zu betreiben. Dieser Zeitrahmen muss nicht starr sein, manchmal sind bereits wenige Minuten für jeden der beiden Partner sehr wertvoll.
Die meisten Menschen nutzen im Partnerschaftlichen Focusing die Zeit dazu, an dem zu arbeiten, was sie an diesem Tag am meisten beschäftigt. Das können innere Erlebnisse oder persönliche Schwierigkeiten, Versuche der persönlichen Weiterentwicklung oder kreative Projekte sein – was immer ihnen gerade am wichtigsten ist. Die Focusing-Partner können die Zeit nutzen, wie sie wollen. Sie brauchen nichts preiszugeben, was sie für sich behalten wollen. Denn mit Focusing kann man tief im eigenen Inneren arbeiten, ohne etwas zu sagen, das Anlass für Klatsch geben oder auch nur Unbehagen auslösen könnte.
Der Zuhörer äußert keine Ratschläge, keine Meinungen, keine Kommentare. Wir haben die Erfahrung gemacht, dass Menschen weit tiefer gelangen und viel leichter zu kreativen Vorwärtsschritten kommen, wenn der Zuhörer nichts hinzufügt. Meinungen, Ratschläge und Kommentare sind Ausdruck der Person, die sie äußert. Im Partnerschaftlichen Focusing soll sich aber nur derjenige ausdrücken, der fokussiert. Wir werden noch deutlich erkennen, warum das so wichtig ist.
Stellen Sie sich vor, Sie haben etwa eine halbe Stunde Zeit vor sich, und in dieser halben Stunde schenkt Ihnen jemand seine gesamte Aufmerksamkeit. Es gibt nichts, was Sie sagen oder tun *müssen*. Schwei-

* Für den amerikanischen Begriff *Focusing Partnerships*, wörtlich »Focusing-Partnerschaften«, hat sich im Deutschen der Ausdruck »Partnerschaftliches Focusing« eingebürgert.

gen ist willkommen, weil wir wissen, dass es oft wichtig ist. Der Zuhörer ist höchst aufmerksam und versucht, jeden einzelnen Ihrer Schritte nachzuvollziehen und jede Nuance dessen zu erfassen, was Sie ausdrücken wollen. Wenn Sie etwas sagen, das der Zuhörer nicht versteht, wird er Ihnen das sofort mitteilen, indem er etwas sagt wie: »Das habe ich nicht verstanden. Bitte sag es noch einmal.«

Um besser nachvollziehen zu können, was Sie ausdrücken wollen, kann der Zuhörer Ihre Worte zurücksagen und so sein Verständnis überprüfen: »Ich sage dir langsam zurück, was ich von dir verstanden habe, und du spürst in dir nach, ob das so stimmt: ›...‹« Natürlich braucht der Zuhörer nicht nur einfach Ihre Worte zu wiederholen. Zuerst nimmt er auf, was Sie sagen, fühlt es in sich selbst, bis er innerlich nickt und spürt: »Ja, das macht Sinn.« *Erst dann* sollte er es zurücksagen, sodass *Sie* es fühlen und korrigieren können, bis es genau das ausdrückt, was Sie gemeint haben.

Dieses »widerspiegelnde Zuhören« *(reflective listening)* ist eine Fertigkeit, die jeder erlernen kann, ebenso wie die vielen anderen Fertigkeiten, die für das Partnerschaftliche Focusing hilfreich sein können. Die Partner sollten sich gegenseitig alle Fertigkeiten beibringen, die sie selbst als nützlich empfinden und von denen sie sich wünschen, ihr Partner möge sie verwenden. Manche Partner haben vielleicht gar keine besonderen Fertigkeiten. Sie müssen wissen, dass ein schweigender Zuhörer durchaus genügt, solange der Fokussierende die gesamte Aufmerksamkeit und Präsenz seines zuhörenden Partners fühlen kann. Unter diesen Umständen werden Sie feststellen, dass *Sie selbst mit sich selbst sein können,* wie es sonst nicht möglich ist.

Im Umgang mit anderen können Sie gewöhnlich nicht auf diese tiefe Art und Weise mit sich selbst sein, weil die anderen immer etwas brauchen oder verlangen oder sonstwie auf Sie Einfluss nehmen. Und auch wenn Sie allein sind, können Sie sich selbst selten derart tief und gut spüren. Die Aufmerksamkeit eines anderen Menschen hat etwas Geheimnisvolles an sich, das uns befähigt, mehr wir selbst zu sein, als wir es allein sein können. Allerdings entdecken wir diese geheimnisvolle Wirkung selten, weil es fast keine Gelegenheiten für diese Art völlig sicherer und offener Aufmerksamkeit ohne jeglichen anderen Einfluss gibt. Wenn es geschieht, kann es sein, dass es Sie an etwas erinnert, das Sie vielleicht irgendwann schon einmal für kurze Zeit erlebt haben.

Wenn Sie innerhalb einer Focusing-Partnerschaft z. B. über ein geschäftliches Problem sprechen oder auch nur darüber nachdenken, bemerken Sie vielleicht, dass Sie das ganze Problem klarer sehen können. Sie sind überrascht, dass Sie sich auf einmal den ungelösten, unergründlichen Seiten des Problems stellen können; sie öffnen sich und ergeben einen neuen Sinn. Wenn Sie von etwas reden, über das Sie glücklich sind, stellen Sie fest, dass es sich erweitert und Sie noch glücklicher macht. Wenn Sie ein persönliches Problem untersuchen, entdecken Sie in sich, dass Sie mithilfe dieser sicheren Aufmerksamkeit plötzlich in der Lage sind, sich innerlich dorthin zu begeben, wohin Sie sich zuvor nicht gewagt haben. Was zuvor beängstigend gewirkt haben mag, ist eigentlich nur »diese ungelöste Sache da«. Wenn Sie darüber sprechen, erkennen Sie vielleicht, dass es wirklich nur ist, was es ist, und nicht die entsetzliche Sache, für die Sie es gehalten haben. Am Ende Ihrer halben Stunde (oder wie lang auch immer) werden Sie wahrscheinlich zutiefst dankbar sein für die nahe Präsenz und genaue Begleitung des Zuhörenden, ein großes Geschenk. Der Zuhörer jedoch wundert sich vielleicht über Ihre Dankbarkeit, denn schließlich hat er »nichts« getan, sondern ist Ihnen nur gefolgt.

Dann tauschen Sie die Rollen. Nun sind Sie der Zuhörende. Sobald Sie dem nicht mehr folgen, was der Fokussierende zu vermitteln versucht, sollten Sie das ehrlich zu verstehen geben. Von Ihnen wird nicht erwartet, weise zu sein, zu wissen, was der andere tun sollte oder wie er leben sollte. Sie brauchen mit dem, was Ihr Gegenüber fühlt oder sagt, weder gleicher Meinung noch überhaupt einverstanden zu sein. Ihre Aufgabe ist, es aufzunehmen und nachzuspüren, ob Sie es nachvollziehen können. Sie erwägen es einen Augenblick lang und merken dann: »Ja, natürlich.« Sie verstehen, wie der andere so denken oder fühlen kann. Sie stimmen nicht zu oder bilden sich eine eigene Meinung. Sie widmen Ihrem Gegenüber Ihre gesamte Aufmerksamkeit und Präsenz, damit die tieferen Gedanken und Gefühle *dieses Menschen* auftauchen können. Oft sind sie für diesen Menschen noch verwirrend und unartikuliert, sodass einige Momente des Schweigens notwendig sind, um sie zu erspüren und sich tiefer in sie hineinzubegeben. Weil Sie das wissen, macht es Ihnen nichts aus, einige Minuten lang schweigend dazusitzen. Alles Mögliche mag Ihnen in

den Sinn kommen, doch Sie schweifen nicht allzu weit ab, da Sie Ihre volle Aufmerksamkeit auf Ihren Partner richten.
Am Ende wird Ihr Gegenüber Ihnen mit einer Aufrichtigkeit danken, die Sie in Erstaunen versetzt. Schließlich haben Sie nichts gesagt. Sie haben einfach nur zugehört.

Die Bedeutung des Settings

Ein gut eingeführtes und als vereinbart geltendes *Setting* ist für das Partnerschaftliche Focusing sehr wichtig. Ohne ein solches Setting müsste man jedesmal ein neues Arrangement erfinden und dann den anderen davon überzeugen, dass es sinnvoll ist. Gewöhnlich haben wir aber weder die Kraft noch die Energie, dies zu tun, vor allem dann, wenn wir jemanden brauchen, z. B. jemanden, der uns einfach nur zuhört. Gibt es jedoch ein vereinbartes Setting, ist es nicht schwierig, jemanden zu bitten, uns zuzuhören.
Umgekehrt macht es ein derartiges Setting auch möglich und sogar einfach, »nein« zu sagen. Der Fragende wünscht sich einen Zuhörenden, der wirklich zuhören *möchte*. Wenn Sie gerade nicht zuhören wollen, sollten Sie daher ehrlich sein und das auch sagen. Das Setting befähigt uns, die übliche gesellschaftliche Höflichkeit zu überwinden, sodass wir ablehnen können, ohne andere zu verletzen.
Das Setting des Partnerschaftlichen Focusing beinhaltet zwei Prinzipien.

Das erste Prinzip: Die Person, der zugehört wird, hat das Sagen

Das erste Prinzip besagt, dass derjenige, der fokussiert, die Führung hat. Das bedeutet nicht nur, dass ich über meinen eigenen inneren Prozess bestimme, sondern auch darüber, wie ich überhaupt meine Zeit nutzen möchte. Meine Hälfte der Zeit gehört mir. Ich muss sie nicht für einen erlebensorientierten Prozess wie Focusing verwenden. Ich nutze sie, wie ich will.
In meiner Hälfte der Zeit könnte ich etwas Persönliches mit Ihnen teilen, indem ich z. B. über eine mich beunruhigende Situation spreche. Ich könnte Sie bitten, mir das, was ich ausgedrückt habe, zurückzusagen, damit ich höre, wie Sie es verstanden haben. Oder ich könnte Sie bitten, mir nur dann etwas zu sagen, wenn Sie mir nicht folgen können, damit ich es umformulieren kann. Ich kann alle Gefühle über

etwas Bestimmtes ausdrücken oder nur einige wenige. Ich könnte von tiefen Gefühlen sprechen, ohne Sie wissen zu lassen, auf welche Situation sie sich beziehen. Ich könnte während eines Teils oder der ganzen Zeit schweigend Focusing betreiben und mir nichts als Ihre stumme Aufmerksamkeit wünschen. Vielleicht würde ich überhaupt nichts sagen oder nur etwas darüber, wie ich mit dem Focusing vorankomme. Ich könnte Vorschläge willkommen heißen, wie ich mit etwas arbeiten solle oder auch nicht. Ich könnte z. B. einen »Gestalt«-Prozess zuhilfe nehmen oder einen anderen, von dem ich weiß, dass er mir helfen kann und ich würde Ihnen zeigen, welchen Teil Sie dabei übernehmen sollten. Falls ich einen Ihnen unbekannten Prozess verwenden wollte, würde ich ihn Ihnen erklären, damit Sie lernen könnten, mir in der Art und Weise Gesellschaft zu leisten, die ich brauche. Aber genauso gut könnte ich während meiner Zeit auch überhaupt nichts Psychologisches tun. Ich könnte von einem Problem mit meiner Arbeit sprechen, eine Geschichte erzählen, über Politik oder ein anderes, mir wichtiges Thema reden, Ihnen einen Brief vorlesen, den ich bekommen habe, oder Ihnen ein paar Fotos zeigen.

Dieses Grundprinzip gewährleistet auch, nicht in Sektierertum stecken zu bleiben. Die meisten Gruppen neigen heutzutage dazu, mit einem einzigen Prozess zu arbeiten und alles außerhalb als Sperrgebiet zu betrachten. Unser Setting hingegen heißt *jeden* potentiell hilfreichen Prozess willkommen. Es befähigt uns, als der ganze Mensch, der wir sind, anwesend zu sein, statt nur zu tun, was unter eine bestimmte Kategorie fällt. Es lässt uns unser gesamtes Wissen hilfreicher Prozesse anwenden und teilen sowie erfahren, wie sich Prozesse und Vorgehensweisen ergänzen können.

Dass ich über meine Zeit bestimme heißt, dass Sie *augenblicklich* alles fallen lassen, was Sie vielleicht vorgeschlagen hätten, sobald ich andeute, dass ich es nicht hören will. Es bedeutet, dass Sie völlig stumm bleiben, falls ich mir das von Ihnen wünsche. Wenn Sie mir eine Frage stellen oder einen Vorschlag machen wollen, sollten Sie mich zuerst fragen, ob mir ein Beitrag von Ihrer Seite recht ist. Wenn dann Sie an der Reihe sind, werde ich natürlich dasselbe für Sie tun.

Die Fähigkeit, stumm zu bleiben, ist etwas, das wir nicht erst nach und nach lernen sollten. Sobald einer von uns sich weigert, still zu sein, oder darauf besteht, irgendeinen Vorschlag zu machen, muss etwas unternommen werden, sonst funktioniert eine Focusing-Partnerschaft einfach nicht.

Falls ich, während ich an der Reihe bin, um etwas bitte, das *für Sie* inakzeptabel ist, werden Sie es natürlich nicht tun, doch ansonsten werden Sie versuchen, mir auf jede Art und Weise, die ich brauche, zu folgen und mich zu begleiten. Sie werden mir nicht sagen, wie ich meine Zeit nutzen solle, ebenso wenig wie Sie mich nur auf Focusing, auf Probleme oder auf irgendetwas anderes begrenzen werden – in meiner Hälfte der Zeit.

Ich möchte betonen, dass Focusing-Partner dieses Prinzip absolut anerkennen müssen. *Selbstverständlich* werden Sie sich nicht anmaßen, mir zu sagen, wie ich meine Zeit nutzen solle, ebenso wenig wie ich versuchen werde, im umgekehrten Fall für Sie zu entscheiden, was Sie mit *Ihrer* Zeit anfangen. Das Wort *»selbstverständlich«* ist hier wichtig! Ich würde nicht streiten oder argumentieren wollen, um mein Recht zu verteidigen, meine Zeit auf meine eigene Weise zu nutzen. Sie schenken mir diese Zeit – für mich, nicht für irgendeinen besonderen Zweck, den Sie bewerten und billigen. Gleichermaßen streiten Sie während meiner Zeit *selbstverständlich* nicht mit mir darüber, was meine Erfahrung bedeutet oder was ich an irgendeinem Punkt als nächstes tun sollte. Sie könnten vielleicht einen Vorschlag machen oder mir eine Frage stellen, aber nur, wenn ich es annehme, und zuerst werden Sie mich fragen, ob ich es hören will. *Selbstverständlich.* Denn diese Hälfte der Zeit gehört ja mir. Umgekehrt werde ich Ihnen in Ihrer Zeit auch nicht sagen, was Sie tun sollen. Weder werde ich Ihnen sagen, Sie sollten Focusing betreiben, noch, Sie sollten über Probleme sprechen, noch überhaupt irgendetwas, das Sie tun oder unterlassen sollten. Es muss Ihnen überlassen sein, wie Sie sich entscheiden, Ihre Zeit zu nutzen. Ansonsten wird die Zeit für irgendeinen anderen Zweck, aber nicht einfach nur für Sie genutzt.

Wenn das alles als vereinbart gilt und meine Zeit beginnt, dann spüre ich, wie einladend diese Zeit ist – sie ist offen für mich. Vielleicht weiß ich sofort, was ich brauche, und fange einfach an. Oder aber ich verbringe ein paar Minuten damit nachzuforschen, nachzuspüren, was mir angenehm sein könnte. Beispielsweise könnte ich denken: »Hiervon könnte ich sprechen ..., nein, vielleicht lieber davon ..., nun, vielleicht zuerst still Focusing betreiben ... Ich will mal sehen ...« All dies wäre möglich. Es ist dasselbe Gefühl, das ich als

Kind hatte, wenn ich mit ein paar Groschen im Laden stand und mir frei etwas aussuchen konnte.

Das zweite Prinzip: Die Zeit wird halbiert, und wir achten auf genaue Einhaltung

Wichtig ist, dass wir auf die Zeit achten und uns gegenseitig Einhalt gebieten, wenn sie abgelaufen ist. Beide Partner sollten *gleich viel Zeit* für sich beanspruchen.

Zu Beginn mag es mechanisch erscheinen, die Zeit so genau aufzuteilen und diese Einteilung auch einzuhalten. Doch bald werden Sie bemerken, dass tiefe Gefühlsprozesse ihre eigene Zeit haben, die nicht der Uhrzeit entspricht. Sie können sich aber gewöhnlichen Zeitbegrenzungen recht gut anpassen. Ich habe sowohl die Halbierung von zwei Stunden erlebt als auch die von weniger als zehn Minuten, und wir hatten beide Gelegenheit, uns tief ins Innere hineinzubegeben.

Die Zeit im Auge zu behalten ist die zweite Grundregel im Partnerschaftlichen Focusing. Wenn das nicht geschieht und einer der Partner mehr Zeit in Anspruch nimmt, bleibt dem anderen nichts anderes übrig, als höflich zu sagen, dass es in Ordnung sei. Ob einer nun rücksichtsvoller ist oder einer die größeren Probleme hat oder wichtiger ist – dies und anderes darf keine Rolle spielen. Die *wechselseitige Gleichheit* ist ein weit reichendes Prinzip, das auch in der scheinbar äußerlichen Zeitaufteilung Ausdruck findet.

Das Aufteilen der Zeit in zwei Hälften ist auch deshalb wichtig, weil manche Menschen sich sonst ständig Sorgen machen, dass sie dem anderen zu viel Zeit nehmen könnten. Dann können sie keinen tiefen inneren Frieden erreichen und wollen vielleicht so bald wie möglich aufhören. Außerdem kann es geschehen, dass ich mich bereit fühle aufzuhören, aber mein Prozess vertieft sich vielleicht, wenn ich entdecke, dass ich noch Zeit habe. Oder, wenn ich nichts weiter brauche, kann ich das luxuriöse Gefühl genießen: Was würde ich in der verbleibenden Zeit *gern* tun?

Dies sind also die beiden Grundprinzipien des Partnerschafts-Settings: Derjenige, dem zugehört wird, hat die Führung und jedem der beiden Partner gehört die Hälfte der Zeit. Es ist sinnvoll, das Partnerschafts-Muster *einfach* zu halten. Nur die beiden Prinzipien, die gleichseitige Aufteilung der Zeit sowie die Kontrolle eines jeden über seine Hälfte der Zeit sind erforderlich.

Wer ist ein geeigneter Focusing-Partner?

Viele der mir bekannten Focusing-Partnerschaften entstanden zwischen Menschen, die sich auf Focusing-Workshops oder -Konferenzen begegnet sind, also auf Veranstaltungen, in der *Menschen, die sich ansonsten nicht kennen*, für kurze Zeit zusammen sind.

In den von mir abgehaltenen Kursen an der Universität bilden die Studenten Paare und treffen sich zwei Stunden wöchentlich außerhalb des Kurses, um partnerschaftlich zu fokussieren. Thema des Kurses kann Verschiedenes sein, nicht nur Psychologie. Auf diese Weise verwandeln sich die Kurse für die Studenten von der üblichen Last einer Pflichtübung in eine Quelle der Lebenshilfe.

Doch sind das nicht die einzigen Möglichkeiten, zu Focusing-Partnerschaften zu kommen. Das grundlegende Muster der Focusing-Partnerschaft, nämlich das Aufteilen der Zeit zwischen den beiden Beteiligten, kann in vielerlei verschiedenen Situationen genutzt werden. Z. B. können sich zwei Arbeitskollegen zum Mittagessen oder auf dem Weg zur Arbeit treffen und Partnerschaftliches Focusing betreiben.

Focusing-Partner sollten allerdings möglichst nicht in derselben Firma oder Abteilung arbeiten. Wenn man zu nah zusammenarbeitet, ist es oft schwierig, das Partnerschafts-Setting aufrechtzuerhalten. Jedenfalls müssen in einem solchen Fall beide Partner wissen, welche Schwierigkeiten zu erwarten sind, wenn die Partner zusammen arbeiten oder zusammen leben. Ebenso wäre es klug, keinen Focusing-Partner zu wählen, mit dem oder der ein sexuelles Verhältnis besteht oder entstehen könnte. Warum nicht? Nun, lassen Sie uns die Frage anders stellen.

Kann der Mensch, der bereits mein Lebenspartner ist, auch mein Focusing-Partner sein? Manche Menschen finden es sehr hilfreich, ihrer bestehenden Liebes- oder Freundschaftsbeziehung diese Art von partnerschaftlicher Dimension hinzuzufügen. Doch kann dies auch fehlschlagen oder schwierig auszuhandeln sein, denn in der Regel sind Freunde und Beziehungspartner schlechte Kandidaten für eine Focusing-Partnerschaft. Es ist schwierig oder vielleicht sogar fast ausgeschlossen, ihnen die neutrale, offene und reine Aufmerksamkeit zu schenken, die von den besten Focusing-Partnern kommt. Obwohl jeder in einer Lebensgemeinschaft zuhören und die Bedeutungen des

anderen erspüren *kann*, geschieht dies niemals, ohne dass man nicht *auch* spürt, wie das eigene Leben dadurch beeinflusst wird. Die ideale Neutralität und das ausschließliche Interesse für das, was der andere ausdrücken möchte, bleibt letztendlich unmöglich.
Natürlich kann man mehrere Focusing-Partner haben, und einer davon kann auch der Lebenspartner oder Arbeitskollege sein. Aber Sie sollten wenigstens bei einem Ihrer Focusing-Partner diese ideale Neutralität finden.

Wie die beiden Zeithälften aussehen und was in jede Hälfte hineingehört

Wenn Focusing-Partner keine anderen Beziehungen miteinander haben, ist es weniger wahrscheinlich, dass sich störende Gefühle zwischen ihnen einstellen werden. Falls dennoch derartige Gefühle auftauchen, können sie dies nur, *entweder* während man selbst zuhört *oder* während einem zugehört wird. Man sollte sich immer in der Zeithälfte, in der sie auftreten, mit ihnen befassen, damit sie nicht das stören, was mein Partner in der nächsten Hälfte der Zeit tun möchte.
Wenn ich z. B. Schwierigkeiten beim Zuhören habe, weil mein Partner zu schnell oder zu leise spricht oder zu glauben scheint, dass ich mit ihm inhaltlich übereinstimme, obwohl ich nur versucht habe, seine Inhalte zu verstehen, muss ich das (kurz!) in der Zeithälfte meines Partners ansprechen. In dieser Zeithälfte taucht das Problem auf und es gehört zu dieser Hälfte. Ich sollte nicht erst dann darüber sprechen, wenn meine Zeit dran ist und mein Partner mir zuhören muss. Denn dann ist er verpflichtet, nur aufmerksam zuzuhören und kann nicht frei reagieren. Damit würde ich den Prozess missbrauchen.
Um das noch ein wenig genauer zu erklären: Ich habe als Zuhörender keine Schwierigkeiten damit, wenn ich beschuldigt werde, etwas getan zu haben, das ich nicht getan habe oder das ich in Ordnung finde zu tun. Eine derartige Anschuldigung hat wahrscheinlich mit dem Leben und den Gefühlen in Vergangenheit und Gegenwart meines Partners zu tun. Wenn allerdings mein Partner mir, während ich versuche zuzuhören, etwas vorwirft, bei dem ich zugestehen muss, dass es meine Schuld ist, habe *ich* natürlich ein Problem und sehr wahrscheinlich werde ich anfangen, mich innerlich damit zu beschäftigen, was ich falsch gemacht habe. Es sollte mir aber rasch gelingen,

diese Selbstbeschäftigung zu überwinden, indem ich mich erinnere, dass es hier um *die Gefühle meines Partners* in dieser Sache geht und darum, die tieferen Aspekte dessen zu finden, was es für *ihn* bedeutet. Wenn ich dann trotzdem etwas sagen muss, um mich zu entschuldigen oder kurz etwas dazu zu erklären, dann muss das gleich gesagt werden – in der Zeit meines Partners, nicht in meiner.

Steigen nun andererseits Gefühle in mir auf, während mir zugehört wird – wenn ich z. B. glaube, dass mich mein Partner insgeheim verurteilt für das, was ich gesagt oder empfunden habe –, muss ich diese Gefühle aufgreifen, während mir zugehört wird. Vielleicht möchte ich auch die Ansichten meines Partners hinsichtlich Ehe, Sexualität, Politik oder etwas anderem hören. Weil *ich* sie hören möchte, sollte ich auch in *meiner* Zeit danach fragen. Ich darf nicht die Zeithälfte meines Partners mit solchen Fragen beeinträchtigen. Wenn sich also der Fokussierende mit den Gefühlen *des Zuhörenden* befasst, sollten sie auch in der Zeithälfte des Fokussierenden behandelt werden.

Wie unterschiedlich ich in den beiden Hälften bin

Als Zuhörender bin ich eine sehr großmütige Person. Ich kann meinem Partner den ganzen Raum zur Verfügung stellen. Ich kann zuhören. Ich kann antworten, wenn das gewünscht wird. Auch bei langem Schweigen kann ich mich nah und präsent fühlen. Ich kann Geschichten oder Ereignisbeschreibungen würdigen. Der Prozess ruft Gefühle für meinen Partner hervor, beunruhigt mich aber, außer in sehr seltenen Fällen, nicht. Und wenn das geschieht, werde ich es gewiss bemerken. Doch gewöhnlich spüre ich, wie ich durch das Zuhören innerlich weiter werde und aufblühe. Als Zuhörender bin ich ein großmütiger, freier Mensch, der einen anderen bei allem begleiten kann.

Die beiden Hälften unterscheiden sich stark. Denn sobald ich an der Reihe bin, werde ich ziemlich kleinmütig; mein Körper versenkt sich in eines meiner Probleme. Während ich fokussiere, gebe ich vielleicht eigentümliche Geräusche von mir, bis sich die Spannung durch das Eintreten eines *Felt Shift* löst. Deshalb projiziere ich manchmal gewisse negative Gefühle auf meinen Partner: Ich habe vielleicht das Gefühl, es müsse schwierig sein, mein Stöhnen, schweres Atmen und andere Äußerungen zu ertragen. Dann muss ich ihn fragen, ob das, wie ich gerade bin, für ihn in Ordnung ist. Ich höre dann immer, dass es für ihn o.k. ist. Ganz offensichtlich stört mein Prozess meinen Partner nicht. Ich habe das inzwischen schon so oft überprüft, dass wir beide jedes Mal lachen müssen – und doch muss ich ihn immer wieder danach fragen. Und dann kann ich wieder zum Focusing zurückkehren. Oder: Wenn ich vielleicht einmal lange Zeit geschwiegen habe, bekomme ich Mitleid mit meinem Partner und denke, er müsse sich doch sicher langweilen. Ich entschuldige mich, und wieder lachen wir beide. Was für ein kleiner, besorgter Mensch ich doch bin! Kurze Zeit später jedoch, sobald mein Partner an der Reihe ist, bin ich augenblicklich ein großmütiger Zuhörer. Beide Persönlichkeitszustände sind echt, aber sie scheinen voneinander getrennt zu existieren. Dasselbe gilt auf Seiten meines Partners. Im Lauf der Jahre habe ich mit vielen Partnern die Zeit geteilt, und immer habe ich festgestellt, dass sie, gleich wie tief versunken sie während ihrer eigenen Zeit gewesen sein mögen, während meiner immer für mich da waren.

Ausbildung

Ausbildung in Focusing und im Zuhören ist, wie bei vielen anderen Dingen auch, sehr wichtig. Wie man zu dieser Ausbildung kommt, ist jedoch gleichgültig. Es ist durchaus möglich, dass ein in Focusing Ausgebildeter einem anderen informell Focusing beibringt. In gewisser Hinsicht ist eine informelle Ausbildung sogar die bessere, da hierbei weniger Anspruch und Druck aufkommen als in einer formellen Ausbildung. Man zeigt dem anderen zu geeigneter Zeit Stück für Stück, was man selbst weiß, während man selbst fokussiert oder dem anderen zuhört.

Ich habe schon häufig Menschen, die diese Art von Zuhören noch nicht kannten, gezeigt, was sie jeweils sagen sollten: »Jetzt sag mir bitte zurück: ›Ich bin unsicher, was ich tun soll, weil ...‹« Oder, wenn er oder sie etwas Aufdringliches sagt, sage ich einfach: »Nein, lenke mich bitte nicht von dem ab, woran ich gerade arbeite. Lass mich da tiefer hineingehen. Sag einfach so etwas wie: ›Das macht dir Angst.‹« Am Anfang kommt es Menschen, die Focusing noch nicht kennen, oft ein wenig künstlich vor, wenn sie sagen sollen: »Das macht dir Angst«, aber sie werden den Sinn dieses Zurücksagens schnell begreifen, wenn ich mich daraufhin wortlos in mich versenke und dann mit

weiteren Entdeckungen wieder auftauche. Der Drang, mir irgendetwas zu sagen oder vorzuschlagen, lässt bald nach.
Es ist nicht schwierig, neue Partner darin auszubilden, uns beim eigenen Focusing zu helfen, da nichts weiter als wortlose Aufmerksamkeit von ihnen erwartet wird. Daher können wir während unserer eigenen Hälfte der Zeit Focusing betreiben, und während ihrer Hälfte können wir ihnen Focusing beibringen, indem wir kleine Anleitungen zum Focusing geben, wenn es geeignet erscheint und gewünscht wird. Wenn im Rahmen einer Focusing-Partnerschaft einer eine Fertigkeit besitzt, wird der andere diese Fertigkeit bald erlernen.
Natürlich ist ein Training in den Fertigkeiten des Focusing und des Zuhörens in Workshops sinnvoll und wichtig. Je mehr jemand Focusing kennt und anwendet, desto mehr tauchen sehr spezifische Fragen auf und desto eher wird eine weiterführende Ausbildung geschätzt.

Partnerschaftliches Focusing und Psychotherapie

Können Sie sich jemandem anvertrauen, der nicht mehr weiß als Sie oder vielleicht sogar weniger? Die Antwort hierauf lautet: Obwohl sich »Vertrauen« durchaus entwickeln kann, vertraut man sich in einer Focusing-Partnerschaft niemandem *an.* Sie bleiben *selbstverständlich* für Ihr eigenes Leben und Ihren eigenen Prozess verantwortlich.
Ich glaube nicht, dass es jemals richtig wäre, sich irgendjemandem anzuvertrauen. Ich halte es gar nicht für möglich. So etwas kann nur eine Illusion sein. Man kann einen Menschen nicht wirklich vom Fahrersitz des eigenen Lebens ablösen. Es mag Zeiten geben, in denen wir uns wünschen würden, das Leben jemandem zu übergeben, der besser fahren kann. Und es mag Zeiten geben, in denen wir gern im Leben eines anderen die Führung übernehmen würden, als würden wir zum Fahrer sagen: »Wenn du hinüberrutschst, will ich es dir zeigen.« Keines von beidem ist möglich, denke ich.
Wir können ernst nehmen, was ein kluger Mensch, dem wir vertrauen, uns rät. Wir können immer wieder darüber nachdenken und es viele Male ausprobieren. Und schließlich »dürfen« wir dann die Schuld bei uns selbst suchen, wenn es uns nicht gelingt, es in die Tat umzusetzen. Das ist Kennzeichen einer autoritären Beziehung. Manchmal mag sie uns Hilfe bringen, aber wir können von ihr auch

schlimm verletzt, behindert, jahrelang aufgehalten und entmutigt werden, jemals wieder Hilfe zu suchen. *Focusing-Partnerschaften sind viel sicherer.* Jeder Partner ist sich der Tatsache bewusst, dass der andere keine Autorität ist. Etwas Dummes wird daher leicht als solches erkannt und kann mühelos verworfen werden. Von einem Focusing-Partner werden Sie sich keine zehn Minuten lang bieten lassen, was viele Klienten von mit Zeugnissen ausgestatteten, professionellen Spezialisten jahrelang ertragen.

Denken Sie bitte nicht, ich würde die professionelle Psychotherapie schlecht machen wollen. Ich praktiziere sie selbst und bin außerdem über lange Zeiträume hinweg Klient gewesen. Ich sage nur, dass – wie wir alle wissen – die Qualität von professionellen Therapeuten unterschiedlich ist und das Vertrauen und die Jahre, die manche Menschen in einen Spezialisten investieren, nicht so sicher sind wie eine Focusing-Partnerschaft, in der der andere nicht ermächtigt ist, uns zu sagen, was wir tun oder wie wir es tun sollten. Und bevor einer der Partner verletzt werden könnte, kann man ohne Schwierigkeiten den Partner wechseln oder die Partnerschaft einfach auflösen.

Eine Focusing-Partnerschaft ist keine gegenseitige Therapie. In der öffentlichen Meinung – die wir übrigens unter Focusing-Leuten *nicht* teilen – ermächtigt die »Therapie« den Therapeuten dazu, den Klienten zu sagen, was sie tun sollen und was ihre Erfahrungen bedeuten. Ein Therapeut ist eine Autorität. Ein Focusing-Partner ist überhaupt keine Autorität. Sie müssen also auf sich selbst aufpassen.

Eine Focusing-Partnerschaft ist ein *neues gesellschaftliches Muster*. Sie hat ihre eigene Ethik und sie erfordert Ausbildung. In ihr entwickeln sich Sensibilität, Vertrautheit und ein tiefes Verantwortungsbewusstsein von selbst weiter.

Partnerschaftliches Focusing wird Psychotherapie niemals verdrängen. Im Gegenteil, wenn Focusing-Partnerschaften die inneren Prozesse einer größeren Anzahl von Menschen vertraut machen, wird die Folge eine größere Nachfrage an professionellen Therapeuten sein. Manche Menschen werden weiter und tiefer gehen wollen, als es mit ihrem Partner möglich ist. Jedenfalls wird ein Bedarf an vielen fähigen Beratern entstehen, an die sich die Focusing-Partner Hilfe suchend wenden können. Nach gut ausgebildeten Menschen besteht immer Nachfrage, und sie wird steigen, wenn mehr Menschen Focusing-Partnerschaften haben.

Es ist jedoch sicherlich auch so, dass diejenigen, die von ihren Focusing-Partnern viel Hilfe erhalten – und zwar kostenlos –, in der Lage sein werden zu erkennen, ob ein bezahlter Therapeut mehr bietet oder nicht. Das wäre eine höchst effektive Möglichkeit, das Qualitätsniveau der professionellen Therapie zu heben. Das Wissen, das die Menschen in und durch Partnerschaftliches Focusing erwerben, könnte genau das sichern, was die gegenwärtigen Prüfungsmodi und Zulassungsverfahren für Psychologen und Psychotherapeuten vergeblich anstreben: die Klienten durch Qualitätssicherung zu schützen.

Habe ich die Fähigkeiten, die man braucht, um Partner eines anderen zu sein?

Zwei Dinge sind erforderlich – und jeder Mensch besitzt die Fähigkeit zu beiden. Die erste Voraussetzung ist die Fähigkeit, den Mund zu halten – still zu sein. Wenn der andere spricht, kontrollieren wir jedes Verlangen danach, ihm etwas aufzudrängen. Das bedeutet, viele unserer exzellenten Gedanken, Interpretationen, Vorschläge und unseren Wunsch, freundliche Bestätigung zu geben oder zu erzählen, was wir in einer ähnlichen Situation getan haben, fallen zu lassen. Und wenn der Andere schweigt, bedeutet das, unsere Aufmerksamkeit auf ihn gerichtet zu lassen, auch wenn wir nichts Interessantes zu hören bekommen.

Die zweite Voraussetzung ist, dass wir dem anderen »Gesellschaft leisten« – menschliche Gesellschaft. Diese Fähigkeit kann Ihnen nicht abgehen, denn Sie sind ja ein Mensch. Man muss *kein* guter oder weiser Mensch sein oder irgendeine andere besondere Eigenschaft besitzen.

Doch wissen das die meisten Menschen nicht. Sie glauben, sie müssten etwas Wunderbares, eine innere Seinsweise, die ihnen abgeht, oder besondere Einsichten anbieten können. Aber das ist glücklicherweise nicht erforderlich! Natürlich gibt es eine Reihe ganz spezieller Verfahrensweisen, die jeder erlernen kann und muss. Sie helfen, aber der Hauptfaktor wird immer sein: *Maximal präsent sein mit einem Minimum an Einmischung.*

Das »menschliche Gesellschaft leisten« macht den Unterschied aus. Dies ist eine weit reichende Tatsache. Ich kann der Mensch sein, der ich wirklich bin, *und* ich kann mich dieser weit reichenden Tatsache

anvertrauen. Ich weiß, dass mein Gesellschaftleisten nicht aus meinen persönlichen Charaktereigenschaften besteht.
Was der Prozess braucht ist, dass jemand menschliche Gesellschaft leistet. Dann taucht dieser Prozess aus dem Inneren der Person auf, von unterhalb des bewussten Selbsts. Alles, was es braucht, ist, dass ich mich hinsetze und da bin. Dass ich das kann, weiß ich.

Die menschliche Natur ist Interaktion

Menschen sind an sich und immer schon interaktional. Der Mensch *ist* ein fortwährend vor sich gehender interaktionaler Prozess. Selbst wenn wir allein sind, befinden wir uns in Interaktion mit uns selbst; wir reagieren auf uns selbst, während wir durchs Leben dahingehen – und oft sehr dürftig und verurteilend. Wir leben immer in Beziehung zu uns selbst, meistens in einem Klima, das durch unsere eigenen Reaktionen auf uns selbst hervorgerufen wird. Wenn wir wissen, wie wir zuhören, Focusing betreiben und aus der Partnerschaftsstruktur Gewinn ziehen können, beginnen wir den Unterschied zu spüren zwischen dieser Beziehung und der Art und Weise, wie wir normalerweise auf uns selbst innerlich reagieren. Die meisten Menschen reden ständig auf sich ein, unterbrechen jeden halb formulierten Gedanken und warten fast nie auf das, was von tiefer unten emporkommen könnte. Es ist schwer, eine solche offene und empfangsbereite Beziehung zu uns selbst aufzubauen, wie der stumme Zuhörer sie bietet. Sobald wir uns in einer solchen Beziehung wiederfinden, öffnen wir uns innerlich und atmen anders. In angespannten und schwierigen Beziehungen geschieht das Gegenteil, selbst wenn uns der andere sehr viel bedeutet. Wenn wir uns innerhalb verschiedener Beziehungen befinden, sind wir innerlich auf unterschiedliche Arten und mit unterschiedlichen körperlichen Qualitäten lebendig.
Sie kennen das. Sie warten z. B. allein an einer Bushaltestelle. Sie sind mit sich selbst in Frieden. Nun kommt jemand und stellt sich neben Sie. Obwohl derjenige schweigt, ist Ihr innerer Friede verschwunden. Oder nehmen Sie den umgekehrten Fall. Spät abends stehen Sie allein an der Bushaltestelle. Sie fühlen sich einsam, unbehaglich und ängstlich. Dann kommt jemand und stellt sich dazu. Obwohl er schweigt, fühlen Sie sich innerlich erleichtert. Ähnliches geschieht, wenn Sie sich einsam fühlen und beschließen, einen Freund anzurufen. Jemand

anderer als Ihr Freund hebt ab und Sie warten, bis Ihr Freund ans Telefon kommt. Während dieser kurzen Zeit fühlen Sie sich bereits so viel besser – wenn Ihr Freund dann tatsächlich am Telefon ist, brauchen Sie das Gespräch eigentlich gar nicht mehr.

Die schweigende Gesellschaft eines anderen Menschen ist also keine geringe Sache. Sie kann die gesamte Art des Seins verändern, körperlich verändern. Das zeigt, dass der Mensch essentiell ein interaktionales Wesen ist.

Diese Beobachtungen machen deutlich, dass die gegenwärtigen Vorstellungen von Abhängigkeit und Unabhängigkeit falsch sind. Man bringt uns bei, allein zu sein, zu versuchen, alles zu schaffen, ohne jemanden zu brauchen – *Privat*unternehmen. Viele Dinge sind jedoch auf diese Weise von Natur aus nicht möglich. Wir sollten uns keine Unfähigkeit vorwerfen, weil wir etwas nicht schaffen, das allein gar nicht machbar ist. Wir sollten nicht jahrelang verzögern, was nur in der Interaktion geschehen kann. Was ich hier sage, tut dem Wert der Unabhängigkeit keinerlei Abbruch, ebenso wenig wie dem Wert des Focusing, das wir allein betreiben. Wir müssen es häufig allein praktizieren und lernen, *wie wir ein besseres Klima in uns selbst schaffen können.*

Ich betone den entscheidenden Unterschied, den ein anderer Mensch ausmachen kann, sowie die Tatsache, dass dieser Unterschied nicht auf dem Wortinhalt der Aussagen dieses Menschen beruht. Die Anwesenheit eines anderen Menschen hat auch *im Schweigen* diese große Wirkung. *Die Anwesenheit und Aufmerksamkeit des anderen Menschen ruft diesen großen Unterschied hervor.* Unsere privaten Inhalte mitzuteilen, kann sehr hilfreich sein, aber es ist nicht wesentlich.

Wozu ist ein offizielles Partnerschafts-Muster notwendig?

Die vertrauten Situationen in unserem Leben, Liebe, Arbeit, Vergnügen usw., folgen gesellschaftlich geregelten Mustern – als solche sind sie soziale Institutionen. Diese Muster setzen z. B. Grenzen dafür, wie wir uns in der Arbeit, mit Familienmitgliedern, in einem Unterrichtsraum, in einem Geschäft verhalten sollten. Diese und andere Situationen sind schon stark durch Muster geprägt, noch bevor wir in sie hineingeboren werden. Jedoch scheinen die alten Muster, die früher einmal genügt haben, um den Menschen die benötigte Sicherheit zu geben, im Schwinden begriffen zu sein. Wir müssen also ständig improvisieren. Aber zum Glück müssen wir nicht die ganze Sache aus dem Stegreif neu erfinden; wir improvisieren auf Grund dieser als vereinbart geltenden, sozial institutionalisierten Muster – vertraute Situationen.

Freundschaft z. B. ist eine soziale Institution. Man braucht seine Gründe dafür, bestimmte Menschen treffen und mit ihnen reden zu wollen, nicht zu erklären – sie sind Freunde. Wie man sie behandelt, unterscheidet sich oft sehr, aber es *ist* ein bekanntes Muster. Wenn Sie es verletzen, wird Ihr Freund Ihnen sagen: »Das ist keine Art, seinen Freund zu behandeln!«

Ausführlich mit einem Freund über die eigenen persönlichen Probleme zu sprechen, ist außer bei seltenen Gelegenheiten nicht angebracht. Und noch weniger angebracht ist es, Ihren Freund zehn Minuten lang oder auch nur drei schweigend dasitzen zu lassen, während Sie Focusing betreiben!

Unsere Kultur liefert die Muster für die Freundschaft ebenso wie die Muster für die Liebe und die Arbeit. Wir befinden uns noch am Anfang des Prozesses der Entwicklung sozialer Muster für das persönliche und interpersonale Heilen. Die Psychotherapie ist eines davon, das Partnerschaftliche Focusing ein anderes.

Derartige bekannte und als vereinbart geltende Muster können von den Menschen genutzt werden, die ansonsten weder den Mut noch die Energie dazu hätten, sie einem anderen vorzuschlagen. Wenn wir beide dieses Muster kennen, kann einer von uns den anderen auffordern. Bisher ist dieses Muster noch nicht ausreichend bekannt. Deshalb muss man die Menschen erst darüber informieren, bevor man sie auffordern kann. Aber das Muster existiert und es kann davon erzählt werden.

In ein oder zwei Jahrzehnten werden wahrscheinlich sehr viele Menschen einen Partner für persönliche Prozesse haben. Und heute gibt es bereits viele Anzeichen dafür, dass diese Prozesse erwünscht sind und in zunehmendem Maß verfügbar sein werden.

Es wäre wünschenswert, in vielen größeren und kleineren Städten Treffpunkte für Focusing-Partner zu haben, an denen Beratung und weitere Ausbildung angeboten werden und wo man neue Partner finden sowie Listen von Therapeuten und andere Arten von Hilfe und Information erhalten kann.*

Weiterführende Literaturempfehlungen:

Cornell, A.W. (1997). *Focusing – der Stimme des Körpers folgen.* Reinbek: Rowohlt

Cornell, A.W. (2013). *Die Kunst des Annehmens. Leben und Arbeiten mit Focusing.* Norderstedt: Books on Demand

Gendlin, E.T. (1998). *Focusing. Selbsthilfe bei der Lösung persönlicher Probleme.* Reinbek: Rowohlt

Jahn, J. (2014). *Partnerschaftliches Focusing. Eine Selbsthilfemethode zur Bewältigung chronischer körperlicher Krankheit.* Berlin: Wissenschaftlicher Verlag

Kersig, S. (2014). *Im Dialog mit dem Körper. Wie Sie mit Achtsamkeit Krankheitssymptome entschlüsseln und heilen.* München: Kösel

Renn, K., Bickel-Renn, S. (2011). *Küsst die Liebe wach. Paare im »kreativen Dialog«.* Stuttgart: Klett-Cotta

---

* In den deutschsprachigen Ländern existieren solche Möglichkeiten bereits. Die hier angegebenen Websites und die weiterführende Literatur informieren Sie darüber.

10. Philosophische Anstöße: Über Phänomenologie

Verteidigung der alten und Anfang einer neuen Phänomenologie

Meiner Meinung nach ist es notwendig, die Phänomenologie auf eine neue Basis zu stellen.

Die Phänomenologie ist in den 60er- und 70er-Jahren aus der Philosophie herausgefallen. Damals wurde gesagt, dass es ja nicht echt und wahr sei, dass man wirkliche Phänomene habe. Das sei nur etwas, das die Phänomenologen behaupten würden, aber schließlich könne ja jede Philosophie einfach vorgeben: Wir haben eine Telefonleitung direkt zu Gott oder direkt zur Natur und wir schauen oder hören unmittelbar, was da ist, und daher kennen wir die Sachen selbst. Auf die Frage, was denn ein Phänomen wirklich sei, konnten die Phänomenologen nicht gut antworten. So entstand der Eindruck, es sei nur eine Annahme, dass es Phänomene gäbe, nur eine Annahme, dass man im Gegensatz zu den anderen Philosophien eine wirkliche Basis habe.

Nicht nur der Phänomenologie, sondern auch Wilhelm Dilthey und dem Pragmatismus in Amerika ist es so gegangen. Das alles ist verloren gegangen, weil es so ausgesehen hat, als ob diese Philosophien auf bloßen Annahmen gründeten.

Den Pragmatismus hat man so verstanden, dass er alle die unterschiedlichen Philosophien und Theorien für verschiedene Zwecke benützt, aber den eigenen Zweck nicht kritisch hinterfragt habe. Das ist aber nicht wahr. Es war so, dass der Pragmatismus die Kriterien *von innen* entwickelt hat. Aber das Entwickeln der Kriterien von innen wurde dann später so verstanden, als hätte man einfach nur Annahmen getroffen.

Dilthey wird meiner Meinung nach heute ganz missverstanden. Als ob Dilthey geglaubt hätte, man könne sich einfach und ohne Schwierigkeiten in einen anderen hineinversetzen. Als ob man erst heute wisse, dass die Unterschiede zwischen den Kulturen und den Zeitaltern sehr groß seien und dass man nicht einfach wiederholen oder wiedererleben könne, was ein Autor vor hundert Jahren oder vor tau-

send Jahren erlebt hat. Das hat natürlich auch schon Dilthey ganz genau gewusst. Aber heute glaubt man, er hätte das nicht gewusst.
Und so wirkt heute auch die Phänomenologie altmodisch, die Phänomenologie vor Derrida und vor dem späten Heidegger. Die Phänomenologie gehört zum frühen Heidegger. Aber der frühe Heidegger ist jetzt ausrangiert worden, weil er später selbst gesagt hat, dass das, was er früher geschrieben habe, zu subjektiv sei.
In den letzten Jahrzehnten hat sich der ganze philosophische Stil in einer Weise geändert, dass nun alle auf demselben Problem sitzen: Ohne Annahmen könne man gar nichts sagen und mit Annahmen zahle es sich nicht aus, etwas zu sagen, und so könne man im Grund genommen überhaupt nichts sagen. Man lächelt nur so und sagt: Niemand kann überhaupt etwas sagen. Und natürlich sagt jeder sehr viel, aber was man letzten Endes sagen könne, sei gar nichts. Das ist sozusagen die gegenwärtige postmoderne Pariser Mode.
Meiner Meinung nach hat die Phänomenologie die Antwort auf dieses Dilemma. Es ist nicht so, dass die Phänomenologie *vor* diesem Problem stünde und dann umfallen würde. Es ist schon richtig, dass es mit Annahmen und mit äußerlichen Kriterien, mit Kriterien, die man von irgendwo anders herbringt, nicht geht. Da kommt man dann zu einem Nullpunkt, an dem man überhaupt nichts sagen kann. Denn alles ist dann bloße Annahme und es gibt keinen festen Punkt. Es ist nur die Phänomenologie, die einen davor retten kann.
Aber diese Phänomenologie, die ich meine, ist ein bisschen anders. Denn es ist tatsächlich nicht so, dass man rein beschreiben könnte. Rein beschreiben kann man nicht. Man muss sich damit abfinden, dass im Beschreiben immer schon verschiedene Strategien und verschiedene Begriffsmodalitäten existieren und dass man immer wissen muss: Wenn man mit bestimmten Begriffen und mit bestimmten Unterscheidungen zum Erleben kommt (an es herantritt und es befragt), bekommt man bestimmte Resultate, wenn man mit anderen Theorien und mit anderen Unterscheidungen kommt, bekommt man andere Resultate. Man bekommt aber *immer genaue* Resultate. Und man bekommt *immer mehr als das, womit man gekommen ist.*
Auch die alten Phänomenologen, Husserl, Sartre, Merleau-Ponty, haben unterschiedliche Resultate bekommen. Aber sie alle sind Phänomenologen gewesen, *weil sie vom Erleben ausgegangen sind.* Und was sie sagten, *ist mehr, als man nur begrifflich verstehen kann.*

Was man in der Phänomenologie sagt, ist immer mehr als das nur Begriffliche. Wenn man sich darauf nicht einlässt, wenn man die Lebendigkeit, die hier im Körper sitzt und die sich bei ihrem Namen nennt – ich suche eine Ausdrucksweise, um die Frage zu umgehen, ob das der Körper ist oder die Seele oder die Emotionen oder die Gedanken – *nicht mitnimmt*, dann wird das, was phänomenologisch gesagt wird, *dünner als es gemeint ist.*

Daher ist meiner Meinung nach die alte Phänomenologie ganz echt, auch wenn man verschiedene Begriffsmodalitäten benützt und verschiedene Resultate bekommen hat. Aber man hat noch immer vom Erleben aus gesprochen und mehr gesagt als nur Begriffe. Das ist meine Verteidigung der alten Phänomenologie.

Die neue Phänomenologie, die ich gerne sehen würde, würde allerdings *nicht nur vom Erleben ausgehen, sondern auch immer wieder zum Erleben zurückkommen.* Sie würde nicht nur zu Beginn von einem Erlebnis ausgehen und dann immer weiter und weiter sprechen und nie wieder nach Hause zurückkehren, sondern *immer hin und her gehen zwischen den Begriffen und dem Erleben.* Wenn man etwas gesagt hat, kann man gleich wieder schauen gehen, welchen Unterschied das nun *erlebensmäßig* macht. Und dann kann man von diesem erlebensmäßigen Unterschied wieder etwas sagen und dann wieder zurückkommen und schauen, was das für einen erlebensmäßigen Unterschied macht. Auf diese Weise sind die Schaltstellen *nicht nur logisch-begrifflich, sondern auch erlebensmäßig.* So kann man jedesmal *mit mehr weitergehen als nur mit dem Begrifflichen*, das man gesagt hat. Man muss sich jedesmal umdrehen und sich versichern, dass man das Erleben mitgenommen hat. Es ist nicht so, dass ein Phänomen dort irgendwo herumliegt und man beschreibt oder interpretiert es bloß. Und wenn man einmal dort angefangen hat, dann geht man weiter und weiter und kommt nie mehr zurück.

Mein Wilhelm Dilthey

Mein Wilhelm Dilthey – und ich muss das so sagen, weil er so missverstanden wird, dass mir zweifelhaft ist, ob das überhaupt derselbe ist – hat *Interpretation* wirklich ganz anders als alle anderen verstanden. Wenn man etwas interpretiert, hat er gesagt, *lebt es weiter.* Es ist nicht so, dass da ein bestimmtes Erleben ist, und etwas anderes interpretiert dieses Erleben dann. Aber diese Idee über das Interpretieren ist jetzt wieder da, und das ist meiner Meinung nach eine ganz falsche Idee. So, als ob etwas dort läge und wir säßen hier und interpretierten und vermittelten das dort. Daraus resultiert dann immer diese dumme Frage: Was ist denn das originäre Phänomen dort? Kann man über »das dort« überhaupt sprechen?

Man glaubt nämlich heutzutage etwas ganz Unnatürliches: Jemand sitzt als reiner Wissenssucher einfach da, er lebt nicht und er hat keine Familie und er braucht nichts zu essen – er interpretiert nur. Diese seine Interpretationen sind dann zwischen ihm und »dem dort«, und auf der anderen Seite seiner Interpretation ist dann irgendeine beliebige Wirklichkeit.

Diese Anschauung ist jetzt unter den gegenwärtigen französischen Philosophen weit verbreitet, aber auch bei Gadamer ist immer das große Problem, dass eigentlich nichts da ist. Es gäbe nur Konstruktion. Interpretieren ohne etwas, das interpretiert wird, sei nur Konstruktion, und Interpretieren mit etwas, das interpretiert wird, sei naiver Empirismus. Das Wort »interpretieren« muss also zur Explosion gebracht werden.

Dilthey hat es schon vor hundert Jahren explodieren lassen, er hat diese Anschauung längst vollständig überwunden! Er sagte: Wenn man etwas interpretiert, heißt das, man lebt es weiter. Und wenn man weiterlebt, interpretiert man. Man kann nicht einfach separat leben. Man lebt in der Luft und auf der Erde und in einer Situation. Das Weiterleben und das Interpretieren sind bei Dilthey eins geworden. *Jedes Erleben ist auch ein Interpretieren und ein Verstehen. Und jedes Verstehen und Interpretieren ist ein Weiterleben.* Das Leben, der Lebensprozess selber, ist ein Interpretieren. Dieses Interpretieren geschieht in einer Umwelt, die auf vielerlei Weisen fortgesetzt oder weitergeführt werden kann.

Man kann also eine Interpretation nie als Gleichnis nehmen. Denn sie ist immer ein Weiterleben. Wenn ich ein Buch erkläre, setze ich dieses Buch fort. Ich fotografiere es nicht einfach.

Mein Martin Heidegger

Der Heidegger, der mir gefällt, ist der, der das »In-Sein« des Menschen beschreibt und sagt, dass die Befindlichkeit und das befindliche

Verstehen immer weiter reichen als die Begriffe. Deshalb muss ich ihn fragen: »Wenn du das schon 1926 gesagt hast, warum hast du dann die Philosophie nicht von diesem Verstehen, das weiter reicht als das kognitive, weiterbetrieben?« Er hat das fallen lassen und ist in eine Richtung gegangen, in der er die Begriffe als überschirmend verstanden hat, sodass die *ultima*, die letzte Begrifflichkeit, die Quelle von allem anderen ist.

So schreibt er dann in einem Dialog mit einem japanischen Philosophen, dass sich beide geeinigt hätten, sich über überhaupt nichts zu einigen. Sie dürften überhaupt kein Wort benützen, nur das äußerste, das *Ki*, das gar keine Form hat. Nur dort könnten sie sich einigen, weil alles andere wegen der jeweils unterschiedlichen Geschichte und Kultur und wegen der unterschiedlichen Begriffe nicht gemeinsam zu verstehen sei. Dieser Heidegger scheint mir einen Fehler gemacht zu haben. Er hat diese ganze Geschichte zu sehr vereinfacht, meiner Meinung nach.

Wenn wir Heidegger in meinem Sinn lesen, müssen wir nicht sagen, er habe alles nur hinsichtlich des Daseins beschrieben und jetzt müssten wir dem Dasein noch den Körper hinzufügen und noch einmal von vorne anfangen, über den Körper zu sprechen. Bei Heidegger waren Dasein und Körper schon einmal verbunden, er hat diese Verbindung später nur wieder fallen gelassen.

Das Dasein ist immer befindlich. Das Befindliche ist nur körperlich möglich. Die Bedeutung von »Körper« und »Leib« muss man allerdings ändern, damit der Körper nicht abgespaltet wird. Denn er ist ja nicht abgespaltet. Man braucht nur einen Moment auf sich selbst zu achten und dann bemerkt man gleich, dass er nicht abgespaltet ist. Der Körper ist nicht wie ein Wagen, in den man einsteigt und ihn dann einparkt und dann wieder aussteigt.

Die Erfahrung ist »dicker« als alle Konzepte

Die Philosophie suchte schon immer, und besonders heute, eine Art und Weise zu finden, die die *Praxis* hereinlässt. Aber das ist nicht so einfach. Denn die Praxis ist ja *auch schon vermittelt*. Wenn man nur die Praxis als Basis für die Begriffe haben will, geht es also nicht. Denn die Praxis, die wir als Basis vorgeben, ist ja auch immer schon begrifflich durchsetzt. Man muss sich daher daran gewöhnen, dass

man so eine Art Dialektik oder ein Hin und Her, ein Zickzack zwischen Praxis und Begriffen braucht.
Es muss also eine bestimmte Bewegung zwischen beiden geben, aber keine formale Bewegung, die schon von vornherein fertig beschrieben ist wie bei Hegel und die man dann nur als formalen Tanz durchmachen muss. Denn eine solche Bewegung wäre wieder zu begrifflich und ließe folglich die Praxis nicht herein. Wenn wir aber zwischen Begriffen und Praxis hin und her gehen, dann geht es. Denn die beiden – Praxis und Begriffe – korrigieren sich gegenseitig.
Statt »Praxis« kann man auch sagen »Erleben« und vieles andere, z. B. »Experimente im Sinne eines Prozesses«. Im Laboratorium zu arbeiten, egal in welcher Wissenschaft, ist immer »dicker« und mehr, als man begrifflich versteht. Eine Wissenschaft hat zu einem bestimmten Zeitpunkt, sagen wir, acht Konzepte und drei Jahre später hat sie dann fünfzehn. Und die acht alten Konzepte sind nicht mehr da. Das zeigt: *Die Erfahrung*, selbst die im Labor, *ist immer dicker als die Begriffe und Konzepte.*
Wittgenstein und Heidegger haben sehr schön gezeigt, dass all die *Begriffe an sich*, mit denen wir etwas erklären – ob wir nun die Sprache erklären oder Begriffe erklären oder Erklären erklären –, *nichts wert sind.* Denn sie reduzieren und vereinfachen, und sie sind verschieden und streichen sich gegenseitig aus. Wenn wir die Sprache also auf die gewöhnliche Art und Weise erklären, sind wir schon verloren, *weil die Sprache reicher und mächtiger ist und weiter führt als die vorhandenen Begriffe.*
Wir können und sollen daher die Worte so benützen, dass sie etwas Neues bedeuten können, nämlich *das, was sie gerade in dem Augenblick an Bedeutung bekommen, in dem sie den Lebensprozess weiterführen.* Das ist eine Art und Weise, Sprache zu verstehen, die anders ist als gewöhnlich und die erst nach Wittgenstein und nach Heidegger kommen konnte.

Die Einzelheiten sind reicher als die Allgemeinheiten

Wenn wir so vorgehen, können wir eine neue phänomenologische Studie darüber beginnen, wie wir in den *»details«** erkennen, dass

* *detail (engl.):* Einzelheit

sich etwas zu verstehen gibt, obwohl dieses »etwas« kein Etwas ist, das einfach daliegt und wartet. Wir können diese Details sammeln. Fünf habe ich schon.

Ein Detail ist: Man kriegt immer mehr Details zurück, als man bringt. Man kann zeigen, dass man von irgendeiner Praxis, von irgendeinem Studium, von irgendeinem Experiment, von irgendeinem anderen Menschen, von seinem eigenen Inneren, immer mehr zurückkriegt. Es kommen immer mehr Details, immer mehr *specifics*, immer mehr Unterscheidungen zurück, als von dem, was man gebracht hat, folgen konnten.

Man kann genau zeigen: Ja, ja, ja, es ist schon wahr, dass du mit dieser Hypothese ein anderes Resultat bekommst, als wenn du mit einer anderen Hypothese kommst. Das sieht dann so aus, als ob alles nur Hypothesen wären und daher nichts Wirkliches da sei. Aber es ist nicht so. Wenn du genau schaust, kriegst du mit einer bestimmten Hypothese mehr zurück, als von dieser Hypothese folgen konnte. Und mit und von einer anderen Hypothese auch, aber wieder etwas anderes. Das ist ein phänomenologisch ganz genauer Punkt, der zeigt, dass wir nicht einfach allein da sind. *Es ist etwas da, in dem wir leben und das durch uns zum Verstehen kommt.*

Ein zweites Detail ist: Die Hypothese oder die Theorie oder die Anschauung, die diese Details hervorbringt, wird von diesen Details selbst wieder untergraben, sodass die Hypothese dann nicht mehr weiterbestehen kann. Es ist nicht nur so, dass die Details einer Theorie gehören, nein, ein Detail, das diese Theorie hervorbringt, kann diese Theorie umwerfen. *Denn die sogenannten Details sind reicher als die Allgemeinheiten.*

Erlebnisse sind nicht von Begriffen abgeleitet

Das wird heute nicht verstanden. Ein Kritiker der New York Times glaubt bei einem französischen Komponisten immer zu hören, dass es französische Musik ist. Oder: Wenn Schubert ein Homosexueller war, dann müsse man in seiner Musik die Homosexualität hören. Ich sage: »Schau, ein französischer Koch und ein amerikanischer Koch haben mehr gemeinsam als ein französischer Koch und ein französischer Admiral! Welchen ›Schirm‹ willst du denn wirklich? Willst du immer die Nationalität als Schirm?« Wenn man nur einen Schirm hat, muss man immer alles unter den einen Schirm stellen. Aber die sogenannten Details sind immer dicker und reicher als der jeweilige Schirm.

Meine Tochter spielt Violine. Und da ich davon nichts verstehe, habe ich einiges gelesen. Um etwa 1910 gab es die ersten Frauen, die öffentlich Violine gespielt haben. Die Kritiker haben damals immer geschrieben: »Wunderbar gespielt, aber natürlich weiblich«. Sie konnten nicht hören, ohne dass ihr Denken das Hören vermittelt hat.

Die meisten glauben, die Einzelheiten müssten immer unter einen Schirm kommen. Man sagt: Das sind alles Einzelheiten, die zum Schirm »Nationalität« gehören, oder das sind alles Einzelheiten, die unter den Schirm »Geschichte« kommen müssen oder unter den Schirm »Sexualität«.

Wenn man aber alle Schirme zugleich anschaut, sieht man gleich: Das geht ja nicht! Es kann nicht so sein. Die sogenannten Details sind gar keine Details. *Sie sind dicker und reicher, denn sie sind Erlebnisse.*

Ein Klient z. B. wird immer mehr bringen als jede psychologische Theorie. Wenn man das nicht weiß, ist jede Theorie in der Psychotherapie zerstörend. Theorien können nur helfen, wenn man weiß, dass das Erleben immer dicker ist.

Wir brauchen also nicht immer am Anfangspunkt stehen zu bleiben und zu debattieren, ob etwas da ist oder nichts da ist, ob es nur Konstruktionen sind etc., sondern *wir können jetzt beginnen*, als Phänomenologen *zu gehen.*

Ich habe schon damit angefangen. Ich habe diese fünf Details gefunden, von denen ich nur drei erwähnt habe: (1) dass man mehr bekommt, als man von den eigenen Hypothesen ableiten kann; (2) dass die Hypothesen, die ein bestimmtes Detail hervorbringen, von diesem Detail umgewälzt werden können; (3) dass es viele Schirme gibt und dass man zeigen kann, dass das Erlebnis nicht von den Schirmen abgeleitet ist.

Wenn wir diese Details sammeln, sind wir unterwegs, gehen wir wohin. Seien wir Phänomenologen, statt einfach immer nur Allgemeines zu sagen!

Die eigene Lebendigkeit ist das methodisch Zentrale

Es ist mir immer wichtiger als alles andere, dass *jemand da ist.* Denn das ist jemand, der lebt und der irgendwie mit seinem Leben auskommen muss – so wie ich und wir alle –, und das ist irgendeine Wirklichkeit. Wie man diese Wirklichkeit einschätzen soll, ach, das weiß ich nicht! Ob wir irgendetwas Absurdes sind, das da momentan aufleuchtet, oder ob wir metaphysisch ewig sind, das weiß ich alles nicht. Aber dass er, dieser Mensch, der da neben mir sitzt, da ist, das weiß ich.

Auf diese Weise sage ich: Ich weiß, dass er da ist. Da werden Sie mich jetzt fragen: »Also, was meinen Sie denn damit?« Da sage ich gleich: »Nein, nein. Das ist er.« Wenn ich einmal anfange zu sagen, er ist, was die Psychoanalytiker oder die Jungianer oder Focusing sagen, ist schon alles verloren.

Nur wenn das Konkrete, das wirklich da ist, mittut, können wir weitersprechen. *Dann* können wir sagen: Die Psychoanalytiker haben schon Recht, er wird in sich schon alle die Dinge finden, die Freud beschrieben hat. Die sind schon irgendwo da. Und was C. G. Jung gesagt hat, ist auch irgendwo da. Und einen Felt Sense kann er auch bekommen. Aber in dem Moment, in dem wir den, der wirklich da ist, verlieren, ist alles verloren.

Die eigene Lebendigkeit ist das methodisch Zentrale oder die methodische »Maschine« der Phänomenologie. Und durch die eigene Lebendigkeit zeigt sich natürlich mehr als sie selbst. Denn die eigene Lebendigkeit ist ja nicht einmal möglich und denkbar ohne andere Menschen und ohne eine Welt und ohne eine Geschichte und ohne eine Sprache und ohne das Denken und ohne alles andere. Ohne die eigene Lebendigkeit geht es nicht! Bei mir wenigstens. Es gibt keine Phänomenologie in meinem Sinne, ohne dass die eigene Lebendigkeit fortwährend mittut.

Was ist Phänomenologie?

Das Wichtigste, das ich euch bringen möchte, ist: Die Bedeutung der Worte ändert sich in dem Moment, *in dem man sie benützt.* Was »eigene Lebendigkeit« bedeutet, muss sich jetzt öffnen. Wenn man im Wörterbuch nachsähe, würde »eigene Lebendigkeit« eine nur sehr enge Bedeutung haben: dass ich hungrig bin usw. und vielleicht, dass es dabei um meine persönliche Situation geht. Da wäre »eigene Lebendigkeit« nicht sehr interessant und deshalb ist sie aus der Philosophie immer herausgefallen.

Aber ich meine das nicht so. Ich meine »eigene Lebendigkeit« in dem Sinne, in dem ... – also, da müssen wir jetzt genau schauen.
Ich sage: Die eigene Lebendigkeit ist zentral notwendig für einen echten phänomenologischen, philosophischen Prozess. Gut. Und nun: Anstatt zu fragen »Ist das wahr, dass die eigene Lebendigkeit so zentral sein muss?«, drehe ich die ganze Sache um. Ich möchte nicht, dass ihr fragt: »Ist das wahr?« Ich möchte, dass ihr das umdreht und sagt: »Aha, etwas, das für den phänomenologischen, philosophischen Prozess wesentlich ist, ist das, was ›eigene Lebendigkeit‹ bedeutet.« Auf diese Weise kommen wir dann richtig heraus: Eigene Lebendigkeit ist das, was immer wesentlich sein muss, wenn man einen wirklichen phänomenologischen, philosophischen Prozess überhaupt denken will.
Wir wollen diese Fragen also nicht außerhalb der Phänomenologie beantworten. Nicht wahr? Wir wollen z. B. nicht zuerst sagen: Was sich zeigt, ist die Sache selbst. Was heißt »die Sache selbst«? Was sich in der Phänomenologie zeigt!
Und genauso ist es auch mit der Frage »Was ist Phänomenologie?« Die einzige Antwort darauf ist, Phänomenologie *zu tun. Denn Phänomenologie ist ein Prozess oder eine Arbeit.* Und wenn wir dann fragen »Was zeigt sich da?«, müsste die Antwort darauf durch das phänomenologische Weiterarbeiten kommen. Dann ist alles gut. Würden wir darauf antworten, ohne Phänomenologie zu betreiben, also unphänomenologisch antworten, dann bräuchten wir natürlich die Phänomenologie nicht, und die Frage, was Phänomenologie sei, wäre gar nicht mehr interessant. Wir brauchen doch keine Phänomenologie, wenn wir sie mit etwas anderem erklären.
Wir wollen also alle diese Fragen beantworten, aber auf eine andere Weise. Phänomenologie heißt, dass wir diese Fragen *nicht mehr mit abstrakten Konzepten* beantworten wollen. Wir wollen die Phänomenologie nicht mehr mit anderen Konzepten erklären, *sondern wir wollen die anderen Konzepte durch die Phänomenologie erreichen oder erweitern.* Wir wollen nicht glauben, dass Leiblichkeit das ist, was wir im Wörterbuch nachschauen können. Wir wollen durch die Phänomenologie die Leiblichkeit erreichen!
Können wir mit diesen Fragen phänomenologisch vorgehen? Und wie würde das gehen? Das wäre dann die Art und Weise, diese Fragen zu beantworten.

Konversation zwischen Felt Sense und Begriffen

Jede dieser allgemeinen Fragen, die wir immer wieder fragen müssen – Was ist die Wirklichkeit? Was zeigt sich da eigentlich? Wie können wir etwas sagen? Aufgrund welcher Basis tun wir das? usw. –, kann in meinem Sinne phänomenologisch bearbeitet werden, indem wir in den *Felt Sense* zu jeder dieser Fragen hineingehen. Im Felt Sense sind dann diese wunderbaren Details da. Die kann man nicht einfach in die alten Unterscheidungen aufteilen und unter die allgemeinen, begrifflichen Schirme stellen. Nein, es sind viele genaue Details da, und die wollen wir alle beschreiben.

Wenn man in meinem Sinn Phänomenologie betreibt, bekommt man aber manchmal – und hoffentlich oft – so ein Gefühl, dass einem alles verloren geht, dass keine Begriffe mehr halten und alles flüssig wird und schwimmt. Man weiß eine Weile nicht, was man eigentlich festhalten kann. Kennt ihr dieses Unbehagen? Das ist ein Felt Sense. Und der ist die eine Seite des phänomenologischen Prozesses.

Die andere Seite ist genauso wichtig. Denn der Prozess besteht aus einem Zickzack oder einem Hin und Her oder einer Konversation zwischen dem Denken, den Begriffen auf der einen Seite und dem Erleben, dem Felt Sense auf der anderen. Ja, es wird flüssig, aber nicht so, dass die Begriffe dem Erleben nicht antworten, zurückreden könnten. Und dieses Zurückreden muss gegenseitig sein. Das Erleben muss den Begriffen zurückreden können und die Begriffe müssen dem Erleben zurückreden können. Das ist ein Abkommen von Anfang an. Das Denken darf das Erleben nicht wegschieben und das Erleben darf das Denken nicht wegschieben. Wenn man das einmal weiß, hat man Frieden. Auch persönlich. Diese Konversation nenne ich *Focusing*.

Das Tun und das Reflektieren müssen also zusammen sein. Wenn ich sage: »Schau, das Wort, das du gerade gebrauchst, muss jetzt neu von diesem Augenblick des Erlebens erfüllt werden«, dann praktiziere ich Phänomenologie. Das Wort soll phänomenologisch genommen werden und nicht als etwas schon Fixiertes, das »von außen« hereingebracht wird. Wenn ich zeige, dass ich das tue, dann reflektiere ich. Ich bin sehr für das Reflektieren. Das ist nicht etwas, das ich nächstes Jahr machen werde; jetzt mache ich es.

Was ist ein Felt Sense?

Was ist ein »Felt Sense«? Um zu verstehen, was ich mit »Felt Sense« meine, werde ich einen »Dialog« mit jemandem beschreiben, der keinen Felt Sense hat oder benützt.

Ich sage z. B. zu so jemandem: »Es ist immer jemand drinnen. Wenn du mit einem anderen Menschen sprichst, ist in diesem Menschen immer jemand drinnen.« Er antwortet darauf: »Also, deine Theorie über das Drinnen-Sein kann nicht richtig sein, denn im Körper sind ja nur Blutgefäße und Nerven usw.« Oder er sagt vielleicht: »Mit Heidegger gesprochen ist doch der Mensch gerade nicht drinnen, sondern in einer Situation.«

Wie sage ich jetzt das, was ich sagen will, auf andere Weise? Zum Beispiel so: »Es ist immer jemand da, der mich anschaut.« Darauf antwortet er: »Ja, ja, das hat Sartre auch gesagt. Aber es gibt viele Leute, die dich nicht anschauen oder blind sind.«

Ich versuche es noch einmal: »Also gut, das Anschauen ist es auch nicht. Aber es ist immer jemand da, dem ich Gesellschaft leisten kann.« Darauf er: »Na ja, aber manche Leute sind so verschlossen, dass man mit ihnen ganz einsam ist.« – »Gut«, sage ich, »aber jetzt habe ich dir noch immer nicht wirklich kommunizieren können, was ich meine: Es ist immer jemand wirklich da. Und das ist nicht nur ein Gescheiter oder ein Dummer, ein Ukrainer oder ein Engländer, ein Verkäufer oder ein Philosoph; es ist immer jemand da, der da drinnen versucht zu leben.« Darauf er: »Ja, ja, das nennt man in der XY-Theorie das Selbst.«

Wie immer also ich das, was ich meine, beschreibe, von einem solchen Menschen, der nie von seinem Felt Sense ausgeht, kommt immer irgendeine allgemeine Konzeption zurück, und ich werde nie sicher sein, ob ich ihm das, was ich sagen will, kommuniziert habe. Er antwortet immer mit der dritten oder fünften Theorie.

Aber sitzt ihr nicht alle hier und wisst schon längst ganz genau, was ich meine? Habt ihr jetzt den Felt Sense darüber, dass immer jemand drinnen ist?

Das Persönlichste hat die allgemeinste Bedeutung

Ein Felt Sense ist dieser begrifflich unklare Reichtum, der niemals dasselbe ist wie das, was man denken oder sagen kann. Diesen erlebensmäßigen Reichtum muss man von allem anderen unterscheiden können. Nur dann kann man auf diesen Reichtum immer wieder zurückkommen, sich auf ihn beziehen und überprüfen: Hab' ich ihm mit dem, was ich gesagt habe, Gewalt angetan oder hab' ich für ihn gesprochen? Wenn wir das tun, benützen wir den Felt Sense.

Oft hat man schnell eine Idee, was der Felt Sense ist und wie man ihn ausdrücken kann, aber er ist immer mehr, als man gleich denken und sagen kann. Wenn man nämlich in den Felt Sense hineingeht, stellt sich heraus, dass er ein ganzes Geflecht ist, wie ein Spinnennetz oder wie ein Perserteppich. Seine Fäden können persönliche Aspekte sein oder Beziehungsaspekte, es können aber auch mathematische sein oder etwas über ein sogenanntes abstraktes Thema. Zwischen Felt Sense und seinem Ausdruck besteht niemals eine Gleichung. Aber man kann von ihm aus sprechen und man kann wissen, ob das Sprechen von ihm spricht oder nicht. Man merkt gleich ganz klar, wenn man den Felt Sense nicht ausdrückt.

Wenn man aber sagt, was man wirklich meint und sagen will, wenn man also von einem Felt Sense aus spricht, hat es immer allgemeine Bedeutung. Es ist nämlich genau andersherum, als man gewöhnlich annimmt: Je persönlicher, je »autistischer« etwas ist, je mehr man denkt, dass das niemals je jemand verstehen wird, desto universalere Bedeutung hat es, wenn es zur Sprache kommt. *Denn die Sprache ist so: Sie besteht aus allen unseren Situationen.* Es gibt nichts Subjektives. Man lebt in der Welt mit anderen. Wenn man artikuliert, was ganz persönlich ist, ist es auch sozial und universal. Auf diese Weise ist der individuelle Einzelne ein Kanal oder eine Erscheinung der Ganzheit.

Was ist also das entscheidende Kriterium? Es liegt im phänomenologischen Prozess selbst. Die Menschen benützen dieses Kriterium nicht, obwohl es doch eigentlich jeder aus eigener Erfahrung kennt. Dieses Kriterium ist: *Wird das Erleben fortgesetzt und erweitert, blüht es auf oder stirbt es ab?* Das muss man immer gleich überprüfen. Die meisten Leute tun das nicht. Sie debattieren den ganzen Abend, gehen dann nach Hause und sagen sich: Ach, das Gespräch hat alles ermordet. Das muss nicht sein. Man kann im Moment nachschauen: Wenn ich das sage – schrumpft mein Erleben zusammen oder blüht es auf? Wenn es zusammenschrumpft – weg damit!

Wenn man mit jemandem ins Theater geht und danach mit ihm über das Theaterstück debattiert, kommt es manchmal vor, dass man analysiert, was da geschehen ist, und durch die Analyse geht alles verloren und es stirbt alles ab. Man wünscht sich dann, man hätte es erst gar nicht besprochen. Aber es gibt andere Male, wo es gerade durch das Besprechen wächst und man merkt: »Ah, bisher habe ich ja nur die Hälfte des Ganzen gefühlt und jetzt weiß ich plötzlich, es ist das und das ...!« Es erweitert sich. Wir wollen immer schauen, ob wir es fortsetzen oder absterben lassen.

Ein kurzer Streit

Ein Soziologe: Mein Beruf ist immer zu warnen. Ich muss Sie warnen, denn Ihr Vortrag zeigte allein schon in Ihrer sehr wenig professionellen etymologischen Darstellung der Begriffe eine jeweilige gleichsam nur durch den eigenen Erfahrungshorizont bereits musealisierte Fassung der jeweiligen Terminologie ...

Gendlin: museolisierte ...?

Derselbe: ... musealisiert, d. h., Sie verwenden terminologisch die Begriffe bereits in ihrer Selbsteinweisung ins Museum, das heißt (mit lauter, drohender Stimme, immer schneller werdend), Sie vergewissern sich Ihrer Termini überhaupt nicht am Stand der von Ihnen zu vergegenwärtigenden Gegenwart! Das möchte ich Ihnen schon sagen!!

Gendlin: No, warte, das müssen wir verstehen. Es ist Leidenschaft da, es ist etwas Lebendiges da, aber verstehen tu ich's nicht.

Derselbe: Es ist so: Wenn Sie in dieser Musealisierung sich nicht um jene Klarheit bemühen, die (mit leiser Stimme) geboten ist, dann zerstören Sie das wesentliche Motiv.

Gendlin: Ja, das ist sicher. Aber es dreht sich darum, wo die Klarheit herkommt.

Derselbe: Worum es mir geht, ist, dass Sie in meinen Augen vorsichtig sein müssen, weil Sie wirklich die überraschende Meinung durchblicken ließen, dass Sie Ihre jeweiligen Begriffsfassungen (mit lauter Stimme) vollkommen ohne Rücksicht auf die jeweilige soziale Realität konstruieren!

Gendlin: Aber das ist ja gar nicht möglich! So wie Sie das sagen, kann ich es nicht gemeint haben. Denn der Einzelne, der von sich ausgeht und seine eigenen sogenannten idiosynkratischen Weisen, ein Wort zu benützen, erklärt, ist nicht idiosynkratisch. Es kann gar nicht idiosynkratisch sein, denn der Körper kennt schon das Wort, *er kennt es gesellschaftlich.*

Das Wort wird in einem je verschiedenen Kontext jedesmal anders verwendet. Es ist nur eine Theorie – das ist mein Wittgenstein –, dass jedes Wort einen gemeinsamen Inhalt oder eine gemeinsame Bedeutung hätte, und deshalb verstünden wir uns. Wir verstehen uns ohne Worte auch! Wir brauchen nur zu sagen »Ah!« oder »Ich will auch einen!«, und Sie wissen schon, was gemeint ist.

Es ist nicht wahr, dass wir kommunizieren aufgrund von Bedeutungen, die wir gemeinsam haben. Wir können kommunizieren, weil *in der Situation* klar ist, was vor sich geht. Jemand sagt »Scheiße!«, und wir wissen alle, was es bedeutet. Wir wissen das nicht deshalb, weil »Scheiße« immer dasselbe bedeutet, sondern weil gerade etwas passiert ist. Jemand hat z. B. einen Teller fallen lassen und der ist zerbrochen.

Das gewöhnliche Sprechen auf gemeinschaftliche Bedeutungen zu reduzieren, geht gar nicht. Wir kommunizieren in einer Situation, aber wenn wir die Kommunikation aus der Situation herausnehmen, sind die Worte nicht mehr sicher. Und mit den philosophischen Erklärungen der Worte könnten wir gar nicht auskommen.

Die Worte sind es nicht, sondern die Situation ist es! Und in jeder Situation sind die Worte ein bisschen anders, weil sie die jeweilige Situation, die wir zusammen leben, *fortsetzen.* Und natürlich, wenn wir nicht zusammen wären in der Art und Weise, wie wir leben, würden wir uns nicht verstehen und dann wären auch die Worte nicht da. Ein Wort wird auf hundert verschiedene Weisen gebraucht und es hat die analytische Bedeutung, die man gewöhnlich annimmt, nicht. Aber man kann die Bedeutungen der Worte finden, wenn man die Worte *benützt.* Ohne das geht's nicht.

»Ich bin ein Warner«, sagten Sie. Da haben Sie das Wort benützt. Jetzt gibt es etwas Wirkliches, das dieses Wort »Warner« tut. Es bedeutet nicht nur das Allgemeine, denn das wäre ja nichts. Etwas war da, das lebendig war, und dem könnten wir nun nachgehen. Wenn wir es dann finden, *ist das Gefundene nicht ungesellschaftlich. Es gibt ja nichts Ungesellschaftliches!*

Die Gesellschaft ist immer mehr als ich, und ich bin immer mehr als die Gesellschaft – in verschiedenen Hinsichten. So ist das auch bei einem Wort. Es hat immer einen reicheren Umkreis in meinem Erleben als offiziell, aber es hat auch offiziell eine Geschichte, mit der ich nie fertig werden kann. Diesen Umstand können wir nun wieder phänomenologisch bearbeiten.

Wir stecken immer in der Annahme fest, dass es nur *eine* wahre Version geben soll und dass man diese eine, wahre Version möglichst bald gefunden haben muss. Aber das glaubt doch eigentlich niemand wirklich. Wenn man fragen würde: »Möchtest du, dass es so sein soll, dass es nur eine Version gäbe und dass ein Mensch in einem Leben das Ganze fertig bringen könnte?«, würden doch alle Leute sagen: »Nein, es ist viel schöner so, wie es ist.« Ich kenne niemanden, der sagen würde: »Es ist schade, dass das Ganze nicht so verarmt ist, dass man es einfach auf einem Stück Papier oder in einem Buch oder in einer Version oder in einem Leben ganz fassen kann.«

Derselbe: Sie sind schon sehr schlau. (lacht laut und herzlich) Sie könnten fast Wiener sein.

Gendlin: *(lacht)* In diesem Kontext ist das ein Kompliment. In einem anderen Kontext könnte das etwas anderes bedeuten.

Ein Philosoph: Er ist es ja – oder zumindest gewesen. Sie sind doch Wiener?

Gendlin: Natürlich. Jetzt bin ich wieder naturalisiert.

Philosophie und Psychotherapie sind endlich zusammengekommen

Ein Philosoph: Ich hätte eine persönliche Frage: Warum sprechen Sie hier eigentlich mit uns? Heute ist ja ein schöner, warmer Sommertag, und Sie könnten auch andere Dinge tun.

Gendlin: Eine wunderbare Frage. Die bringt gleich einen Felt Sense hervor: Ich lerne viel, nicht gerade von euch, aber mit euch. Es wird zwei, drei Wochen dauern, bis ich wissen werde, was ich alles gelernt habe: wie sich das, was ich euch sagen möchte, manchmal zeigt und dann wieder verschwindet und wie es sich zeigen könnte und wie ich es das nächste Mal machen werde.

Es geht mir darum, mit anderen zu lernen und zu verbreiten, was ich gefunden habe. Es ist noch nicht genügend hinaus in die Welt gegangen, und es ist schwer, an etwas weiterzuarbeiten, das nicht in die Welt hinausgeht. Das ist mein Motiv. Das ist nicht das richtige Wort. Das ist der Zweck oder die Verantwortung, die ich habe.

Derselbe: Sie kommen doch von der therapeutischen Praxis.
Gendlin: Nein. Ich komme von der Philosophie. Die Philosophie hat viel damit zu tun, welche Konzepte wir bauen, und diese Konzepte bauen die Welt. Daher ist die Philosophie in einer gewissen Hinsicht wichtig, wirklich wichtig. Die Philosophie sucht jetzt die Praxis und findet sie nicht sehr gut. Das, was ich ausgearbeitet habe, ist die Antwort auf die Frage, wie die Philosophie die Praxis benützen und sich mit ihr verbinden kann. Jetzt muss ich lernen, wie man das noch besser kommuniziert.

Ich höre jetzt überall, dass viele Menschen etwas suchen gehen, das sehr ähnlich klingt wie das, was ich in meiner Ecke ausgearbeitet habe. Früher waren wenige so wie ich. Damals habe ich in kein Schema hineingepasst und ich hatte das Gefühl, ich bin allein. Aber jetzt stellt sich heraus: Nein, ich bin ein Sandkorn an der Front eines Sandsturmes.

Ich habe in meinem Leben immer zwei Berufe gehabt, die für mich eigentlich nicht unterschiedlich sind: Philosoph und Psychotherapeut. Ich habe also zwei Gemeinschaften, zu denen ich gehöre. Aber diese beiden Gemeinschaften verstehen die Dinge so entgegengesetzt, dass ich denselben Satz bei Philosophen und bei Psychotherapeuten beinahe nicht sagen kann. Daran bin ich schon gewöhnt. Deshalb habe ich immer verschiedene Artikel in verschiedenen Zeitschriften und in verschiedenen Sprachen geschrieben.

So war es die ganzen Jahre, aber jetzt hat sich das geändert. In den letzten beiden Jahren bin ich endlich derselbe in den beiden Gemeinschaften, und wenn nun Philosophen und Psychotherapeuten gleichzeitig da sind, macht es mir nichts mehr aus. Ich bin jetzt nicht einmal mehr sicher, für wen ich einen bestimmten Satz gerade sage. In meiner ganzen Ausdrucksweise hat sich etwas geändert, und das ist neu für mich.

Derselbe: Boshaft gesagt, könnte man sagen, Sie haben Ihre Schizophrenie oder Ihre multiple Persönlichkeit überwunden.
Gendlin: Ja. – Vielleicht ist es jetzt so, dass ich die Philosophie so erkläre, dass sie niemand mehr versteht. Aber ich bin jetzt fertig mit der Schizophrenie und ganz zufrieden damit. Nur in der Philosophie bin ich noch nicht zufrieden mit dem Grad des Durchbrechens, des Bekanntwerdens. Meine Philosophie brauchen nicht alle Leute anzunehmen oder gern zu haben, wenn sie nur genug verbreitet ist, sodass sie

nicht verschwindet. In der Psychotherapie habe ich das schon erreicht, in der Philosophie noch nicht.
Derselbe: Warum ist es Ihnen so wichtig, dass es in der Philosophie auch so weit kommt?
Gendlin: Für ein Ego ist es genug. Um mich wichtig zu machen oder zufrieden zu sein mit meiner Arbeit, ist es genug. Ich will das nicht, um mich zu schmücken. Es ist eine Art von Job, den ich noch habe. Es ist die Verantwortlichkeit. Ich möchte gern, dass mir die jemand abnimmt. Ich frage mich manchmal: »Wenn dir das jemand stiehlt und unter anderem Namen publiziert, bist du dann glücklich oder nicht?« Ich wäre sehr glücklich. Macht das jemand? Dann brauche ich nicht mehr zu arbeiten.

Weiterführende Literaturempfehlungen:

Gendlin, E. T. (1996). *Experiencing and the Creation of Meaning. A Philosophical and Psychological Approach to the Subjective.* Evanston: Northwestern University Press

Gendlin, E. T. (1991). Thinking Beyond Patterns: Body, Language, and Situations. In B. den Ouden, M. Moen (Eds.), *The Presence of Feeling in Thought*, pp. 25–151. New York: Peter Lang

Gendlin, E. T. (1997). *A Process Model.* www.focusing.org (Deutsch): *Ein Prozess-Modell.* Freiburg: Karl Alber 2014

Levin, D. M. (Ed.). (1997). *Language Beyond Postmodernism: Saying and Thinking in Gendlin's Philosophy.* Evanston: Northwestern University Press

Wiltschko, J. (Hg.) (2008). *Focusing und Philosophie. Eugene T. Gendlin über die Praxis körperbezogenen Philosophierens.* Wien: Facultas

Focusing und Focusing-Therapie: eine Begriffsklärung

Johannes Wiltschko

Das, was Eugene Gendlin mit »Focusing« beschreibt, befindet sich an einem Schnittpunkt vieler verschiedener Gebiete. Es berührt zentrale Aspekte der Selbsthilfe und des Selbstmanagements (Selbst-Focusing, Partnerschaftliches Focusing), der Psychotherapie (*Experiential Therapy, Focusing-Oriented Psychotherapy,* Focusing-Therapie), der Philosophie (phänomenologisch orientiertes Denken nach der Postmoderne) und damit auch der Politik, der Gesellschaft und des Lebens überhaupt – samt seiner spirituellen Obertöne. Focusing wird auch in vielen unterschiedlichen Bereichen angewendet: im Management (z. B. bei Entscheidungsprozessen), in der Kunst (und überhaupt bei allen kreativen Prozessen), in der Gesundheitspsychologie (z. B. Entspannung, Stressreduktion), in der Meditation (Achtsamkeit, Absichtslosigkeit) und in vielen weiteren Bereichen.
Vor allem aber hat sich *Focusing in der Psychotherapie* in vielen Ländern verbreitet (besonders in den USA, in Kanada, in den Niederlanden, in Belgien, England, Deutschland, Österreich, in der Schweiz und in Japan). »Focusing in der Psychotherapie« ist aber etwas anderes als »focusing-orientierte Psychotherapie« bzw. »Focusing-Therapie«. Diese Unterscheidung hat häufig zu Missverständnissen geführt. Deshalb möchte ich sie kurz erläutern.

Focusing

Focusing beschreibt die inneren Haltungen und Handlungen, die das Kommen von gefühlten Veränderungsschritten des eigenen Erlebens erleichtern. Diese Veränderungsschritte geschehen immer in Bezug auf ein konkretes »Etwas« (Thema, Frage, Problem etc.) und haben immer eine positive Wachstumsrichtung. Gendlin hat die einzelnen Haltungen und Handlungen, die zu einem Erlebensschritt führen können, in einem sechsstufigen Leitfaden vereinfacht und systematisiert. Dieser Leitfaden dient dem Erlernen des Focusing und der Orientierung während des Focusing-Prozesses.

Die fokussierende Person kann sich in ihrem aus diesen einzelnen erlebten Schritten bestehenden Veränderungsprozess *von einer anderen Person begleiten lassen*. Insofern beschreibt Focusing *auch* die Haltungen und Handlungen, die die *begleitende* Person der fokussierenden Person gegenüber ausdrückt.
In der Focusing-Praxis sprechen wir daher (1) vom Selbst-Focusing, in dem sich die fokussierende Person selbst begleitet, und (2) vom Partnerschaftlichen Focusing, in dem die fokussierende Person von einer anderen Person begleitet wird.

Selbst-Focusing

Das Selbst-Focusing geht gewöhnlich im Stillen vor sich. Die fokussierende Person wendet sich dabei ihrer augenblicklichen körperlich gefühlten Stimmung (Felt Sense) zu oder lässt einen Felt Sense zu einem selbst gewählten Thema entstehen. Das Thema kann innerlich vorgestellt oder auch konkret in der Außenwelt wahrgenommen werden (z. B. ein mit dem Thema beschriebenes Kärtchen auf der Pinnwand, ein Text auf dem Bildschirm, ein Bild, Musik etc.). Die Symbole, in denen sich der Felt Sense expliziert, können ebenfalls sowohl innerlich wahrgenommen als auch ausgedrückt werden (z. B. durch Schreiben, Malen, Bewegen).
Da sich jedes Thema zum Fokussieren eignet, kann Focusing in den verschiedensten persönlichen und beruflichen Bereichen angewendet werden – überall dort, wo nichtlogische Lösungsschritte weiterführen können: beim Klären und Verändern der gegenwärtigen persönlichen Befindlichkeit (allgemein oder hinsichtlich eines bestimmten Themas), beim Treffen von Entscheidungen, beim Weiterkommen in scheinbar unlösbaren Konflikten, beim Nachdenken über Fragen und Probleme privater und beruflicher Art, beim Planen von Projekten, beim Umgehen mit kognitiven, emotionalen oder psychosomatischen Belastungen, bei kreativen Prozessen aller Art, beim Meditieren, beim Beschäftigen mit eigenen Träumen usw.

Partnerschaftliches Focusing

Partnerschaftliches Focusing stellt eine *neuartige Beziehungsform* dar, in der wechselseitige Begleitung und Unterstützung in der eigenen, persönlichen Entwicklung und überall dort, wo man alleine nicht

weiterkommt, möglich wird. Es setzt eine herrschaftsfreie, gleichseitige Beziehung voraus und eignet sich daher nicht für die Kommunikation zwischen hierarchisch ungleich gestellten Personen (z. B. Leiter–Mitarbeiter).
Die Praxis des Partnerschaftlichen Focusing fördert die Kunst des Zuhörens und Verstehens und vertieft so private und berufliche Beziehungen. Besondere Formen des Partnerschaftlichen Focusing wie das *zirkuläre* und das *interaktive Focusing* sind äußerst hilfreiche Methoden, Konflikte in Beziehungen erfolgreich zu managen und gegenseitiges Verstehen zu fördern. Deshalb werden sie auch in der Paartherapie angewendet.
Für alle Personen, die professionell andere Menschen in ihrem Entwicklungsprozess unterstützen (Berater, Therapeuten, Coaches), sind die Methoden des Partnerschaftlichen Focusing außerordentlich wirksame Hilfen, sofern die Beziehung zwischen Helfer und Klient von Freiwilligkeit und Manipulationsfreiheit getragen ist – auch wenn die Rollen einseitig definiert sind.
Schließlich ist das Erlernen und Praktizieren des Partnerschaftlichen Focusing eine große Hilfe für das Selbst-Focusing.

Ausbildung in Focusing

Focusing kann jeder lernen, der mit sich selbst, mit beruflichen Anforderungen und mit anderen Personen hilfreich, kreativ und lebensfördernd umgehen möchte.
Im professionellen Bereich lässt sich Focusing mit allen anderen Methoden der Beratung und Psychotherapie gut kombinieren. Es ist ein schulenunabhängiger Weg, anderen Menschen bei der Bewältigung ihrer Schwierigkeiten systematisch und effektiv zu helfen.
Focusing kann man nicht aus Büchern, sondern nur durch Selbsterleben lernen. Dazu ist eine erfahrene Focusing-Person erforderlich, die einen anleitet und mit der man auftauchende Schwierigkeiten besprechen kann. Da das Lernen des Begleitens von Focusing-Prozessen anderer Personen auch für das eigene Selbst-Focusing sehr hilfreich ist, ist der Besuch von Focusing-Workshops bzw. -Seminaren die beste Form, Focusing zu lernen. Hier kann man unter fachkundiger Anleitung mit anderen TeilnehmerInnen üben und sowohl eigene Prozesse erleben, als auch andere begleiten lernen. Die Erfahrung hat gezeigt, dass in der Regel vier Wochenend-Seminare ausreichen, um die Grund-

lagen des Focusing erleben, verstehen und umsetzen zu können. Etwa noch einmal so viel Zeit benötigt man, um sich im Selbst-Focusing und im Partnerschaftlichen Focusing sicher zu fühlen und Focusing auch im professionellen Bereich anwenden zu können.
Für die Anwendung von Focusing in Gruppen und Trainings stehen spezielle Fortbildungen zur Verfügung. Ferner ermöglicht eine Vielzahl themenzentrierter Seminare, spezielle Aspekte von Focusing und seinen Anwendungsmöglichkeiten kennen zu lernen.

Focusing-Therapie

Experiential Therapy und Focusing-Oriented Psychotherapy

Focusing alleine ist noch keine Psychotherapie, es lässt sich aber in alle psychotherapeutischen Verfahren integrieren und macht jede therapeutische Methode effektiver.
Eugene Gendlin hat aber auch den Grundstein für eine eigenständige psychotherapeutische Richtung gelegt, die er schon 1966 *Experiential Therapy*, also erlebensbezogene Psychotherapie, genannt hat. Dieser therapeutische Ansatz hat international weite Verbreitung gefunden. In ihm vereinigen sich alle Aspekte der Psychotherapie und Philosophie, die in diesem Buch einführend dargestellt wurden. Seit 1995 nennt Gendlin diese von ihm begründete Richtung *Focusing-Oriented Psychotherapy*.
Ich habe Gendlins experientielle, philosophische und therapeutische Prinzipien als klientenzentrierter Psychotherapeut seit 1975 aufgenommen und zusammen mit Klaus Renn und den Ausbilderinnen und Ausbildern des Deutschen Ausbildungsinstitutes für Focusing und Focusing-Therapie (DAF) im ständigen Austausch mit Eugene Gendlin weiterentwickelt zur *Focusing-Therapie*.

*Focusing-Therapie**

Während man Focusing als methodisches Element in jede Art von Psychotherapie integrieren kann (wobei dieses Element natürlich

* Zitiert nach Stumm, G., Pritz, A. (Hg.): Wörterbuch der Psychotherapie. Springer 1999

auch das Ganze verändert), stellt *Focusing-Therapie* eine bestimmte Art und Weise dar, andere Methoden auf der Basis des von Gendlin beschriebenen Prozesses der Persönlichkeitsveränderung zu integrieren. Focusing-Therapie ist also keine weitere psychotherapeutische Methode, sondern ein Metamodell für eine integrative, am Erleben, am Körper, am Lebensprozess und an der Beziehung orientierte Psychotherapie.

Focusing-Therapie entwickelt methodisch spezifische *avenues* (Zugänge) zu den verschiedenen Modalitäten, in denen Personen erleben und handeln: Sie arbeitet nicht nur verbal mit dem vom Klienten verbal Geäußerten, sondern auch unmittelbar körperlich mit dem nonverbalen Ausdruck und mit körperlichen Vorgängen des Klienten (mit seiner Haltung, Bewegung, Atmung, Stimme etc.), mit Träumen und Imaginationen (auch mithilfe von kreativen Medien), mit Handlungen (Experimenten) und zunehmend auch mit Systemen (Paare, Familien).

Essentiell für Focusing-Therapie sind u. a. folgende Positionen: (1) Erlebensprozesse sind immer Beziehungsprozesse; der (interpersonale) therapeutische Beziehungsprozess und die (intrapersonalen) Erlebensprozesse des Klienten und des Therapeuten sind *ein* Lebensprozess; damit ist das Erleben des Therapeuten ein unmittelbarer Aspekt des Gesamtprozesses. (2) Der Körper impliziert den nächsten Schritt im Sinne der Fortsetzungsordnung; der Therapeut enthält sich daher radikal jeglichen konzeptgeleiteten Dirigierens des Prozesses, er ermöglicht vielmehr der Fortsetzungsordnung durch Raumschaffen, achtsames Verweilen und absichtsloses Begleiten, ihre Wirksamkeit zu entfalten. (3) Das Erkennen von und Umgehen mit strukturgebundenen Erlebens- und Verhaltensweisen des Klienten (also mit demjenigen Erleben und Verhalten, das mit der inneren und äußeren Situation unverbunden ist) ist unumgänglicher Bestandteil der Focusing-Therapie.

Ausbildung in Focusing-Therapie

Die Weiterbildung in Focusing-Therapie ist eine Zweitausbildung für PsychotherapeutInnen, sie setzt also eine andere psychotherapeutische Ausbildung voraus. PsychotherapeutInnen können entsprechend ihrem eigenen Bedürfnis und Interesse sowohl Weiterbildungen in einzelnen Aspekten *(avenues)* der Focusing-Therapie besuchen – verbale Methoden der Focusing-Therapie, Focusing-Körperarbeit, Focusing-Traumarbeit, Arbeit mit strukturgebundenen Prozessen – als auch die gesamte Ausbildung durchlaufen. Partnerschaftliches Focusing, Eigentherapie und Supervision ergänzen die Ausbildungsseminare.

Für Personen. die noch keine psychotherapeutische Ausbildung absolviert haben bzw. die Focusing als Berater anwenden wollen, steht die Weiterbildung in Focusing-Beratung zur Verfügung.

Zur weiteren Information finden Sie auf den folgenden Seiten ausgewählte weiterführende Literatur, Zeitschriften über Focusing und Focusing-Therapie und die Homepages des Focusing Institute New York und des Deutschen Ausbildungsinstitutes für Focusing und Focusing-Therapie.

Weiterführende Literatur – eine Auswahl

Bücher, Artikel, Hörbücher, CDs und DVDs
zum Bestellen und (teilweise auch kostenlosen) Herunterladen finden
Sie auf www.daf-focusing.de, www.focusing-and-more.de,
www.focusing.org, www.secret-friend.de

Focusing

Cornell, A.W. (1997). *Focusing – der Stimme des Körpers folgen.* Reinbek: Rowohlt

Feuerstein, H.-J., Müller, D., Cornell, A.W. (2000). *Focusing im Prozeß.* Köln: GwG-Verlag

Gendlin, E.T. (1998). *Focusing. Selbsthilfe bei der Lösung persönlicher Probleme.* Reinbek: Rowohlt

Kersig, S. (2009). *Entspannt und Klar. Freiraum finden bei Stress und Belastung.* München: Goldmann

Kersig, S. (2014). *Im Dialog mit dem Körper. Wie Sie mit Achtsamkeit Krankheitssymptome entschlüsseln und heilen.* München: Kösel

Lincoln, P. (2007). *Wie der Glaube zum Körper findet. Focusing als spiritueller Übungsweg.* Neukirchen: Aussaat-Verlag

Renn, K. (2006). *Dein Körper sagt dir, wer du kannst. Focusing – Weg der inneren Achtsamkeit.* Freiburg: Herder

Wild-Missong, A. (1993). *Mit Focusing im Leben. Focusing und Selbstentfaltung, Feminismus, Spiritualität, Schamanismus u. a.* Würzburg: DAF

Focusing-Therapie

Boukydis, C. (1990). Client-Centered/Experiential Practice with Parents and Infants. In G. Lietaer, J. Rombauts, R. van Balen (Eds.), *Client-Centered and Experiential Psychotherapy in the Nineties.* Leuven: Leuven University Press

Cornell, A.W. (2013). *Die Kunst des Annehmens. Leben und Arbeiten mit Focusing.* Norderstedt: Books on Demand

Gendlin, E.T. (1966). Existentialism and Experiential Psychotherapy. In C. Moustakas (Ed.), *Existential Child Therapy*, 206–246. New York: Basis Books

Gendlin, E. T. (1967). Values and the Process of Experiencing. In A. Mahrer (Ed.), *The Goals of Psychotherapy,* 180–205. New York: Appleton-Century
Gendlin, E. T., Beebe, J. (1968). Experiential Groups. In G. M. Gadzda (Ed.), *Innovations to Group Psychotherapy,* 190–206. Springfield: Charles Thomas
Gendlin, E. T. (1968). The Experiential Response. In E. Hammer (Ed.), *Interpretation in Therapy,* 208–227. New York: Grune and Stratton
Gendlin, E. T., Olsen, L. (1970). The Use of Imagery in Experiential Focusing. *Psychotherapy: Theory, Research, and Practice, 7(4),* 221–223
Gendlin, E. T. (1973). Experiential Psychotherapy. In R. Corsini (Ed.), *Current Psychotherapies,* 317–352. Itasca: Peacock
Gendlin, E. T. (1974). Client-Centered and Experiential Psychotherapy. In D. A. Wexler, L.N. Rice (Eds.), *Innovations in Client-Centered Therapy,* 211–246. New York: John Wiley
Gendlin, E. T. (1980). Imagery is More Powerfull with Focusing: Theory and Practice. In J. E. Shorr, G. E. Sobel, P. Robin, J. A. Connella (Eds.), *Imagery. Its Many Dimensions and Applications,* 65–73. New York, London: Plenum Press
Gendlin, E. T. (1981). Movement Therapy, Objectivation, and Focusing. *The Focusing Folio 1(2),* 35–37
Gendlin, E. T. (1984). The Politics of Giving Therapy Away. In D. Larson (Ed.), *Teaching Psychological Skills,* 287–305. Monterey: Brooks and Cole
Gendlin, E. T. (1984). The Client's Client: The Edge of Awareness. In R. L. Levant, J. M. Shlien (Eds.), *Client-Centered Therapy and the Person-Centered Approach,* 76–107. New York: Praeger
Gendlin, E. T. (with D. Grindler, M. McGuire) (1984). Imagery, Body, and Space in Focusing. In A. A. Sheikh (Ed.), *Imagination and Healing,* 259–286. Farmingdale: Baywood
Gendlin, E. T. (1990). The Small Steps of the Therapy Process: How They Come and How to Help Them Come. In G. Lietaer, J. Rombauts, R. van Balen (Eds.), *Client-Centered and Experiential Psychotherapy in the Nineties,* 205–224. Leuven: Leuven University Press.
Gendlin, E. T. (1991). On Emotion in Therapy. In J. D. Safran, L. S. Greenberg (Eds.), *Emotion, Psychotherapy, and Change,* 255–279. New York: Guilford
Gendlin, E. T. (1992, dt. 1998). Würdigung und Problematik der Humanistischen Psychologie. *Focusing Journal 1,* 4–10
Gendlin, E. T. (1996). The Use of Focusing in Therapy. In J. K. Zeig (Ed.), *The Evolution of Psychotherapy.* New York: Brunner and Mazel
Gendlin, E. T. (1998). *Focusing-orientierte Psychotherapie. Ein Handbuch der erlebensbezogenen Methode.* Stuttgart: Klett-Cotta

Hendricks, M.N. (1984). A Focusing Group: Model for a New Kind of Group Process. *Small Group Behavior, 15*, 155–171

Iberg, J.R. (1981). Focusing. In R. Corsini (Ed.), *Handbook of Innovative Psychotherapies*. New York: John Wiley

Leijssen, M. (1990). On Focusing and the Necessary Conditions of Therapeutic Personality Change. In G. Lietaer, J. Rombauts, R. van Balen (Eds.), *Client-Centered and Experiential Psychotherapy in the Nineties*. Leuven: Leuven University Press

Neagu, G. (1988). The Focusing Technique with Children and Adolescents. In C. Schaefer (Ed.), *Innovative Interventions in Child and Adolescent Psychotherapy*. New York: John Wiley

Prouty, G. (1976). Pre-Therapy, A Method of Training Psychotic an Retarded Patients. *Psychotherapy: Theory, Research, and Practice, 13(3)*

Prouty, G. (1994). *Theoretical Evolutions in Person-Centered/Experiential Therapy: Applications to Schizophrenic and Retarded Psychoses*. Westport CT: Praeger

Renn, K. (2011). Focusing: Psychotherapie in Achtsamkeit. In L. Reddemann, *Kontexte von Achtsamkeit in der Psychotherapie*. Stuttgart: Kohlhammer

Ringwelski, B. (2003). *Focusing – Ein integrativer Weg der Psychosomatik*. Stuttgart: Klett-Cotta

Sachse, R., Atrops, A., Wilke, F., Maus, C. (1992). *Focusing. Ein emotionszentriertes Psychotherapie-Verfahren*. Bern: Hans Huber

Santen, B. (1988). Focusing with a Borderline Adolescent. *Person-Centered Review, 3(4)*, 442–462

Santen, B. (1990). Beyond Good and Evil: Focusing with Early Traumatized Children and Adolescents. In G. Lietaer, J. Rombauts, R. van Balen (Eds.), *Client-Centered and Experiential Psychotherapy in the Nineties*. Leuven: Leuven University Press

Santen, B. (1993). Focusing with a Dissociated Adolescent: Tracing and Treating Multiple Personality Disorder. *The Folio 12(2)*, 45–59

Stumm, G., Wiltschko, J., Keil, W.W. (Hg.) (2003). *Grundbegriffe der Personzentrierten und Focusing-orientierten Psychotherapie und Beratung*. Stuttgart: Klett-Cotta

Wild-Missong, A. (1996). *Neuer Weg zum Unbewußten. Focusing als Methode klientenzentrierter Psychoanalyse*. Würzburg: DAF

Wild-Missong, A. (2010). *Focusing und Schamanismus. Der Körper als Schlüssel zur inneren Welt*. Darmstadt: Schirmer

Wiltschko, J. (1999). Stichworte zu Focusing und zu Focusing-Therapie. In G. Stumm, A. Pritz (Hg.), *Wörterbuch der Psychotherapie*. Wien: Springer

Wiltschko, J. (2002). Focusing und Focusing-Therapie. In W.W. Keil,

G. Stumm (Hg.), *Die vielen Gesichter der Personzentrierten Psychotherapie*. Wien/New York: Springer

Wiltschko, J. (2008a). Focusing-Lektionen für Personzentrierte PsychotherapeutInnen oder: Was lernt man eigentlich in einer Focusing-Therapieausbildung? In D. Kimbacher, N. Nemeskeri, G. Stumm, M. Tuczai (Hg.), *Offenheit und Vielfalt. Personzentrierte Psychotherapie: Grundlagen, Ansätze, Anwendungen*, 61–76. Wien: Krammer

Wiltschko, J. (2008b). Experiencing-Theorie und Focusing-Therapie. Konzepte und Methoden im Umgang mit strukturgebundenem Erleben. In J. Kriz, T. Slunecko (Hg.), *Gesprächspsychotherapie. Die therapeutische Vielfalt des personzentrierten Ansatzes*, 95–108. Wien: Facultas

Wiltschko, J. (2009). »Patientenautonomie« in der personzentrierten und focusing-orientierten Psychotherapie. *PiD – Psychotherapie im Dialog. Zeitschrift für Psychoanalyse, Systemische Therapie und Verhaltenstherapie, 2/2009*, 308–313. Stuttgart: Thieme

Wiltschko, J. (2010). *Hilflosigkeit in Stärke verwandeln. Focusing als Basis einer Metapsychotherapie, Band I.* Münster: MV-Verlag

Wiltschko, J. (2011). *Ich spüre, also bin ich! Focusing als Basis einer Metapsychotherapie, Band II.* Münster: MV-Verlag

Focusing-Traumarbeit

Gendlin, E.T. (1977). Phenomenological Concept versus Phenomenological Method. A Critique of Medard Boss on Dreams. *Soundings, 60*, 285–300

Gendlin, E.T. (1987). *Dein Körper - dein Traumdeuter.* Stuttgart: Klett-Cotta

Gendlin, E.T. (1992). Three Learnings since the Dreambook. *The Folio, 11(1)*, 25–30

Wiltschko, J. (2011). Über das Träumen. In J. Wiltschko, *Ich spüre, also bin ich! Focusing als Basis einer Metapsychotherapie, Band II.* Münster: MV-Verlag

Beziehung, Partnerschaftliches Focusing

Cornell, A.W. (2013). *Die Kunst des Annehmens. Leben und Arbeiten mit Focusing.* Norderstedt: Books on Demand

Gallen, M.A., Neidhardt, H. (1994). *Das Enneagramm unserer Beziehungen.* Reinbek: Rowohlt.

Jahn, J. (2014). *Partnerschaftliches Focusing. Eine Selbsthilfemethode zur Bewältigung chronischer körperlicher Krankheit.* Berlin: Wissenschaftlicher Verlag

Renn, K., Bickel-Renn, S. (2011). *Küsst die Liebe wach. Paare im »kreativen Dialog«*. Stuttgart: Klett-Cotta

Frühe empirische Arbeiten

Gendlin, E.T., Zimring, F. (1955). The Qualities or Dimensions of Experiencing and their Change. *Counseling Center Discussion Papers, 1(3)*. Chicago: University of Chicago Library

Gendlin. E.T., Berlin, J.I. (1961). Galvanic Skin Response Correlates of Different Modes of Experiencing. *Journal of Clinical Psychology, 7(1)*, 73–77

Gendlin, E.T., Tomlinson, T.M. (1967). The Process Conception and its Measurement. In C.R. Rogers (Ed.), *The Therapeutic Relationship and its Impact. A Study of Psychotherapy with Schizophrenics*, 109–130. Madison: University of Wisconsin Press

Gendlin, E.T., Tomlinson, T.M. (1967). A Scale for the Rating of Experiencing. In C.R. Rogers (Ed.), *The Therapeutic Relationship and its Impact. A Study of Psychotherapy with Schizophrenics*, 589–592. Madison: University of Wisconsin Press

Gendlin, E.T., Beebe, J., Cassens, J., Klein, M., Oberlander, M. (1968). Focusing Ability in Psychotherapy, Personality, and Creativity. In J.M. Shlien (Ed.), *Research in Psychotherapy*. Vol. III, 217–241. Washington DC: American Psychological Association

Hendricks, M.N. (1999). Research Basis of Focusing-Oriented/Experiential Psychotherapy. In D. Cian, J. Seeman, *Research Bases of Humanistic Psychotherapy*. Washington DC: American Psychological Association

Klein, M.H., Mathieu, P.L., Gendlin, E.T., Kiesler, D.J. (1969). *The Experiencing Scale: A Research and Training Manual*. Two Volumes. Madison: Wisconsin Psychiatric Institute

Klein, M.H., Mathieu, P.L., Gendlin, E.T., Kiesler, D.J. (1973). The Experiencing Scale. In D.J. Kiesler (Ed.), *The Process of Psychotherapy. Empirical Foundations and Systems of Analysis*, 267–280. Chicago: Aldine

The Folio 15(2) (1996/97): Diverse Abstracts empirischer Arbeiten (The Focusing Institute, 34 East Lane, Spring Valley, NY 10977)

Gendlins frühe Arbeiten über Schizophrenie

Gendlin, E.T. (1961). Initiating Psychotherapy with ‚Unmotivated' Patients. *Psychiatric Quarterly, 35*, 134–139

Gendlin, E.T. (1961, dt. 1987[2]). Subverbale Kommunikation und therapeutische Ausdrucksfähigkeit: Tendenzen in der klient-zentrierten Therapie

mit Schizophrenen. In C. R. Rogers und B. Stevens (Hg.), *Von Mensch zu Mensch*, 137–148. Paderborn: Junfermann
Gendlin, E. T. (1962). Client-Centered Developments and Work with Schizophrenics. *Journal of Counseling Psychology, 9 (3)*, 205–212
Gendlin, E. T. (1962). Need for a New Type of Concept. Current Trends and Needs in Psychotherapy Research on Schizophrenia. *Review of Existential Psychology and Psychiatry, 2 (1)*, 37–46
Gendlin, E. T. (1964). Schizophrenia: Problems and Methods of Psychotherapy. *Review of Existential Psychology and Psychiatry, 4 (2)*, 168–179
Gendlin, E. T. (1966). Research in Psychotherapy with Schizophrenic Patients and the Nature of that ‚Illness'. *American Journal of Psychotherapy, 20 (1)*, 4–16
Gendlin, E. T. (1967). Therapeutic Procedures in Dealing with Schizophrenics. In C. R. Rogers (Ed.), *The Therapeutic Relationship and its Impact. A Study of Psychotherapy with Schizophrenics*, 360–400. Madison: University of Wisconsin Press
Gendlin, E. T. (1972). Therapeutic Procedures with Schizophrenic Patients. In M. Hammer (Ed.), *The Theory and Practice of Psychotherapy with Specific Disorders*, 333–375. Springfield: Charles Thomas.

Gendlins Philosophie

Gendlin, E.T. (1962, 1996). *Experiencing and the Creation of Meaning. A Philosophical and Psychological Approach to the Subjective.* Evanston: Northwestern University Press
Gendlin, E.T. (1964). A Theory of Personality Change. In P. Worchel, D. Byrne (Eds.), *Personality Change*, 100-148. New York: John Wiley
– Deutsch (Auszug): Eine Theorie der Persönlichkeitswandels. In J. Wiltschko, *Hilflosigkeit in Stärke verwandeln. Focusing als Basis einer Metapsychotherapie*, Band I, 158–170, 208–216, 246–252. Münster: MV-Verlag 2010
Gendlin, E. T. (1965). Expressive Meanings. In J. Edie (Ed.), *Invitation to Phenomenology. Studies in the Philosophy of Experience*, 240–251. Chicago: Quadrangle Books
Gendlin, E. T. (1965). What are the Grounds of Explication? A Basic Problem in Linguistic Analysis and in Phenomenology. *The Monist, 49 (1)*, 137–164
Gendlin, E. T. (1965/66). Experiential Explication and Truth. *Journal of Existentialism, 6*, 131–146
Gendlin, E. T. (1967). An Analysis of ›What is a Thing?‹. In M. Heidegger, *What is a Thing?*, 247-296. Chicago: Henry Regnery
Gendlin, E. T. (1973). A Phenomenology of Emotions: Anger. In D. Carr and

E.S. Casey (Eds.), *Explorations in Phenomenology,* 367–398. Den Haag: Martinus Nijhoff

Gendlin, E.T. (1973). Experiential Phenomenology. In M. Natanson (Ed.), *Phenomenology and Social Sciences.* Vol. I, 281–319. Evanston: Northwestern University Press.

Gendlin, E.T. (1978/79). Befindlichkeit. Heidegger and the Philosophy of Psychology. *Review of Existential Psychology and Psychiatry, 16(1-3)* 43–71

Gendlin, E.T. (1983). Dwelling. In R. Scharff (Ed.), *Heidegger Conference Proceedings.* Durham: The University of New Hampshire

Gendlin, E.T., Lemke, J. (1983). A Critique of Relativity and Localization. *Mathematical Modelling, 4,* 61–72

Gendlin, E.T. (1986). Process Ethics and the Political Question. In A.-T. Tymieniecka (Ed.), *Analecta Husserliana.* Vol. XX, 265–275. Boston: Reidel

Gendlin, E.T. (1987). A Philosophical Critique of the Concept of Narcissism. In D. Levin (Ed.), *Pathologies of the Modern Self,* 251–304. New York: New York University Press

Gendlin, E.T. (1991) Crossing and Dipping: Some Terms for Approaching the Interface between Natural Understanding and Logical Formation. In M. Galbraith and W.J. Rapaport (Eds.), *Subjectivity and the Debate over Computational Cognitive Science,* 37–59. Buffalo State University of New York; *www.focusing.org*

Gendlin, E.T. (1992). The Primacy of the Body, Not the Primacy of Perception. *Man and World, 25 (3–4),* 341–353

Gendlin, E.T. (1991). Thinking Beyond Patterns: Body, Language, and Situations. In B. den Ouden, M. Moen (Eds.), *The Presence of Feeling in Thought,* 25–151. New York: Peter Lang

Gendlin, E.T. (1993). Human Nature and Concepts. In J. Braun (Ed.), *Psychological Concepts of Modernity,* 3–16. Westport, CT: Praeger/Greenwood

Gendlin, E.T. (1993). Die umfassende Rolle des Körpergefühls im Denken und Sprechen. *Deutsche Zeitschrift für Philosophie, 41(4),* 693–706

Gendlin, E.T. (1997a). *A Process Model.* Unpublished manuscript, 422 pages. The Focusing Institute, 34 East Lane, Spring Valley, NY 10977, *www.focusing.org*
– Deutsch: Ein Prozess-Modell. Freiburg: Karl Alber 2014

Gendlin, E.T. (1997b). The Responsive Order: A New Empiricism. *Man and World, 30,* 383–411; *www.focusing.org*

Gendlin, E.T. (2004). The new phenomenology of carrying forward. *Continental Philosophy Review, 37*(1), 127–151

Gendlin, E.T. (2003). Beyond postmodernism: From concepts through experiencing. In R. Frie (Ed.), *Understanding Experience: Psychotherapy and Postmodernism*, 100–115. Routledge

Gendlin, E.T. (2000). When you feel the body from inside, there is a door. In Jeffrey K. Zeig (Ed.), *The evolution of psychotherapy: A meeting of the minds.* Phoenix, AZ: The Milton H. Erickson Foundation Press

Gendlin, E.T. (2000). The ›mind‹/›body‹ problem and first person process: Three types of concepts. In R.D. Ellis & N. Newton (Eds.), *Advances in consciousness research: Vol. 16. The caldron of consciousness: Motivation, affect and self-organization – An anthology*, 109–118. Amsterdam/ Philadelphia: John Benjamins

Levin, D.M. (Ed.). (1997). *Language Beyond Postmodernism: Saying and Thinking in Gendlin's Philosophy.* Evanston: Northwestern University Press

Rodi, F. (2011). Wilhelm Diltheys »Hermeneutik« – eine Wurzel des Focusing. *Focusing-Journal 27*, 22-27

Schoeller, D. (2007). Über was man nicht sprechen kann, darüber kann man sprechen lernen. Ein Vergleich zwischen Jakob Böhme und Eugene Gendlin. In B. Bonheim, P. Kattner (Hg.): *Mystik und Schriftkommentierung.* Böhme-Studien 1, Beiträge zu Philosophie und Philologie. Berlin

Schoeller, D. (2007). Thinking Changes. Stanley Cavell and Eugene Gendlin. In *Journal of Existential Analyses 19*. London

Schoeller, D. (2008). Nahes Denken. Die empfindliche Ordnung bei Eugene Gendlin. Eine Einführung in seine Philosophie. *Deutsche Zeitschrift für Philosophie 56*, 385–397

Schoeller, D. (2011). Der Blick von hier. Die Bedeutung der Erste-Person-Perspektive bei Hermann Schmitz und Eugene Gendlin. *Deutsche Zeitschrift für Philosophie*, Sonderband 29

Schoeller, D. (under review). Speaking from Experience. A critical approach towards Structuralism with Hegel and Gendlin

Schoeller, D., Saller, V. (2014). Thinking: First Person in Interaction. Phenomenology, Pragmatism, Psychotherapy. In *Schriftenreihe zur phänomenologischen Anthropologie und Psychopathologie*, ed. by T. Fuchs und T. Breyer. Freiburg: Alber

Wiltschko, J. (2008). *Focusing und Philosophie. Eugene T. Gendlin über die Praxis körperbezogenen Philosophierens.* Wien: Facultas wuv

Über Eugene Gendlin

Korbei, L. (1994). Eugen(e) Gend(e)lin. In O. Frischenschlager (Hg.), *Wien, wo sonst! Die Entstehung der Psychoanalyse und ihrer Schulen*, 174–181. Wien: Böhlau

Depestele, F. (2007). *Primary bibliography of Eugene T. Gendlin*. www.focusing.org
The Gendlin Online Library. *www.focusing.org*
Wiltschko, J. (2003). Eugene T. Gendlin. In G. Stumm, J. Wiltschko, W.W. Keil (Hg.), *Grundbegriffe der Personzentrierten und Focusing-orientierten Psychotherapie und Beratung*, 355-360. Stuttgart: Klett-Cotta

Zeitschriften

The Folio. Journal for Focusing and Experiential Therapy. New York: The Focusing Institute, erscheint unregelmäßig mit Themenschwerpunkten (www.focusing.org)
Focusing-Journal. Würzburg: DAF, erscheint zweimal jährlich (www.daf-focusing.de)

CDs, DVDs, Hörbücher

u. a. mit Übungen zur inneren Achtsamkeit und Selbst-Focusing bestellen bzw. herunterladen:
www.secret-friend.de, www.focusing-and-more.de, www.focusing.org

Internet (Literatur zum Herunterladen)

www.focusing.org (The Focusing Institute New York)
www.daf-focusing.de (Deutsches Ausbildungsinstitut für Focusing und Focusing-Therapie, Würzburg)

Das Deutsche Ausbildungsinstitut für Focusing und Focusing-Therapie (DAF)

Das DAF bietet im gesamten deutschen Sprachraum *Einzelseminare* sowie *Aus-, Fort- und Weiterbildungen* in Focusing und Focusing-Therapie an – sowohl für Fachleute als auch für alle interessierten Personen.

- *Ausbildung in Focusing*
- *Weiterbildung zum/zur Focusing-Berater/in*
- *Weiterbildung zum/zur Focusing-Trainer/in*
- *Weiterbildung zum/zur Focusing-Therapeut/in*
- *Fortbildung: Focusing-Traumatherapie*
- *Fortbildung: Focusing mit Kindern*
- *Fortbildung: Focusing mit Systemen, Paaren, Familien*
- *Fortbildung: TAE (Thinking at the Edge)*

Das DAF ist als Ausbildungsinstitut von der Psychotherapeutenkammer anerkannt.

Es veranstaltet die *Internationale Focusing Sommerschule* und gibt das *Focusing-Journal* heraus.
Im *DAF-Shop* erhalten Sie Bücher, Texte, CDs und DVDs zu Focusing und Focusing-Therapie.

Website: www.daf-focusing.de
Post: DAF, Ludwigstraße 8a, 97070 Würzburg
Telefon: 0931 416283, Fax: 0931 411371
E-Mail: info@daf-focusing.de, johanneswiltschko@msn.com